글로벌 리더 인물열전

이집트 대통령
압델 파타 알시시

조철현 Cho Chul-hyeon

전기작가. 샤브카트 미르지요예프(Shavkat Mirziyoyev) 우즈베키스탄 대통령과 응우옌푸쫑(Nguyen Phu Trong) 베트남공산당 총비서의 인물기록집을 썼다.

글로벌 리더 인물열전
이집트 대통령 압델 파타 알시시

1판 1쇄 | 2025년 3월 10일
지은이 | 조철현
펴낸이 | 최희영

제작지원 | 고수곤
교열교정 | 손미정
사진 | 연합뉴스, 이집트 대통령실, 이집트 언론 Al Ahram
디자인 | PND
인쇄처 | 예림인쇄

펴낸곳 | 라운더바우트
등록번호 | 제2020_000001호
전화 | 031-316-1929
e-Mail | yryr1998@hanmail.net
주소 | 경기도 시흥시 신천8길 32, 401호

ISBN | 979-11-988122-2-3 (03990)

값 25,000원

사전 동의 없이는 무단 전재 및 복제를 금합니다.
잘못된 책은 바꿔 드립니다.

ⓒ조철현(Cho Chul-hyeon)

글로벌 리더 인물열전

이집트 대통령 압델 파타 알시시

조철현 지음

라운더바우트
roundabout

예전에는 한국에도 자리를 양보하는 미덕이 있었다.
하지만 요즘엔 그런 미덕이 사라졌다.
아직은 자리 양보받을 나이는 아니다. 하지만 머리가 백발이라 그랬나?

카이로 지하철에서 내게 자리를 양보해 준
이 예의 바른 소년과
이집트의 모든 미래 세대들에게 이 책을 바친다.

마스르 움무 둔야!
Masr Ummu Dunya

[일러두기]

- 아랍어 한글 표기는 고려대학교 아세아문제연구원의 김종도 중동이슬람센터장의 자문을 거쳐 반영했다. 김 교수께 감사드린다.
- 이중으로 표기돼 한국 독자들에게 혼선을 주는 〈Al〉(아랍어 정관사)과 〈El〉(이집트 아랍어 정관사)은 김종도 교수의 자문에 따라 가급적 〈Al〉로 통일했다. 따라서 엘시시(El Sisi)도 알시시(Al Sisi)로 표기했다. 다만, 샤름엘셰이크(Sharm El Sheikh) 같은 지역명과 언론사 이름 엘와탄(El Watan) 등 특정 고유명사는 〈El〉로 표기했다.
- 정관사 경우 〈al〉, 〈al-〉 등으로 혼용해서 쓰고 있는데, 이번 책에서는 모든 표기를 Al로 통일하고 〈대시(-)〉 삭제를 원칙으로 했다.
- 아랍어 지명이나 인물명이 긴 경우가 많아 편의상 붙여 썼다. 원래는 알시시(Al Sisi)도 '알 시시'로 표기하는 게 맞겠으나, 가독성을 고려해 붙여 쓰며 괄호 안에 영문 표기를 병기해서 띄어 읽을 부분을 구분했다. 다만, '안와르 사다트'(Anwar Sadat)나 '호스니 무바라크'(Hosni Mubarak)처럼 워낙 유명한 인물들이라 붙여 쓰는 게 어색한 사람 이름이나 지명은 일부 띄어 썼다.
- 알시시 대통령의 프로필은 이집트 대통령실 웹사이트에 게재된 내용을 그대로 반영했다. '영국 합동군사령부 및 참모대학'(Joint Services Command and Staff College, United Kingdom), '북부 군사구역 사령관'(Commander of the Northern Military Zone) 등이 그 같은 사례다. 또 이집트 군사아카데미(Egyptian Military Academy)가 3년제란 점을 고려해 '육군사관학교'란 표현 대신 이집트 대통령실 웹사이트 내용 그대로 '군사 아카데미'란 표현을 원칙으로 했다.

● 압델 파타 알시시 대통령 주요 연보

이집트 정치·경제사

군사혁명으로 파루크 왕정 전복 **1952**
나세르 대통령 취임, 2차 중동전쟁 **1956**
이집트–시리아 '아랍연합공화국' 수립 **1958**

3차 중동전쟁 **1967**
나세르 서거, 사다트 대통령 취임 **1970**

4차 중동전쟁 **1973**

사다트 대통령 이스라엘 방문 **1977**
캠프데이비드협정 체결 **1978**
아랍연맹 탈퇴 **1979**
사다트 암살, 무바라크 대통령 취임 **1981**

아랍연맹 복귀 **1989**
동남아프리카공동시장(COMESA) 가입 **1994**
대한민국과 외교 수립 **1995**

GAFTA(아랍권 FTA) 체결 **1998**

EU-Partnership 체결 **2004**
Agadir(지중해 아랍국가 간 협정) 체결 **2006**
EU-지중해연합 경제협력 체결 **2008**

민중 혁명으로 무바라크 정권 종말 **2011**
모르시 대통령 선출 **2012**
모르시 대통령 축출 **2013**

제2수에즈운하 개통, 2030비전 선포 **2015**

콥트교회 연쇄 폭탄 테러로 비상사태 선포 **2017**

국가 비상사태 해제 **2021**
경제 성장률 6.6% 기록 **2022**
이스라엘–하마스 전쟁 중재 **2023**
국민 대화로 '재판 전 구금' 개혁 **2024**

알시시 대통령 생애사

1954 탄생(11. 19)

1962 초등학교 입학(Al Bakri School)

1968 중학교 입학(Al Selehdar School)

1971 고등학교 입학(공군고등학교)

1974 군사아카데미(육사) 입교

1977 육군 장교 임관, 결혼

1981 미국 보병학교 단기 연수

1987 참모대학 연수(석사)

1991 영국 왕립육군참모대학 연수(1년)

1999 주사우디아라비아 대사관 국방무관

2003 나세르 군사아카데미 연수

2006 미국 육군전쟁대학 연수(1년)
2008 북부군사구역 사령관
2010 군사정보 정찰국장
2011 군최고위원회(SCAF) 최연소 위원
2012 국방부 장관
2013 국방부 장관 및 부총리
2014 대통령 당선 및 취임(6. 8)

2016 한국 방문(박근혜 대통령과 정상회담)
2017 트럼프 대통령과 첫 정상회담
2018 재선 대통령 취임(6. 2)
2019 헌법개정(대통령 임기 6년 중임 채택)

2022 문재인 대통령과 카이로 정상회담

2024 3선 대통령 취임(4. 2), 70세 생일

작가의 말

'한 나라의 국정 최고 지도자를 알면, 그 나라의 미래 10년이 보인다.'

이를 주제로 쓰는 세 번째 책이다. 2017년, 미르지요예프(Shavkat Mirziyoyev) 우즈베키스탄 대통령 책을 출간했고, 2024년엔 응우옌푸쫑(Nguyen Phu Trong) 베트남 공산당 총비서의 책을 썼다. 이번 책의 주인공은 이집트 대통령 압델 파타 알시시(Abdel Fattah Al Sisi)다. 2014년 취임해 3선 연임을 이어가는 그의 국정 운영 전반을 통해 이집트의 미래 10년을 예측해 보자는 게 이번 책의 집필 의도다.

내가 집필 대상 국가를 선정하는 기준은 다음 네 가지다.
첫째, 우리 기업들이 진출할 만한 '기회의 땅'이어야 한다.
둘째, 개혁 의지가 강한 나라여야 한다.

나일강의 아침. 이집트의 새로운 비상을 꿈꾸며 오늘도 카이로 시민들은 묵묵히 흐르는 나일강의 아침과 함께 하루를 열고 있다.

셋째, 한국과의 관계가 우호적이어야 한다.

넷째, 책을 내는 시의성이 있어야 한다.

그 네 가지 중 먼저 이번 책의 시의성부터 언급하자면, 2025년은 한-이집트 외교 수립 30주년의 해다. 또 '카이로 선언'으로 비롯된 대한민국 광복 80주년의 해다. 이 시의성에 맞춰 살핀 이집트는 한국 기업들이 투자할 만한 '기회의 땅'임이 분명했다. 이와 관련 김용현 주이집트 대한민국 대사도 2024년 초 한국 언론에 다음과 같은 글을 기고한 바 있다.

> 우리 기업은 중국에 이어 베트남, 인도로 점차 생산기지를 이전해 왔다. 이집트의 여러 장점을 활용한다면 이집트는 우리 기업의 주요한 다음 투자처가 될 수

있다. 세금 감면, 수출보조금 등 이집트 정부의 투자유인 정책과 양질의 저렴한 노동력 등 매력적인 요소가 많다. 싱가포르 2/3 면적에 조성 중인 수에즈운하 경제특구는 6개의 항구, 4개의 특화된 산업단지를 갖추고 20억 인구의 배후시장을 겨냥하고 있다.

〈이데일리〉 2024. 1. 26. '공관에서 온 편지-한국의 새 경제파트너 이집트' 중

김 대사의 이 기고문에는 '(이집트는) 한국 경제발전 모델에 대한 높은 관심, K팝 등 한류와 한국어 학습의 폭발적 인기도 우리 기업 진출에 우호적 환경'이란 내용도 포함돼 있다. 그런 점에서 집필 대상 국가를 선택할 때 따져보는 양국 간 우호 관계도 매우 양호한 편이었다.

그렇다면, 이 나라 대통령의 개혁 의지는 어떤가? 결론부터 말하자면, 2014년 취임 초부터 지금까지 이집트의 10년은 대통령의 개혁 의지로 시작해 개혁 성과로 마무리돼 왔다. 그 결과 이집트 경제는 2011년 '아랍의 봄' 당시 1.8%에서 2014년 2.9%, 2016년 4.3%, 2019년 5.6%, 2022년 6.6%로 거듭 상승곡선을 이어왔다.(세계은행 기준 / 참고로, 2023년 성장률은 러시아-우크라이나, 이스라엘-하마스 전쟁 여파로 3.8%였다.)

또 코로나 팬데믹 와중에도 이집트의 경제 성장률은 '터키(1.8%)의 두 배에 해당하는 3.6%'를 기록했다.(EU 보고서 인용) 이는 중동 및 북아프리카 지역에서 가장 높은 경제 성장률로, 당시 국제신용평가기관 S&P는 2021년 보고서를 통해 '이집트는 2021~2024년 기간에도 MENA(중동

및 북아프리카) 지역에서 가장 높은 수준의 GDP 성장률을 이어갈 것'으로 예측한 바 있다.

알시시 대통령의 경제 개혁 성과는 2024년 초 절정을 이뤘다. 2024년 1/4 분기에만 ▲아랍에미리트 국부펀드 ADQ의 350억 달러 투자 ▲IMF의 80억 달러 차관 승인 ▲유럽연합의 74억 유로 지원 ▲세계은행의 60억 달러 지원 등, 530억 달러 이상의 대규모 자금 확보에 성공했다.

이 과정에서 IMF는 변동 환율제로 전환한 이집트의 경제 개혁을 높이 평가하며, 기존에 예정했던 30억 달러보다 50억 달러를 증액한 80억 달러의 차관을 승인했다. 또 유럽연합도 2024년 12월, 이집트의 인권 개선 노력을 높이 평가하며 기존에 약속했던 74억 유로 지급분 중 10억 유로 지급을 서둘러 의결했다.

책은 알시시 대통령의 이 같은 개혁 성과를 조명하며, 그의 외교적 업적과 사회적 안정을 위해 이슬람 극단주의 세력들과 펼쳤던 '테러와의 전쟁'에 대해서도 자세히 기술했다. 또 여성 인권 향상과 종교 화합을 위한 노력과 한국의 새마을운동에 해당하는 '하야 카리마'(Haya Karima) 이니셔티브 성과에 대해서도 구체적으로 소개했다.

사실, 알시시 대통령의 지난 10년(2014~2024) 업적 중 가장 빛나는 외

카이로 이집트국립박물관을 상징하는 7m 높이의 아멘호테프 3세(Amenhotep III)와 티예(Tiye) 왕비 거상.

교적 성과는 2023년 10월 발발한 이스라엘-하마스 전쟁의 중재자 역할이었다. 미국, 카타르와 함께 3국 협상 테이블에 앉았던 알시시 대통령은 전쟁 기간 내내 팔레스타인에 대한 인도적 지원과 전쟁 종전을 위해 많은 노력을 기울여왔다. 그 결과 2023년 11월, 7일간의 휴전을 도출해냈고, 2025년 1월, 또다시 양측의 6주간 휴전을 견인했다. 이로써 일각에서는 양측 전쟁의 최종 결과에 따라 알시시 대통령이 2025년 노벨평화상 공동 수상자 후보에 오를 수 있다는 관측도 제기된다.

따라서 이번 책엔 이스라엘-하마스 간의 전쟁 갈등과 관련 지구촌의 화약고로 불리는 중동사태의 오랜 연원에 대해서도 짚어봤고, 과거 나세르 대통령(1956~1970)과 사다트 대통령(1970~1981) 시절의 중동-이스라엘 관계사도 일별했다. 바로 그 시기가 1954년생인 알시시 대통령의 유년기-청소년기-군사아카데미(육사)-초임 장교 시절에 해당돼 전임 두 대통령 시대를 정리하며 알시시 대통령의 10대와 20대 시절도 자연스럽게 녹여냈다.

이 책은 인물 평전이 아니다. 평전은 사후 인물의 업적을 조명하며 대상 인물의 빛과 그림자를 모두 담아내는 형식이다. 알시시 대통령의 평전은 50년쯤 뒤에나 쓸 일이다. 따라서 이번 책엔 그의 성장기와 대통령 취임 이후의 개혁 성과들을 사실 그대로 기록하며, 어두운 얘기는 가급적 배제했다. 또 그의 개혁 성과가 다양해 외국(한국) 작가의 관점에서 바라본 주요 성과들만을 간추려 담아야 했다.

고려대 중동이슬람센터장인 김종도 교수가 2007년 발표한 〈이집트 속담을 통해 본 이집트인의 의식구조 연구〉 논문을 읽으며 마음에 와닿는 이집트 속담을 발견했다. '이심전심에는 전령사가 있다'(من القلب للقلب رسول)는 속담이다. 이 책이 부디 양국 간 이심전심의 '전령사'가 되기를 바라는 마음이다.

2025년 1월
조철현(Cho Chul-hyeon) 작가

목 차

압델 파타 알시시 대통령 주요 연보   07

작가의 말   08

프롤로그   21
광복 80년, '카이로 선언'을 기억하며
'마스르 움무 둔야'(Masr Ummu Dunya)
고대 이집트를 꿈꾸며, 도약 날갯짓

제1장 | 알후르리야(Al Hurriya)

아랍 1번가 아이들   37
1960년대 문화강국 이집트
보보 인형 실험과 맹모삼천지교
레반트까지 뻗었던 이집트 국력

알가말레야(Al Gamaleya, Cairo)   53
유네스코 역사지구에서 성장
가말레야 사람 나기브 마흐푸즈

반듯한 청년   69
과묵하고 신앙심 깊은 모범생
최상의 교육 환경
카이로 뉴 르네상스

제2장 | 빌라디, 빌라디, 빌라디(Biladi, Biladi, Biladi)

통곡(痛哭)　89
이스라엘, 나세르 추모 열기에 찬물
아랍과 이스라엘의 세 차례 전쟁

군인의 길　103
이집트군 이끈 지휘관 생활 40년
잇따른 대박 선물
전설적인 선배 지휘관들의 발자취를 따라

소중한 기억들　121
임관 첫해 결혼, 4남매 둔 가장
영국에서 보낸 1년
미국 펜실베이니아에서의 1년

제3장 | 인샬라(In shallah)

운명적 갈림길　139
4년 사이 공식 대통령 셋
아랍 격변기, 2011~2014
'이집트의 봄', 무슬림형제단 축출

고독한 결단　155
알시시, 대국민 첫 목소리
타임지 '올해의 인물' 독자 투표 1위 기록
알라 뜻대로, 국민 뜻 따라

대통령 출마 선언문　173
위대한 이집트 사람들!
공동의 노력으로 밝은 미래를!

제4장 | 타히야 마스르 (Tahya Masr)

Global Leader① 이스라엘-하마스 전쟁　185
마침내 이집트가 나서다
자부심 넘친 이집트 국민들
바이든 행정부, 이집트에 13억 달러 지급 결정

Global Leader② 제27차 유엔 기후변화협약 당사국 총회　203
전 세계 190개국, 5만여 대표단 참가
총회 유치와 행사 준비에 만전
총회 기간 중 각국 지도자들과 연쇄 정상회담
성과 좋고, 이익도 컸던 COP27

Global Leader③ 다자간 균형 외교　221
러시아와 새로운 동맹 시대로
중국과의 튼실한 신뢰 구축
마침내 미국과도 관계 복원
유럽 각국도 인정한 글로벌 리더십

NEW EGYPT① 2015년, 성장동력의 발판을 깔다　245
382억 달러 투자 유치한 EEDC
신행정수도 계획과 'Vision 2030' 발표도
신수에즈운하 개통식

NEW EGYPT② 도시를 세우다, 지도를 바꾸다　261
2036 올림픽 개최, 세계 강국을 향하여
국토 균형 발전을 위한 총력전
국토개발 예시 : 국책사업 화상 참관 기록
성장동력의 글로벌 엔진, 경제특구

NEW EGYPT③ 투자 신뢰를 얻다, 성장 확신을 더하다　281
투자유치를 위한 고강도 경제 개혁
3선 취임식 통해 7대 국정 핵심 정책 발표
한국 정부도 이집트의 경제 개혁 높이 평가

Happy Together① 인권 국가로 가는 길 : 국민 대화   295
국민이 직접 입법 개혁에 참여
여성 인권의 주춧돌을 놓다
소수를 품다, 콥트정교회 미사 참석

Happy Together② 복지 국가로 가는 길 : '하야 카리마'(Haya Karima)   **311**
'하야 카리마', 1단계 85.5% 이행
복지 사각지대를 없애라

Happy Together③ 사회 안정을 위한 길 : 테러와의 전쟁   325
콥트교회 연쇄 테러로 비상사태 선포
폭탄 테러로 검찰총장 사망도
테러 진정과 함께 관광산업 호조세

제5장 | KOR-EGYPT 30년

Since 1995   346
남북관계 개선에 힘 보탠 이집트 / 김일성 사망 후 1995년 공식 수교
수교로 활발해진 양국 간 교류

정상 교류   356
한국 대통령의 사상 첫 이집트 방문 / 2016년, 알시시 대통령의 공식 방한
2022년, 문재인 대통령의 이집트 방문

기회의 땅   369
카이로 지하철과 현대로템 / 삼성, LG 이어 '현대' 브랜드도 이집트 진출
원전 공사 수주와 방산 협력 / ODA 중점협력국

민간 교류   382
이집트 한인회 / 한국-이집트 발전협회(KEDA) / 문화 협력 교류

프롤로그

광복 80년, '카이로 선언'을 기억하며

'이집트는 몰라도 카이로는 안다?'

카이로(Cairo)는 이집트의 수도다. 따라서 모순된 말이다. '이집트는 몰라도 피라미드는 안다?' 혹은 '이집트는 몰라도 골잡이 모하메드 살라(Mohamed Salah)는 안다?', 말하자면 이런 식의 모순인데, 그럼에도 이 말이 적어도 한국인들에겐 통용된다.

한국인들로선 그만큼 카이로가 친숙하다. '카이로 선언' 때문이다. 1943년, 한반도 독립 문제가 처음 거론된 이 선언은 학창 시절 모두가 경험했던 단골 시험 출제 문항이다. 다음 중 대한민국 독립 문제가 최초로 거론된 회담은? ①카이로회담 ②얄타회담 ③포츠담회담 ④파리강화회의, 대략 이런 식이었다. 참고로, 얄타(Yalta)는 러시아 크림반도 땅이고, 포츠담(Potsdam)은 독일에 있다.

메리어트메나하우스 호텔(Marriott Mena House)에서 바라보면 140m 높이의 웅장한 쿠푸 피라미드(Pyramid of Khufu)가 한눈에 들어온다.

 이집트 도착 즉시 여장을 풀고 그 역사적인 회담 장소부터 찾았다. 카이로 중심가에서 20km가량 떨어진 기자(Giza) 피라미드 지구의 '메나하우스'(Mena House)가 그 서사적 공간이다. 지금은 '메리어트 메나하우스, 카이로'(Marriott Mena House, Cairo)란 이름으로 운영 중인 이 호텔은 1886년 설립돼 140년가량의 역사를 자랑한다.

 140m 높이의 웅장한 쿠푸 피라미드(Pyramid of Khufu)가 한눈에 들어오는 이 호텔에 1943년 11월, 루스벨트(Franklin D. Roosevelt) 미국 대통령과 처칠(Winston Churchill) 영국 총리, 장제스(Chiang Kai-shek) 중국 총통 등 3개국 정상이 모였다. 제2차 세계대전의 전후 처리 문제를 논의하는 자리였다. 그리고 이 만남을 통해 일제 강점 33년 만에 처음으로 한국 독립 문제가 거론됐다. 다음의 결의문을 통해서다.

> 우리 3대 동맹국은 일본의 침략을 억제하고, 이를 징벌하기 위해 이번 전쟁을 수행 중이다. 따라서 3대 동맹국은 자국을 위해 어떤 이익도 요구하지 않으며, 또 영토를 확장할 의도도 없다.(중략) 일본은 폭력과 탐욕으로 약탈한 다른 모든 지역으로부터 축출될 것이다. 3대 동맹국은 조선민의 노예 상태에 유의하여, 적당한 시기에 조선을 자주독립시킬 것을 결의한다.
>
> 1943년 11월 27일, 카이로 선언(Cairo Declaration) 중

광복 80주년(2025)을 앞두고 찾은 역사적인 현장이라 감회가 남달랐다. 호텔 이름 메나(MENA)는 중동 및 북아프리카(Middle East North Africa)를 칭하는 약어다. 1943년 당시 한반도와 이 지역 사이의 심리적 거리감은 지구 둘레만큼이나 길었다. '이집트'란 국명도 '애굽'(埃及)으로 표기하던 시기였다.(한국 언론들은 1960년대까지도 이 표기를 고집했다) 그런데 어느 날 갑자기 그 먼먼 땅에서 들려온 경천동지할 희소식이 들려왔다. 이로써 1945년 대한민국 광복의 서막이 시작됐다. 그로부터 '카이로'는 한국인들에게 늘 유쾌한 도시 이름으로 각인됐다.

"이곳에 '카이로 선언 기념비'가 있는 걸로 아는데, 안 보이네요?"

호텔을 두어 바퀴 돌다 결국은 직원에게 물었다.

"한국에서 오셨군요. 보시다시피 지금 야외정원을 리모델링 중입니다. 공사를 마친 뒤 다시 제자리에 설치될 겁니다. 그렇지 않아도 어제 한국대사관에서 다녀갔습니다. 그분들께도 그렇게 말씀드렸습니다."

다행이었다. 양국 간 무슨 문제라도 생겨 철수된 건 아닌가, 잠시 걱정했던 기우가 사라져 발걸음이 가벼웠다.

이 기념비는 2015년 10월, 한국-이집트 수교 20주년과 광복 70주년을 기념해 설치됐다. 주이집트 한국대사관과 현지 한인회가 함께 뜻을 모은 결과였다. 무게 1,680kg, 높이 140cm 크기의 이 화강석 기념비 앞면에는 '한국이 자유롭고 독립된 나라가 될 것임을 선언한다'는 내용이 담겼다. 그리고 뒷면에는 양국 우호 관계를 상징하는 차원에서 아랍어로 '마스르 움무 둔야'(Masr Ummu Dunya)를 각인했다. '이집트는 세계의 어머니'란 뜻이다.

2015년 10월 1일 열린 제막식에는 '카이로 선언 당사국'인 미국과 영국, 중국의 이집트 주재 대사들이 초청됐다. 또 이집트 교육부 장관과 문화부 장관이 참석했고, 각국 외교관들과 이집트 방송 취재진, 카이로 한국학교 학생, 교민 300여 명도 참석했다. 정광균 당시 주이집트 한국대사는 기념사를 통해 "역사적인 행사를 개최하게 돼 영광스럽다"면서 "한국의 통일 염원을 반영한 이 기념비 설치를 계기로 한국과 이집트의 관계도 더욱 발전하기를 기원한다"고 밝혔다.

'마스르 움무 둔야'(Masr Ummu Dunya)

어느덧 기념비 제막식이 있은 지 10년이 지났다. 그러면서 양국 관계도 30년 역사를 갖게 됐다. 이를 계기로 압델 파타 알시시(Abdel Fattah Al Sisi) 이집트 대통령의 인물기록집을 쓰기 위해 카이로를 찾았다. 그 여정에서 기자(Giza) 피라미드 지구와 카이로 이집트국립박물관 등 여러 관광지를 둘러봤다. 또 1955년, 정수일 한국문명교류연구소장(일명 '깐수')이 유학했던 국립카이로대학과 알시시 대통령의 생가 마을인 600년 전통의 '칸알칼릴리'(Khan Al Khalili) 국제시장도 돌아봤다.

카이로를 찾은 이유는 이집트의 여러 인사와 만나 알시시 대통령의 주요 업적과 국정 철학을 듣기 위해서였다. 또 그의 성장 과정과 생애사 전반을 취재하고자 하는 목적도 중요했다. 그 과정에서 이집트의 대표적 관영 언론사인 〈알곰후리아〉(Al Gomhouria)도 방문했다.

"한국 소설가의 노벨문학상 수상을 축하합니다. 마침 내일 자 우리 신문에 그 내용이 소개됩니다. 이런 의미 있는 시기에 이집트를 방문해 주셔서 고맙습니다."

이 신문사의 아흐메드야웁(Ahmed Ayoub) 편집인이 반갑게 맞아주며, 한강 작가의 노벨상 수상 덕담부터 꺼냈다. 알곰후리아의 영자 자매 신문인 〈이집선가제트〉(Egyption Gazette)의 모하메드파흐미(Mohamed Fahmy) 편집장 등 여러 편집진이 배석한 자리였다.

"이집트와 한국은 매우 유익한 동반자 관계입니다. 이집트인 대부분이 한국의 눈부신 경제 성장에 대해 잘 알고 있고, 이집트 젊은이들은 K-팝과 K-드라마 등 한국 문화를 좋아합니다. 게다가 이번 노벨문학상 수상을 계기로 한국문학에 대한 관심도 높아질 것 같습니다."

그의 덕담이 계속됐다. 이어지는 덕담에 고개만 끄덕이기가 어색해 한마디를 거들었다.

"이집트는 이미 1988년에 노벨문학상을 수상했습니다. 이집트 노벨상 수상작가 나기브 마흐푸즈(Naguib Mahfouz)는 한국에서도 유명합니다. 또 우리는 2000년에 김대중 전 대통령이 노벨평화상을 수상했는데, 이집트는 이미 1978년에 사다트 전 대통령이 노벨평화상을 수상했습니다. 또 2005년 노벨평화상 수상자인 알바라데이(Muhammad Al Baradei) 전 국제원자력기구 사무총장도 이집트 출신으로 알고 있습니다."

나의 화답에 좌중 모두가 흐뭇한 미소로 고개를 끄덕였다. 내친김에 나는 한마디를 더 보탰다.

기자 피라미드 지구를 찾았을 때, 나를 안내한 이맨(Eman Elshiekh) 통역가에게도 전한 바 있는 나의 진심 어린 말이었다.

"마스르 움무 둔야에 전적으로 동의합니다. 맞습니다. 이집트는 세계의 어머니입니다. 고대 이집트 문명사가 없었다면 지금의 알고리즘 체계도 없었고, AI 인공 지능 또한 없었을 것입니다. 이집트는 지구촌 모든 사람들의 어머니일 뿐만 아니라, 구도자이자 선생님이었습니다. 그런 점에서 세계 모든 지식인들은 이집트에 영혼의 빚을 지고 있습니다. 저처럼 책을 쓰는 사람들은 더욱더 그렇습니다. 그래서 서사 문학의 시원(始原)인 고대 파피루스 문명국에 늘 감사하고 있습니다. 이 말을 전하고 싶어 이집트에 왔습니다."

내 말이 끝나자 아흐메드 편집장이 자리에서 벌떡 일어났다. 그러면서 양손을 가슴에 얹고 '슈크란'(Shukran)을 반복했다. 고맙다는 인사였다.

나는 그들에게 '당신들의 영원한 자부심'인 〈시누헤 이야기〉(Story of Sinuhe)의 완역본이 최근 한국에서 출간됐다는 소식도 전했다. 참고로, 〈시누헤 이야기〉는 인류 최초 소설로 BC 19세기 작품이다. 고대 이집트 상형 문자로 저술된 이 책을 서울대 인문학연구원의 유성환 박사가

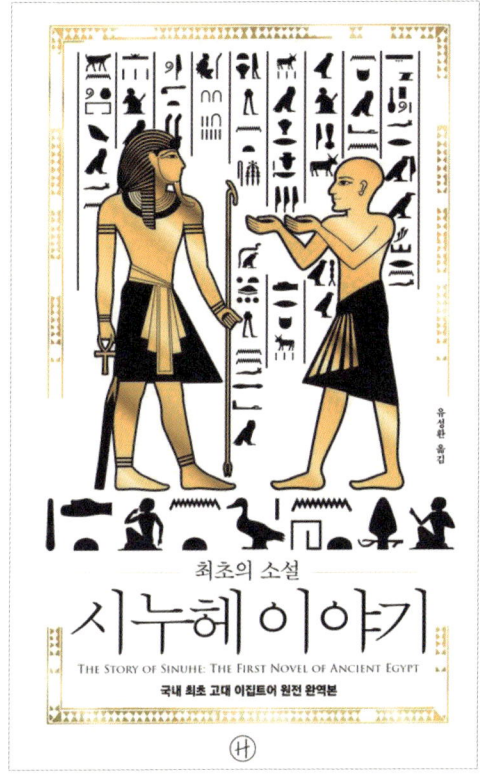

2024년 6월 한국에서 완역 출간된
〈시누헤 이야기〉(Story of Sinuhe)
표지.

오랜 산고 끝에 완역했다. 그리고 내가 이 책을 쓰기 시작하던 2024년 6월, 한국에서 출판됐다.

사랑도, 우정도, 국가 간 관계도, 가장 아름다운 만남은 상호 간 존중으로 시작된다. 〈시누헤 이야기〉의 한국 출간 소식에 그들 모두가 기뻐했다. 세계를 가르쳤던 고대 이집트 문명사에 감사를 표한 내 마음이 잘 전달된 것 같아 나 또한 기쁜 자리였다.(통역이 훌륭했다)

학창 시절 교과서를 통해 배웠듯, 고대 이집트인들은 나일강의 범람을 예측하기 위해 일찍부터 수학에 눈을 떴다. 그리고 그 학문적인 위업을 후대로 계승했다. 따라서 고대 이집트는 그 시대 온 세상의 큰 스승이었다. 계단형 피라미드를 처음 설계한 임호텝(Imhotep, BC 2625경)이 없었다면 피타고라스(Pythagoras, BC 570~495)도, 유클리드(Euclid, BC 4세기~3세기)도, 아르키메데스(Archimedes, BC 287경~212경)도, 그 천재성이 일부만 드러났으리라 확신한다.

또 BC 3세기 초에 세워진 알렉산드리아(Alexandria) 도서관이 아니었다면, 그 파피루스 기록들의 후대 전승 역시 불가능했을 것이다. 그렇기에 '마스르 움무 둔야'는 결코 과장된 수사(修辭)가 아니며, 그들의 국격을 높여주려는 친교성 과찬과도 거리가 멀다.

고대 이집트를 꿈꾸며, 도약 날갯짓

2024년 3월 11일, 한국의 과학방송 〈YTN 사이언스〉는 '알렉산드리아, 고대 학문 중심지'란 프로그램을 편성했다. 앵커와 과학 전문 기자의 대화 형식으로 진행한 이날 방송은 전반부를 통해 찬란했던 알렉산드리아 시절을 조명했다. '알렉산드리아가 학문의 중심지가 됐던 이유는 당대 최대 규모의 도서관이 있었기 때문'이란 설명이 핵심 요지였다. 그리고 '도서관은 문헌을 수집할 뿐 아니라 다양한 연구의 장으로서 당대 세계 각지의 학자들이 모여들어 철학, 의학, 수학, 천문학, 문학, 역사 등 다양한 학문이 알렉산드리아에서 번성하게 됐다'는 설명도 곁들였다.

그런데 어느 순간 앵커와 기자, 두 사람의 문답이 반전되며 대화가 이집트의 근현대사로 넘어왔다.

- [앵커] 만약에 우리가 고대에 살았다면, 알렉산드리아로 유학을 떠났을 텐데, 현재는 학문의 중심지인 미국이나 중국 등으로 가잖아요? 알렉산드리아의 현재 모습은 어떤가요?

- [기자] 알렉산드리아를 포함해 이집트 전체가 고대에는 학문과 과학에서 세계 선두에 있었지만, 현대에 들어서는 선진국들에 뒤처지는 것으로 인식되고 있습니다. 복합적인 사회적, 경제적, 정치적 요인들이 상호작용한 결과로 볼 수 있는데요, 이집트가 여러 차례 식민 지배라든가 군사 쿠데타, 내부 갈등 등을 겪어오며 연구와 학문 교류가 장기적으로 이어지는 데 어려움을 겪었고요, 또 경제적으로도 높은 국가 부채와 실업률, 인플레이션 등 여러 어려움을 겪으면서 교육에 충분한 투자를 하기가 어려웠기 때문이라고 분석됩니다.

이 멘트를 토대로 이집트의 과거와 현재를 살펴보자. 우선, 기자가 언급한 식민 시대를 언급하기엔 너무나도 복잡하다. 따라서 BC 525년 페르시아제국의 1차 지배로부터 시작돼 그리스-로마제국, 이슬람제국, 오스만제국, 나폴레옹 침략, 영국 보호령 등을 거쳐 1952년 독립 국가가 되기까지의 과정은 생략할 수밖에 없다.(인터넷에 관련 정보들이 넘쳐난다) 어쨌든, 이집트 역사를 BC 3150년 제1왕조기로부터 볼 때 5,100여 년 전체 역사 중 잠깐씩 독립했던 시기를 제외하더라도 2,300년 이상 식민

나세르 대통령은 1952년 자유장교단 소속으로 왕정을 무너뜨린 뒤 1956년부터 1970년까지 이집트를 이끌며 아랍민족주의를 주도했다.

1977년 11월 19일, 사다트 대통령(좌)이 이스라엘을 전격 방문해 메나헴 베긴(Menachem Begin) 이스라엘 총리와 만나는 모습.

지배를 받았던 불행한 국가가 이집트다.

1952년 독립 이후부터는 YTN 기자가 언급한 '군부 집권기'다. 초대 대통령인 모하메드나기브(Mohammed Naguib, 1953~1954)를 시작으로, 나세르(Gamal Abdel Nasser, 1954~1970)와 사다트(Anwar Sadat, 1970~1981), 무바라크(Hosni Mubarak, 1981~2011)로 이어진 60년가량의 이집트는 군부 권력 시대였다.

다음은 기자가 말한 '내부 갈등' 시기다. 2011년, 이른바 '아랍의 봄'(이 표현이 부적절해 본문에서는 '아랍 격동기'로 표현했다)이 일어났다. 2010년 12월, 튀니지에서 시작된 민중 혁명으로 MENA(Middle East North Africa) 지역의 여러 국가에서 장기집권 세력이 축출됐다. 리비아의 카다피(Muammar Gaddafi, 재임 1969~2011)가 대표적인 경우였고, 이집트의 무바라크도 그중 하나였다.

이 대목에서 이집트는 '내부 갈등'이 발생했다. 이 책의 핵심 내용 중 한 부분도 바로 그 '내부 갈등'의 조명이다.(제3장 참조). 짧게 요약하자면, 군부 권력에서 모르시(Mohamed Morsi) 대통령 체제의 민간정부로 이양된 것까지는 그럴듯했다. 하지만 '무슬림형제단'으로 대표되는 이슬람 근본주의 세력이 집권하며 이집트 전체가 또다시 흔들렸다.

이때 군부 출신인 알시시가 혼란을 수습하며 2014년 대통령에 취임했다. 그 과정에서 수천 명의 사상자가 발생했다. 이를 이유로 국제사회는 이집트 군부 세력의 재등장을 비난했다. 심지어 알시시 대통령은 첫 독일 국빈 방문(2015)에서 기자로부터 '거친 소리'까지 들어야만 했다.

이렇듯 여러 우여곡절을 거치며 11년째 집권 중인 알시시는 나름 성공한 대통령으로 평가받고 있다. 물론 갈 길은 아직 멀다. 하지만 '테러와의 전쟁'을 통해 이집트 사회를 안정시켰고, 글로벌 리더십을 통해 중동과 아프리카를 대표하는 국제 지도자로 우뚝 섰다.

또 몇 차례의 위기를 넘어 2024년 하반기부터는 경제 안정도 되찾았다. 중동평화와 아프리카 대륙의 빈곤 탈출을 위해 그를 필요로 하는 국가들이 늘었기 때문이다. 그러면서 IMF와 세계은행, 유럽연합, 미국, 중국, 러시아, 사우디아라비아, 아랍에미리트(UAE) 등이 이집트의 경제적

중동평화와 세계평화를 주제로 유엔총회장에서 연설하는 알시시 이집트 대통령.

트럼프 대통령이 다시 돌아왔다. 2016년 트럼프가 대통령에 당선됐을 당시 전 세계 정상 중 가장 먼저 축하 전화를 한 이가 알시시 이집트 대통령이었다.

안정을 적극 돕고 있다. 대한민국 역시 그 국가들 중 하나다.

사실, 2011년 '아랍의 봄' 이후 MENA 지역의 여러 국가들이 지금 '혹독한 아랍의 겨울'을 겪고 있다. 카다피가 물러난 리비아는 여전히 내전 상태다. 수단과 예멘, 시리아, 튀니지 등 여타 국가들도 10년 이상 휘청거리며 국민들이 심한 고통 속에 빠져 있다. 다만, 알시시 대통령의 이집트만은 그들 국가와 달리 새로운 가능성을 열고 있다. 그 동력으로 2036년 아프리카 최초의 올림픽 개최를 꿈꾸고 있고, 2030년 내 '세계 30강 진입'을 목표로 모든 국민이 노력하고 있다.

"이집트는 다시 세계의 모범이 되어 세계를 가르칠 것입니다."

이는 2014년 3월, 알시시 대통령이 대선 출사표를 던지며 했던 말이다. 그는 이를 위해 우선 경제선진국 이집트를 만들고자 한다. 마침 2025년 새해와 함께 그가 공들였던 이스라엘-하마스 전쟁이 휴전했다. 또 그와 한때 브로멘스(bromance)를 이뤘던 트럼프(Donald Trump)가 다시 돌아왔다. 물론 국제정치란 게 대단히 가변적이다. 특히 그래서 안심할 수만은 없다. 하지만 알시시 대통령의 정치적 내공도 만만치 않다. 그 점이 다행이다.

제1장

알후르리야
Al Hurriya

제1장과 제2장 제목은 이집트 국가(國歌) 곡명에서 따왔다. 참고로, 〈알후르리야〉(자유)는 1952년 파루크(Farouk) 왕정을 무너뜨린 기념으로 채택돼 1960년까지 사용된 국가다. 또 제2장 제목 〈빌라디, 빌라디, 빌라디〉(나의 조국)는 1979년 안와르 사다트(Anwar Al Sadat) 대통령 시절 채택돼 지금까지 사용되고 있는 국가다.

아랍 1번가 아이들

 2015년 7월, 오마르 샤리프(Omar Sharif, 1932~2015)가 세상을 떴다. 향년 83세였다. 그는 〈닥터 지바고〉와 〈아라비아의 로렌스〉로 한국 관객들에게도 친숙한 이집트 출신 배우다. 1963년과 1966년 골든 글로브 남우조연상, 2003년 베니스영화제 관객상 등을 수상한 이 세계적인 배우가 세상을 떴을 때 알시시 대통령은 깊이 애도했고, 알나바위(Abdel Wahed Al Nabawy) 문화부 장관에게 고인의 장례식에 참석하도록 지시했다.

 그에 앞서 2015년 1월엔 파텐아흐메드하마마(Faten Ahmed Hamama, 1931~2015)가 84세의 일기로 영면했다. 일곱 살 때 아역배우로 데뷔해 1950년대와 1960년대 전성기는 물론 2000년대까지 70년 이상 이집트 국민의 사랑을 받아왔던 그녀의 마지막 가는 길엔 전 세계 영화인들도 함께했다. 한때 오마르 샤리프의 아내로 살았던 그녀는 공교롭게도 전남편과 같은 해 세상을 떠났다. 알시시 대통령은 세계미래에너지정상회의(WFES 2015) 참석차 아랍에미리트(UAE)를 방문 중에 그 소식을 들었다. 그리곤 즉각 대통령실을 통해 "이집트와 아랍 세계는 이집트 문화를 풍성하게 한 창의적이고 예술적 재능이 넘치는 배우를 잃었다"는 애도 성명을 발표했다.

그 이듬해인 2016년 2월엔 모하메드하이칼(Mohamed Hassanein Heikal, 1923~1916)이 세상을 떴다. 향년 92세였다. 1950년대부터 아랍 세계를 대표해온 문화·언론계의 거목이자 이집트의 대표적 지성인 그가 세상을 떴을 때도 알시시 대통령은 "하이칼은 아랍과 이집트의 저널리즘을 풍요롭게 만든 국제적인 비평가"라는 애도 성명으로 그를 추모했다.

또 2017년 11월엔 '샤디아(Shadia)'란 예명으로 더 많이 알려진 파티마카말셰이커(Fatma Ahmad Kamal Shaker, 1931~2017)가 병상에서 눈을 감았다. 이집트와 중동 지역의 상징적인 여배우이자 가수로도 활동했던 그녀는 1960년대 이집트의 영화 황금기를 이끌었던 주역 중 하나였다. 그녀가 뇌졸중으로 카이로 군 병원에 입원했다는 소식을 듣고 알시시 대통령은 임종 보름여 전 부인과 함께 그녀를 찾아 위로했다.

이들은 모두 1960년대 문화강국 이집트의 상징적 아이콘들이었다. 그런 점에서 3년 연속 이어진 이들 명불허전 스타들의 부고 소식은 60대로 접어든 알시시 세대들에게 가슴 뭉클한 향수를 불러왔다.(그리고 보면 고전 이집트 영화에서 '가장 아름다운 눈'으로 유명했던 1960년대 인기 여배우 주바이다싸르왓Zubaida Tharwat도 이 시기인 2016년 12월 영면했다.)

알시시 대통령은 1954년생이다. 그런 점에서 1960년대는 알시시 세대의 청소년기에 해당한다. 세계 어느 나라를 막론하고 10대들의 우상은 스포츠 영웅이거나 스타 연예인들이다. 따라서 1960년대를 관통했던 이들과의 영원한 별리(別離)를 접하면서 알시시 세대들은 자연스레 자신들의 10대 시절을 소환하며 한동안 먹먹했다.

그들의 귓가로는 국민가수 움므쿨쑴(Umm Kulthum, 1898~1975)과 하페즈(Abdel Halim Hafez, 1929~1977)의 노랫소리가 환청처럼 들려왔다. 또 어느 순간엔가는 샤리프와 하마마와 샤디아는 물론 국민배우 루슈디 아바자(Rushdy Saiid Bughdadi Abaza, 1926~1980)며, 소아드호스니(Soad Hosny, 1943~2001)며, 이집트의 마릴린 먼로로 불렸던 힌드로스톰(Hind Rostom, 1929~2011) 등 수많은 1960년대 인기스타들의 전성기 모습이 환영처럼 다가왔다.

1960년대 문화강국 이집트

1962년 가을, 소년 알시시는 동네 또래들과 함께 마을 인근의 알바크리(Al Bakri) 초등학교에 입학했다. 이 시기 입학생들은 최근 몇 년 전의 아이들과 확실히 구분됐다. 이들은 이집트의 첫 영상 세대였다. 혁명 8주년을 기념하며 1960년 7월 21일, 중동 아프리카 대륙 최초로 개국한 텔레비전 방송 덕분에 그들의 시야는 넓고, 깊고, 입체적이었다.

"나는 시베리아 호랑이다~! 어흥."

"나는 보츠와나 타조다~! 다다다다~."

개구쟁이 아이들은 TV에서 본 동물 흉내를 내며 교실 안팎을 뛰어다녔고, 조용한 여자아이들은 교실에 앉아 TV가 전해준 세계 어린이들의 다양한 놀이문화를 공유하며 재잘댔다. 또 교사들은 교사들대로 예전 학생들보다 질문이 부쩍 많아진 아이들을 상대하느라 진땀을 뺐다.

"선생님~, 프랑스 가보셨어요?"

"선생님~, 미국 가보셨어요?"

예전 아이들은 룩소르(Luxor)나 아스완(Aswan)쯤의 여행경험을 묻곤 했다. 하지만 이들의 질문 유형은 이제 국경 밖으로 확장됐고, 소재 또한 다양했다.

"대서양이 더 커요, 태평양이 더 커요?"

"뿌조(Peugeot)랑 치타가 달리기 시합하면 누가 더 빨라요?"

"선생님~, 집에 텔레비전 있어요?"

아이들의 질문은 끝없이 이어졌다. 그들의 시선은 피라미드와 스핑크스와 나일강의 전통 범선(Felucca) 영역을 벗어난 지 오래였다. 할아버지가 들려줬던 고대 파라오 시대의 전설과 부모님이 들려주던 우라비(Ahmad Urabi, 1841~1911)와 자글룰(Sa'd Zaghlul, 1857~1927)의 위대했던 민족 운동 서사도 언제부턴가는 텔레비전이 대신했다.

교실에서 질문이 많은 그룹은 TV를 갖춘, 잘 사는 집 아이들이었다. 당시 텔레비전 수상기는 35£E(이집트파운드)로 비쌌다. 그래서 할부 판매가 성행했다. 1966년 유엔 연례 보고서는 이집트의 1인당 연간 평균

이집트는 1960년 텔레비전 방송을 처음 시작해 1961년 복수 채널이 됐고, 1962년 채널 하나가 더 늘어 본격적인 다채널 시대를 예고했다. 사진은 1972년경의 국영방송사 모습.

소득을 155달러로 집계했다. 당시 달러 환율은 38pt(피아스터)였다.(편집자 주 : 100pt=1£E). 따라서 이를 이집트파운드로 환산하면 1960년대 이집트인들의 1인당 연평균 소득은 408£E 수준이었고, 월 소득은 34£E 전후였다. 말하자면 TV 수상기 한 대 값이 당시 이집트인들의 월평균 소득과 맞먹는 셈이었다.

알시시 집안은 부유했다. 사업가인 그의 아버지는 소문난 기부자이기도 했다. 덕분에 가족들은 일찌감치 텔레비전 수혜자가 됐다. 1960년 단수 채널로 개국한 이집트 텔레비전은 1961년 복수 채널로 발전했다. 이후 1962년 10월, 채널 하나가 다시 늘어 본격적인 다채널 시대를 예고했다. 방송 시간도 초기 6시간에서 1962년부터는 3개 채널 합산 1일 25~30시간으로 늘어났다.

이로써 유년기부터 영상 세대에 편입된 알시시와 그의 또래들은 자연스럽게 세계시민으로 성장했다. 이 시기 텔레비전의 등장과 함께 뉴스의 위상도 달라졌다. 라디오로만 들어왔던 지난 시기의 뉴욕과 베를린과 모스크바와 베이징과 뉴델리 모습은 군맹무상(群盲撫象), 즉 '장님 코끼리 만지기' 식이었다. 상당 부분 상상력이 가미된 뉴스였다. 하지만 TV 뉴스는 구체성과 입체성을 무기로 지구촌의 시차를 빠른 속도로 좁혀가며 오대양 육대주를 한 울타리로 묶어냈다. TV가 전하는 MENA(Middle East & North Africa) 소식 사례만 봐도 알제리 독립전쟁(1954~1962)은 생각보다 심각했고, 메카(Mecca) 순례 현장은 상상 이상으로 장엄했다.

어느덧 텔레비전 뉴스가 대세였다. 9시 뉴스가 시작되면 카이로의 밤거리가 한산했다. 과거 한국도 그랬듯, TV 수상기가 없는 집은 동네 부잣집으로 몰려갔다. 그러면서 어른들의 화제는 급격히 넓어졌고, 아이들은 곁에 앉아 그 이야기를 듣는 것만으로도 생각 주머니가 깊어졌다. 또 그 유명한 알민사위(Muhammad Siddiq Al Minshawi, 1920~1969)가 읊는 'TV 코란 낭송'을 들으며 어른들과 아이들은 자신들의 신심(信心)을 키워갔고, 수시로 비춰주는 나세르 대통령(Gamal Abdel Nasser, 1918~1970)의 우렁찬 목소리와 자신감 넘치는 표정을 보면서 아랍 민족의 우월성과 이집트인으로서의 자부심을 키워갔다.

텔레비전의 등장으로 아이들은 들떴다. 하지만 알시시는 또래들과 달랐다. 텔레비전 앞에서도 신중하리만치 점잖았다. 사실, 초등학교 입학 당시 알시시도 선생님께 질문하고 싶은 게 많았다. 하지만 참았다. 아버지의 성품을 닮아 어린 나이에도 과묵했다. 엄격한 아버지와 신앙심 깊은 어머니의 밥상머리 교육으로 그는 또래 개구쟁이들과는 달리 일찍부터 진지함과 반듯함과 도덕성을 겸비한 아이로 성장했다. 특히 바른 자세로 앉아 어른들의 이야기에 귀 기울이는 걸 좋아했다.

소년 알시시는 그 시기 텔레비전의 영향으로 지중해 상공을 날아 남아프리카와 유럽을 오가는 철새들에 대한 호기심이 컸다. 선생님께 묻고 싶었던 것도 바로 이 철새들에 관한 질문이었다. 이후 그의 관심은 점차 비행기로 확장됐다. 특히 텔레비전에서 군용기가 등장할 때마다 그의 동공은 넓어졌다. 이는 뒷날 그가 고등학교 과정을 군사공군고등학교(Military Air Force High School)로 택하는 데도 깊은 영향을 준 것 같다. 이와 관련 이집트의 국영 언론 〈알아흐람〉은 알시시의 청소년기를 조명하며 이런 기사를 쓴 바 있다.

> 학창 시절 그의 방에 들어가면 큰 액자에 담긴 팬텀 군용기 사진을 볼 수 있었다. 당시 팬텀 군용기는 그에게 있어 단순히 장거리를 날 수 있는 군용 비행기가 아니었다. 그가 항상 가족과 이웃에게 이야기하던 미래의 꿈을 표현한 것이었다.
>
> 〈알아흐람〉, 2014년 5월 3일

보보 인형 실험과 맹모삼천지교

이쯤에서 다른 이야기 하나를 짚고, 다시 본론으로 돌아올 생각이다. 이 이야기가 곧 내가 강조하고자 하는 이번 편의 초점이다.

캐나다 출신의 미국 심리학자 앨버트 반두라(Albert Bandura, 1925~2021)는 세계 교육심리학 분야의 거두다. 그가 1977년 주창한 '사회학습이론'(Social Learning Theory)은 인간의 어린 시절 환경이 얼마나 중요한가를 강조할 때 자주 인용된다. '행동'이란 자신 스스로가 만들어 나타내는 게 아니라 다른 사람이 하는 걸 관찰하고 눈으로 보면서 '모방' 하는 걸 말한다는 게 앨버트 반두라 교수가 강조했던 사회학습이론의 핵심이다. 즉, 아이들의 행동 대부분은 부모의 말과 행동에 대한 지속적인 모방(imitation)과 학습(learning)을 거쳐 나타난다는 얘기다.

반두라 교수는 보보 인형 실험(Bobo doll experience)으로 이 이론을 뒷받침했다. 이 실험의 첫 단계는 유치원생들을 두 그룹으로 나눠 아이들에게 간단한 동영상을 보여주는 것인데, 한 그룹이 본 동영상은 장난감이 많은 방에 들어온 어른이 아무런 행동도 하지 않는 모습이다. 반면 다른 한 그룹이 본 동영상은 같은 방에 들어온 어른이 유독 보보 인형(일종의 오뚝이 인형)만을 가혹하게 괴롭히는 모습이다. 어른은 보보 인형을 발로 차고 주먹으로 때리는 등 여러 공격적인 행동을 했다.

그 뒤 동영상을 본 아이들을 모두 같은 장난감 방으로 들어가 놀도록 했다. 이때 평범한 동영상을 본 아이들과 달리 공격적인 동영상을 본 아이들은 자신들이 본 어른의 폭력적인 모습을 그대로 흉내 냈다. 보보 인형을 발로 차고 주먹으로 때리는 폭력적인 모습을 나타냈다. 앨버트 반두라 교수의 사회학습이론은 바로 이 같은 '모방학습'의 객관적 실험을 통해 입증됐다.

유교문화권에서는 일찍부터 '맹모삼천지교'(孟母三遷之敎)를 강조해

왔다. 이 역시 어릴 적 환경의 중요성을 상징하는 교훈으로, 아들 맹자의 올바른 교육 환경을 위해 맹자 어머니가 세 차례나 집을 옮겼다는 얘기다. 기원전 3세기부터 이미 '사회학습이론'의 핵심을 이해한 어머니 덕분에 맹자가 동양 최고의 철학자 반열에 오를 수 있었다는 이 이야기 역시 성장기 아이들의 주변 환경이 얼마나 중요한가를 강조하는 데 자주 쓰인다.

　이번 책을 쓰면서 나는 알시시 대통령의 어린 시절에 주목했다. 그의 유년기와 청소년기를 관찰하는 데는 시간적 배경과 공간적 배경 모두가 중요하다. 그중 공간적 관찰 대상인 그의 어릴 적 동네 분위기와 가족 이야기는 다음 편으로 이어질 예정이다. 이번 편에서는 일단 그의 정서 형성기를 관통했던 1960년대(시간적 배경)에 집중하는 중이다. 결론부터 말하자면 두 가지 모두 최상의 조건이었다. '사회학습이론' 상으로나 '맹모삼천' 교훈 상으로나, '모방'은 '하면 할수록 좋은 모방'만 가득 찼고, 삼천(三遷) 따윈 더더욱 필요 없는 가장 모범적인 환경이 그의 유년기와 소년기를 유익하게 감쌌다.

　미국에서 운영하는 아랍 커뮤니티 사이트 '아랍-아메리카'(https://arabamerica.com)는 이집트의 1960년대를 '황금기'로 표현했다. 400만 명의 아랍계 미국인들에게 다양한 아랍 정보를 제공하는 이 사이트에 기고한 글에서 미국인 작가 크리스티나 페리(Kristina Perry)는 '1960년대는 전 세계적으로 예술, 패션 등 모든 문화 장르가 혁신의 시대를 맞았지만, 이집트만큼 이 시기의 문화적 르네상스에 기여한 나라는 없다'고

1965년, 마흐무드줄피카르(Mahmoud Zulfikar) 감독이 제작한 이집트 영화 〈내 목숨보다 더 소중한〉 포스터. 살라줄피카르(Salah Zulfikar)와 샤디아(Shadia)가 주연을 맡았던 영화다.

상찬했다.

그는 또 '1960년대 이집트는 아랍 영화를 장악하며, 수 세기 동안 이어져 온 전통문화에 은막의 화려함을 섞어 영화를 만들었다. 다른 나라들은 장르와 주제에서 다양성을 찾지 못했는데, 이집트 영화는 정기적으로 광범위한 장르의 영화를 제작했다'면서 '이 시기 이집트에서는 스릴러 영화가 부상했고, 심리묘사 중심의 스토리 전개 또한 미국의 알프레드 히치콕과 경쟁했다'고 강조했다.

글은 한 발 더 나아가 나세르 대통령의 그 당시 업적을 조명하며 '1950년대와 1960년대 나세르 대통령 시절의 이집트는 범아랍주의의

촉매이기도 했다'면서 '이념적으로 나세르주의와 범아랍주의는 공유된 문화와 역사, 그리고 미소 냉전으로부터의 독립된 주체로서 이 지역의 정체성을 새롭게 확립하려는 열망 아래 아랍 세계를 통합하는 데 기여했다'고 덧붙였다.

그리고 결론부를 통해서는 '당시 이집트는 아랍 세계에서 이전에는 볼 수 없었던 사업 기회와 민주주의의 중심지가 되었다'면서 '2차 세계대전 이후 세계에서 가장 빠르게 성장하는 경제 중심지 중 하나이자 아랍 세계에서 가장 인기 있는 지도자였던 나세르의 당시 이집트는 많은 외국인 투자자와 정치적 토론의 선택지가 되었다'고 평가했다.

레반트까지 뻗었던 이집트 국력

지중해 바닷물은 마그레브(아프리카 북서부) 연안과 레반트(동지중해) 연안 사이를 회류(回流)한다. 마그레브는 지금의 모로코와 알제리, 모리타니아, 튀니지쯤에 해당된다. 때론 리비아도 같은 권역으로 분류된다. 아랍 세계에서 지중해를 바라볼 때 그쪽 지역은 '해가 지는 곳'이다. 즉, 아랍어 마그레브(Maghreb)는 서쪽이란 뜻이다. 그래서 아랍 사람들은 이 지역을 묶어 종종 마그레브로 통칭한다.

레반트(Levant)는 그 반대 지역이다. 이 말은 라틴어 '떠오르다'(levare)에서 왔다. 즉 해가 뜨는 동쪽이다. 이 지역명은 고대 지중해 세계관에서 비롯됐다. 대략 지금의 시리아와 레바논, 이스라엘, 팔레스타인이 레반트 권역이다.

1958년 2월, 이집트와 시리아는 '아랍연합공화국'(United Arab Republic, UAR)이란 이름으로 통합했다. 이로써 이집트 영토는 지중해 동쪽의 레반트 지역까지 확장됐다. 통합 국가수반은 나세르 이집트 대통령이었다. 수도 역시 카이로였다. 하지만 국기와 국가(國歌)는 새로 만들었다.

두 나라의 통합 시기는 알시시 대통령의 유년기였다. 어느 날부터인가 이집트의 모든 알시시 또래들은 라디오에서 흘러나오는 새로운 국가(Walla Zaman Ya Selahy, 1960~1979)를 흥얼댔다. 또 국가 통합 후 처음 열렸던 1960년 로마올림픽(8. 25~9. 11) 때는 아랍연합공화국 선수들이 출전할 때마다 새로운 국기가 펄럭였다. 그리고 이 모습은 올림픽 개최 직전에 개국(7. 21)했던 텔레비전 방송을 통해 장엄하게 전달됐다.

참고로, 이집트 선수들의 이 시기 올림픽 출전은 8년 만이었다. 1956년 멜버른(오스트레일리아) 올림픽 때는 '3국침략전쟁'(제2차 중동전쟁) 여파로 출전을 포기했다. 나세르 대통령의 수에즈운하 국유화 조치에 반발한 영국과 프랑스가 이스라엘과 동맹을 맺고 이집트를 공격한 이 전쟁은 올림픽 꿈나무들에게까지 깊은 상처를 남긴 셈이었다.

에티오피아 출신의 신화적인 마라토너 '맨발의 아베베'(Shambel Abebe Bikila)를 배출하고, 국제 복싱계의 영원한 전설 알리(Muhammad Ali)의 첫 국제무대로도 기억되는 로마올림픽은 1954년생인 알시시와 그 또래들로선 생후 처음 맞는 올림픽이었다. 이 국제대회의 의미와 가치는 아직 몰랐지만, 경기 때마다 동네 어른들이 열광하자 아이들도 신이 났다. 더군다나 8년 만의 빅이벤트라 마을 어른들과 아이들의 시선은 올림픽 내내 경기 결과에 집중됐다. 그러던 중 마침내 이집트 출신의 알사예드(Osman Al Sayed) 선수가 레슬링 플라이급 그레코로만형에서 은메달을 목에 걸었다. 또 같은 이집트 출신인 알구인디(Abdel Moneim Al Guindi) 선수가 복싱 플라이급에서 동메달을 획득했다. 반면 시리아 출신 선수들의 개인 종목 경기 결과는 매번 기대치를 벗어나 아쉬웠다.

"알사예드가 금메달만 땄어도 우리 아랍연합공화국 새 국기가 전 세계에 알려졌을 텐데, 너무 속상해."

"내가 듣기로는, 나세르 대통령이 레슬링 금메달을 기대하며 이집트와 시리아 국민에게 전할 텔레비전 축사까지 준비했대요. 우리 새 국가(國歌)가 올림픽 스타디움에 울려 퍼지고, 그 소식이 국제적으로 널리 퍼지면 아랍연합공화국의 존재가 더욱 확실히 알려졌을 텐데, 정말 너무너무 안타까워요."

알시시와 그의 또래들은 어른들의 그 당시 탄식 모습이 아직도 생생하다. 레슬링 결승전에서 알사예드가 루마니아의 두미트루 프르불레스쿠(Dumitru Parvulescu) 선수에게 패하자 어른들은 큰 아쉬움을 나타냈다. 아랍연합공화국의 국제적 홍보 기회를 놓쳤다는 안타까움이 그 실망감의 이유였다. 그만큼 자국 영토가 레반트 권역까지 확장됐다는 자부심이 넘쳐났던 시기였다 또 아랍권의 다른 나라들도 이집트 중심의 아랍연합공화국으로 뭉칠 것이라는 기대감이 컸던 시기였다.

하지만 이집트 국민의 이 같은 열망과 달리 1961년 시리아는 인민당의 군사 쿠데타로 아랍연합공화국에서 탈퇴했다. 아쉬운 일이었다. 다만, 1964년 일본 도쿄올림픽 당시 이집트와 시리아가 단일팀으로 뭉쳐 축구 4강 신화를 씀으로써 다소간 위로가 됐다.(추억 삼아 덧붙이자면, 당시 조별 예선에서 한국 대표팀이 이들 단일팀에 0:10으로 대패해 한국 축구팬들의 공분을 산 바 있다.)

 1960년 로마올림픽 때도 이들 축구팀은 원팀을 구성했었다. 하지만 그때는 A조 예선 탈락으로 아프리카 대륙 1위 출전국으로서의 체면을 구겼다. 그러나 도쿄올림픽을 통한 4년 만의 설욕과 축구 강국이라는 새로운 면모가 드러나자 일부에서는 이를 계기로 시리아의 아랍연합공화국 복귀를 조심스레 점치기도 했다. 하지만 결국은 무산됐다. 이로써 아랍연합공화국의 자취는 시나브로 사라지기 시작했다.

 그럼에도 이집트는 시리아의 복귀와 다른 아랍 국가들의 가입을 지속적으로 기대하며 1971년까지 아랍연합공화국이란 국명을 고수했다. 또 1979년 사다트(Anwar Al Sadat) 대통령의 지시로 새로운 국가(國歌, Biladi, Biladi, Biladi, 1979~)가 채택될 때까지 이집트는 아랍연합공화국 당시의 국가를 계속 사용했다. 따라서 알시시 대통령은 학창시절 전 과정은 물론 군 초임 장교 시절까지도 어릴 때부터 불렀던 '오 영원히, 나의 무기여'(Walla Zaman Ya Selahy)와 함께 20년가량을 산 셈이다. 참고로 이 국가는 1956년 수에즈 위기 당시 이집트의 영원한 국민가수 움므 쿨쑴(Umm Kulthum)이 비통한 심정으로 열창했던 민족주의 노래라 알시시 대통령과 그 전후 세대들은 여전히 이 곡을 가슴 속 깊이 담아 읊조린다.

알가말레야(Al Gamaleya, Cairo)

　2014년 6월, 알시시 대통령의 취임식을 앞두고 이집트 내 두 지역이 들썩였다. 한 곳은 그가 나고 자란 수도 카이로의 역사 유적지구 알가말레야(Al Gamaleya)였다. 그리고 다른 한 곳은 그의 조상들이 대를 이으며 살았던 부모님의 고향, 모누피아주(Monufia Governorate)였다. 그중 후자의 반응이 더욱 강렬했다.

　카이로에서 북쪽으로 80㎞가량 떨어진 모누피아주 사람들은 "사다트(Mohamed Anwar Sadat)와 무바라크(Mohamed Hosni Mubarak)에 이어 세 번째 대통령을 배출했고, 이번 선거 직전까지 임시 대통령을 맡았던 아들리만수르(Adly Mansour) 최고헌법재판소장 역시 모누피아 출신"이라고 치켜세웠다. 그러면서 그들은 "모누피아 출신이면 모두 영광의 길로 간다"고 입을 모으며 축제 분위기에 휩싸였다.

알시시 대통령의 고향마을인 카이로의 알가말레야(Al Gamaleya) 역사지구 거리 모습.

　실제로, 나세르에 이어 이집트 3대 대통령에 오른 사다트는 모누피아주의 '미트아부알콤'(Mit Abu Al Kom)에서 태어났다. 그 지역에는 현재 알사다트 뮤지엄(Al Sadat Museum)이 있어 연중 많은 사람들의 발길이 이어진다. 또 사다트가 암살되며 1981년 권좌에 올라 30년 동안 이집트를 통치했던 4대 대통령 무바라크 역시 모누피아주의 주도 '셰빈알콤'(Shebin Al Kom) 출신이다. 그리고 만수르 임시 대통령의 출생지와 알시시 집안 고향은 모누피아주의 옛 주도였던 모누프(Monuf)라는 공통점이 있다. 다만, 같은 권역 내에서 사루르하이트 마을(Sarurheit)과 캄슈시 마을(Kamshush)로 각각 본거지가 나뉠 뿐이다.

　"우연치고는 실로 대단한 인연이다. 1952년 왕정을 무너뜨리고 공화국을 세운 이래 배출된 6명의 대통령 중(임시 대통령 포함) 무려 네 사람이 우리 주에서 나왔다. 이건 매우 큰 사건이다. 모누피아는 전체 인구

중 20%만 도시에 거주하는 전형적인 농촌지역이다. 그런데 이 열악한 지역에서 대통령 네 사람이 탄생한 것이다. 신의 가호가 아니면 불가능한 일이었다. 압델 파타 알시시 대통령에게 거듭 신의 가호가 있기를 기원한다. 여기에는 아직도 그의 친척들이 많이 살고 있다. 그래서 카이로로 떠난 뒤에도 그 집안사람들이 여기를 자주 다녀가곤 했는데, 알시시 대통령도 군 정보부장으로 승진할 때까지 정기적으로 이곳을 다녀갔다. 알시시는 신앙심이 아주 깊은 사람이다. 어릴 때부터 그랬다고 한다. 그래서 이 지역 어른들이 그에게 붙여 준 별명이 '셰이크압델파타'(Sheikh Abdel Fattah)였다."

알시시가 대통령에 당선된 뒤 많은 언론이 이 지역을 방문했다. 그때마다 마을 사람들은 언론 인터뷰를 통해 이렇게 말하면서 '모누피아'라는 이름은 '좋은 땅'을 의미하는 상형 문자 '나프르'(Nafr)에서 유래됐다는 점을 강조했다. 즉, 좋은 땅의 기운(地氣)이 하늘과 교감하며 신심(信心) 깊은 인물을 대통령으로 택했기에 이집트의 미래는 밝을 수밖에 없다는 게 이들의 공통된 기대감이었다.

한편 이 시기, 카이로의 알가말레야 사람들도 유서 깊은 자신들의 터전에서 대통령을 배출했다는 자부심이 대단했다. 그들은 가말레야가 '알시시의 고향'이란 점을 부각하며, 알코론페쉬(Al Khoronfesh) 거리의 바르꾸끼아(Barquqiah) 7번가에 있는 그의 생가 방문에 열광했다. 또 가말레야 중심부의 칸알칼릴리(Khan Al Khalili) 시장을 찾아 그의 집안이 운영하는 아라베스크 전통 공예점을 둘러보기에도 바빴다.

"가말레야는 카이로의 역사 1번지다. 도시 전체가 아랍 문명사를 보여주는 지붕 없는 역사박물관이다. 이렇게 뜻깊은 역사 유적지구에서 대통령이 나왔다는 건 우리 이집트가 다시 한 번 나세르 대통령 시대의 영광을 되찾도록 하늘이 기회를 주신 거다. 알시시 대통령은 부모님의 깊은 신앙심을 따라 어린 시절부터 이곳 알아트라비 모스크(Sidi Ali Al Atrabi Mosque)에서 코란을 암송했고, 제때 기도하려는 열망으로 매일 파즈르(Fajr, 편집자 주 ; 새벽과 일출 사이에 하는 기도로, 이슬람 신앙은 이 시간의 기도를 매우 중요하게 여긴다) 기도를 드렸다. 그런 신앙심 깊은 우리 지역 출신이 대통령에 당선돼 더없이 기쁘다."

가말레야 사람들 역시 대통령 선거 개표 직후 이곳을 찾은 수많은 아랍권 언론에 이 같은 반응을 보이며 환호했다. 그러면서 그들은 대통령을 4명이나 배출했다는 모누피아주 사람들을 의식한 듯 가말레야와 나세르 대통령(Gamal Abdel Nasser)의 오래전 인연까지 소환했다.

"나세르 대통령이 초등학생이었을 때 3년 동안 가말레야에 와서 나하신(Nahhasin) 초등학교를 다녔다. 삼촌이 이 동네 카미스알아즈(Khamis Al Ads) 골목에 살았는데 그 집이 알시시 집과 세 블록 떨어진 아주 가까운 곳이었다. 알시시 대통령이 살았던 바르꾸끼아 골목과 나세르가 살았던 카미스알아즈 골목 모두 알코론페쉬(Al Khoronfesh) 거리와 붙어 있다. 알시시 대통령이 학창 시절에 나세르 대통령을 매우 존경했던 걸로 알고 있는데, 아마 두 사람의 운명이 바로 그 코론페쉬 거리에서 합쳐졌던 것 같다."

가말레야 사람들은 소년 나세르가 1920년대 중반 고향 알렉산드리아를 떠나 잠시 이곳에 머물렀다는 기록이 더없이 소중했다. 게다가 당

알가말레야 거리의 한 상가에 이집트가 배출한 세계적인 인물들의 사진을 걸어놓았다. 알시시 대통령과 프리미어리그 리버풀 FC 소속의 모하메드 살라(Mohamed Salah) 선수 등의 모습이 보인다.

시 나세르의 삼촌 집과 알시시의 바르꾸끼아 7번가 아파트가 아주 가까운 거리에 있었다는 점도 내세울 만한 자랑거리였다.

나세르 대통령의 전기를 보면 실제로 1925년 그가 카이로에 와서 유학했던 기록이 나온다. 우체국을 운영했던 그의 아버지가 집을 자주 이사하며 아들을 잠시 카이로 동생에게 맡겼던 것 같다. 카이로에 살던 시절 자신의 어머니가 셋째 동생을 낳은 직후 별세했던 사실을 동료들에게 이야기하며 나세르가 종종 울적한 마음을 드러냈다는 사실도 전해진다.

나세르 대통령은 1952년 자유장교단의 핵심 멤버로 혁명에 참여해 파루크 왕정을 무너뜨린 젊은 영웅이었다. 그리고 앞에서도 소개했듯, 집권 시절엔 아랍 통합을 위한 여러 위대한 업적을 남기며 이집트의 정치·경제·문화 황금기를 이끈 이집트 현대사의 주역이었다. 그런 만큼 이집트의 모든 국민에게 절대적 존경을 받았던 그가 잠시나마 한 동네 사람이었다는 사실 자체만으로 가말레야 사람들은 감읍할 일이었다. 그리고 이 같은 서사를 기억하는 알시시로서도 그가 한때 자신의 집과 가까운 곳에 살며, 매일 새벽 자신이 훗날 들었던 같은 아잔(Adzan) 소리를 들으며 하루를 시작했을 것이란 좋은 기억이 뇌리에 남아 평생 좋은 영향을 미쳤을 것으로 추측된다.

유네스코 역사지구에서 성장

알시시 집안과 가말레야의 인연은 1930년대부터였다. 모누피아주에서 카이로로 이사한 그의 집안은 가말레야에 정착해 아라베스크 가구상과 무역업으로 재산을 축적했다. 사업수완이 뛰어난 그의 아버지 사이드알시시(Saeed Hussein Khalil Al Sisi)가 가업을 이끌며 본격적인 가말레야 시대를 열어갔다.

그 과정에서 사이드알시시는 아내 소아드모하메드(Soad Mohamed)와의 사이에서 3남 5녀를 두었다. 그중 둘째 아들이 알시시로, 1954년 11월 19일 태어난 그는 가말레야의 고색창연한 역사 유적들과 '칸알칼릴리'(Khan Al Khalili) 전통 시장의 활력 속에서 유년 시절과 학창 시절을 보냈다.

아랍 언론 〈알자지라〉(Al Jazeera) 온라인 영문판은 2018년 4월 12일자 기사에서 "나는 엄청난 문화적 다양성이 있는 지역에서 태어나고 자랐다. 유대인 거주 구역에서 회당(synagogue)을 보곤 했다"는 알시시 대통령의 텔레비전 인터뷰 내용을 소개했다. 이후 이 보도 내용은 위키피

디아 영문판에도 실려 그의 유명 어록 중 하나가 됐다.

그가 TV 인터뷰에서 언급했다는 '문화적 다양성 지역'이 바로 이곳 알가말레야 역사지구다. 부르지맘루크 왕조(Burji Mamluks, 1382~1517) 시대에 전성기를 구가했던 이곳 가말레야는 시가지 전체가 살아있는 역사 교실이다.

도심을 가로지르는 무이즈 거리(Al Muizz Li-Din Allah Al Fatimi Street)와 그 주변으로 1,000년 전 파티마 왕조(Fatimid Caliphate, 969~1171)의 유물부터 아이유브 왕조(Ayyubid, 1171~1246)와 맘루크 왕조(Mamluks, 1250~1517), 오스만 왕조(Ottoman, 1517~1798) 시기를 거쳐 무함마드알리 왕조(Muhammad Aliy, 1805~1952)에 이르기까지 이집트의 지난 역사를 상징하는 건축 유적들이 즐비하다.

이 시기 이집트는 제국들의 각축전이 펼쳐지던 아랍 세계의 중심 무대였고, 문명사적 용광로였다. 따라서 그 어떤 시기보다도 문화적 다양성이 증폭됐던 1,000년 세월을 지나면서 각각의 왕조들은 자신들의 흔적을 남기느라 경쟁했다. 더 높이, 더 육중하게, 더 아름답게 모스크를 짓는 과업이 그들의 통치 이념과 직결됐다. 그 결과 후대인들은 카이로에 '1,000개의 첨탑(미나렛)을 가진 도시'란 별명을 붙여줬다. 이들 대부분이 10세기 중반 카이로를 수도로 삼은 파티마 왕조 이후의 유적들이다.

이집트는 제국들의 침략을 받은 이래, 알렉산드리아(로마제국) – 푸스타트(이슬람제국 초창기) – 카타이(10세기 이슬람) 등으로 수도를 옮겨 왔다. 그러다 969년, 파티마 왕조를 연 무이즈칼리프(Al Mu'izz, 931~975)가 이집트를 정복하며 카타이 옆에 신도시를 건설하고 그 이름을 '알까히라'(Al Qahira)로 명명했다. '승리자'란 뜻으로, 현재 통용되는 수도명 '카이로'는 그로부터 유래됐다.

이렇듯 1,000년 이상의 역사를 갖다 보니 도시 전체가 문화유산의 보고(寶庫)다. 알시시와 그 또래들은 유년기부터 그 풍요로운 서사의 수혜자가 됐다. 또 초등학생 이후부터는 그 유산들이 텔레비전의 단골 소재가 되다 보니 카이로의 1,000년 역사가 자연스레 학습됐다. 그들은 그로부터 많은 지혜를 얻었다. 역사 유적들이 일러주는 왕조의 흥망성쇠(興亡盛衰) 전후사만으로도 삶의 내비게이션은 충분했다. 게다가 문만 나서면 부르지 맘루크 왕조 이래의 600년 역사가 한눈에 펼쳐지고, 술래잡기 놀이조차 중세 숨결과 함께하다 보니 가말레야 아이들의 사유는 존재 자체로 깊어졌다.

이제 이쯤에서 그들이 보고 자란 가말레야 유적들을 몇 가지만 소개하고 넘어가자. 우선, 1년 내내 국제 관광객들로 북적이는 알아즈하르 모스크(Al Azhar Mosque)와 알하킴 모스크(Al Hakim Mosque)다.

이 둘은 각각 파티마 왕조 초기인 972년과 1013년 건립된 중세 이집트 역사의 한 단면이다. 특히 알아즈하르 모스크와 연계된 알아즈하르 대학교는 순니파 신학과 이슬람법을 연구하는 아랍권 최대 학술기관으로, 역사 면에서도 모로코의 알까라위인(Al Qarawiyyin) 모스크에 이어 세계 두 번째다.

이 밖에도 10세기 후반 조성됐던 파티마 왕조 대궁전(Fatimid Great Palaces) 터를 비롯 1126년에 건립된 알아끄마르 모스크(Al Aqmar

Mosque)와 1154년 건립된 알후세인 모스크(Al Hussein Mosque, 1874 재건축)도 이 지역의 오랜 역사를 상징한다. 특히 알후세인 모스크는 예언자 무함마드의 외손자인 후세인이븐알리(Hussein ibn Ali, 626~680)의 목이 안치되어 있다고 믿는 일부 시아파들의 성지로도 유명하다.

이들 모스크를 순례한 관광객들이 단골로 찾는 가말레야의 또 다른 랜드마크, 칸알칼릴리(Khan Al Khalili)는 맘루크 왕조시대의 유산이다. 부르지 맘루크 왕조의 초대 술탄이자 바흐리맘루크(Bahri Mamluks, 1250~1382) 시대를 종식시킨 알말리크알딘바르꾸끄(Al Malik Az Zahir Sayf Ad Din Barquq, 1336~1399)는 새로운 시대를 열며 이곳 가말레야에 역사적인 선물 하나를 안겼다. 즉위 첫해인 1382년 조성한 알칼릴리 시장이 그것이다. 이 시장은 낙타를 타고 사막을 건너온 이슬람 상인들이 쉬고 갈 수 있는 캐러밴서라이(Caravanserai) 형태로 건립됐다.

하지만 오랜 세월이 지나면서 아랍상인들이 모여들며 점차 상거래 장터로 변모했다. 또 피라미드를 보러 온 관광객들의 입소문까지 타고 유명세를 더하다 보니 어느덧 국제 마켓으로 발전했다. 지갑 숫자가 많아지면 상권 역시 커지는 법. 하나둘 늘어난 상점 숫자가 이제는 4,000여 개까지 불어났다.

알시시 집안 역시 그렇게 모여든 사업가 중 하나였다. 그 집안은 이곳에서 부와 명성을 모두 얻은 대표적인 사례가 됐다. 또 알시시의 아버지는 노블레스 오블리주(Noblesse oblige)를 실천한 모범 기업가의 사례이기도 했다. 한 가지 반가운 건, 해를 거듭할수록 그 같은 모범 기업가 사례가 부쩍 늘고 있다는 소식이다. 그 결과 알칼릴리 시장은 이제 단순 상

알시시 가문이 운영 중인 칸알칼릴리(Khan Al Khalili) 시장의 아라베스크 전통 상점.

권 영역을 넘어 이집트의 새로운 성장 동력으로 진화하는 양상이다. 다음은 도시 디자인 국제 플랫폼 '어반(Urban) 디자인 랩'에 소개된 글로, 이 시장의 진화하는 모습을 잘 표현한 내용이라 일부를 옮겨 봤다.

> 칸알칼릴리는 이제 단순한 시장이 아니라 카이로의 다양성과 역동성을 반영하는 문화적 랜드마크입니다. 이 바자르는 오랫동안 지역 주민들은 물론 국제 관광객, 예술가와 지식인부터 상인과 무역업자에 이르기까지 모든 계층의 사람들이 모이는 장소였습니다. 이러한 활기찬 문화와 관점의 혼합은 칸알칼릴리의 독특한 특성에 기여함으로써 카이로 자체의 축소판이 되었습니다. 수년에 걸쳐 칸알칼릴리는 수많은 작가, 예술가, 영화 제작자에게 영감의 원천이 되었습니다. 바자르의 분위기 있는 골목길과 역사적인 건물은 수많은 문학 작품과 영화에 등장해 전 세계 관객의 상상력을 사로잡았습니다.
>
> 어반디자인랩 웹사이트, 모스타파 다게르(Mostafa dagher) 건축학자 기고 글

가말레야 사람 나기브 마흐푸즈

이집트 언론 〈엘와탄뉴스〉(El Watan News)는 2013년 여름, 알시시에 대한 장문의 기사를 썼다. 그 시기는 알시시가 정치 전면에 뛰어들기 전이었다. 국방장관 신분이던 그를 여러 언론에서 관심을 가진 이유는 모르시(Mohamed Morsi, 1951~2019) 정권의 몰락과 함께 알시시에 대한 국제적 관심이 증폭되고 있었기 때문이다.

가말레야 방문기 형식으로 쓴 이 기사는 '성장기 알시시'에 대한 소개와 그에 대한 주변 사람들(친인척 포함)의 평판 위주로 구성됐다. 또 부모님은 어떤 사람이고, 특히 어머니인 소아드(Soad) 여사가 얼마나 훌륭했는지를 조명하는 데도 많은 양을 할애했다.

이 기사의 첫 문장은 이렇게 시작된다. '그(알시시)는 나기브 마흐푸즈의 소설에 매료돼 항상 '3부작'을 읽으며 여가 시간을 보냈다. 노벨문학상 수상 작가의 이 소설은 '어디에서 살 것인가'를 알려주는 창문이었다'(〈엘와탄뉴스〉 2013년 8월 24일 자 기사 참조).

여기서 언급된 나기브 마흐푸즈(Naguib Mahfouz, 1911~2006)는 1988년 아랍 최초로 노벨문학상을 수상한 이집트 작가로, 한국에도 잘 알려진 유명 소설가다. 그의 고향이 마침 알시시와 같은 알가말레야다. 기사를 쓴 기자 역시 그 점을 고려해 첫 문장을 나기브 마흐푸즈로 시작한 것 같다.

이 첫 문장에 관심이 간 이유는 두 가지 때문이다. 그중 하나는 예상했던 대로(당시 이집트는 엄청난 문학 번영기였다) 알시시 역시 문청(文靑) 세대였다는 사실이다. 특히 문학적 강골 기질이 대단했던 마흐푸즈의 작품을 즐겨 읽었다면 제대로 된 문학청년이었다는 사실이 이 기사의 첫 문장으로 확인된 셈이었다.

그리고 다른 하나는 기사 덕분에 마흐푸즈의 대표작 중 하나인 '3부작'을 떠올리게 됐다는 점이다. '카이로 3부작'(The Cairo Trilogy)으로 널리 알려진 이 작품은 세 권 제목 모두 가말레야의 실제 거리 이름에서 따왔다. 1956년 발표한 제1권 제목은 《바인알까스라인》(Bayn Al Qasrayn)이다. 그리고 1957년에 발표된 제2권과 3권 제목은 각각 《까스르알샤끄》(Qasr Al Shawq)와 《알수카리야》(Al Sukkariyya)다.

영국 식민지에 대항했던 1919년부터 2차 세계대전이 저물던 1944년까지를 시간적 배경으로, 그리고 가말레야와 그 주변 지역을 공간적 배경으로 쓴 이 작품은 부유한 상인 가족의 3대 이야기를 통해 20세기 전반부의 카이로 시대상을 그리고 있다.

이 소설이 출간됐을 당시 알시시는 아직 유년기였다. 따라서 그는 먼 뒷날 청년으로 성장한 뒤에야 이 작품을 읽었을 것 같다. 그러면서 책을 읽는 중간중간 그는 나세르 대통령과의 가말레야 인연까지 떠올리며, 아랍 문단의 거장이 자신의 이웃이었다는 사실에 다시 한 번 들떴을 것 같다.(그가 작품을 읽었으리라 짐작되는 시기는 아직 노벨문학상을 수상하기 전이다. 하지만 마흐푸즈는 그때부터도 무척 유명했다.)

이 대목에서 마흐푸즈 문학 얘기가 나왔으니 한 가지 짚고 넘어갈 게 있다. 그에게 노벨문학상을 안긴 1959년 작 《게발라위 아이들》(Children of Gebelawi) 이야기다.《우리 동네 아이들》(민음사, 전2권)이란 제목으로 한국에서도 번역출판된 바 있는 이 작품은 유대교와 기독교, 그리고 이슬람의 세계관을 다룬 화제작이다.(마흐푸즈는 이 작품으로 오랫동안 곤욕을 치르기도 했다. 알라에 대한 신성모독을 했다는 게 그 이유였다.)

작품은 카이로의 한 마을을 배경으로, 유대교와 기독교 경전인 성경과 이슬람교 경전인 코란에 등장하는 선지자들과 그 밖의 관련 인물들을 조명한다. 그러면서 이들의 이야기를 통해 인류에게 가해지고 있는 폭력과 억압적 지배에 각 선지자가 어떻게 사람들을 구원시켰는지를 날카롭게 묻고 있다.

나는 이 작품을 카이로행 기내에서 한국어판으로 읽었다. 그리고 한국으로 돌아올 때 또다시 읽어봤다. 당연한 얘기지만, 귀국길 독서가 훨씬 감동적이었다. 한 달쯤 머물며 카이로 구석구석을 살폈고(지하철에도 매료됐고, 마이크로버스도 자주 이용했다), 가말레야 미로 여행까지 마친 뒤의 복독(復讀)이라 처음과는 아무래도 다른 느낌일 수밖에 없었다.

'가말레야 사람이 아니었다면 마흐푸즈가 이런 역작을 쓸 수 없었을 거야.'

나는 귀국길 기내에서 마흐푸즈의 문학적인 서사 능력과 함께 예술로 승화된 가말레야 역사지구의 문명사적 가치를 새삼 다시 인식했다. 그러면서 나기브 마흐푸즈가 이 공간의 문화연대적 가치를 자신의 작품 속에 녹여냈듯, 알시시 역시 가말레야의 전통적 자산을 자신의 통치 이념 속에 녹여냈겠다고 생각했다. 그리고 그중 하나가 집권 10년 동안의 가장 큰 업적 중 하나인 종교 화합을 위한 그의 노력이었다고 생각했다.

즉, 가말레야가 그 같은 노력의 신념과 지혜를 제공한 발원지일 것이란 확신이었다.

앞서 소개한 대로 알시시 대통령은 문화적 다양성을 경험하며 유대인 거주 지역에서 유대교 회당을 바라보며 성장했다. 그가 그럴 수 있었던 건 가말레야 역사지구의 특성 때문이었다. 그곳엔 지금도 콥트 교회들이 여럿 있다. 10세기쯤 건립된 것으로 추정되는 하렛 주웨일라 성모 마리아 교회(The Church of the Virgin Mary in Haret Zuweila)도 이 지구에 있다. 말하자면 1,000년 전 건립된 알아즈하르 모스크(Al Azhar Mosque)와 1,000년 역사의 기독교 회당이 한마을에 공존하는 셈이다.

통계에 따르면 이집트인들의 종교 분포는 순니파 이슬람교도가 인구의 약 90%다. 그리고 기독교 종파 중 하나인 콥트교도가 약 9%이고, 정통 기독교도가 약 1%다. 물론 국교는 이슬람교다. 그럼에도 소수 종파가 불이익을 받는 경우는 많지 않았다. 그랬기에 오랜 세월 무슬림과 콥트교도들은 무리 없이 잘 지냈다. 종교가 다른 연인들의 사랑이 이루어지는 사례들도 많았다. 일례로 배우 오마르 샤리프는 기독교인이었다. 반면 그와 결혼했던 하마마는 이슬람교도였다. 결혼 당시 샤리프가 하마마를 너무 사랑한 나머지 이슬람교로 개종했다는 소식이 국제적으로 화제가 되기도 했다.

그런데 2010년대 초 한때 이슬람주의 세력들이 콥트교도들을 공격했던 시기가 있었다. 이로 인해 사회가 혼란해졌고, 당시 정권을 잡았던 이슬람주의 과격 정파 '무슬림형제단'은 시민들의 대규모 시위로 집권 1년 만에 쫓겨났다. 그 뒤 국민의 요청으로 새 정부를 꾸린 알시시 지도부는 종교 화합에 적극적인 노력을 기울였다. 그 결과 현재는 두 종교가 과거 평화 공존 시대로 복귀했다.

그 과정에서 알시시는 역대 이집트 대통령 중 최초로 콥트 교황이 집전하는 성탄절 미사에 참석한(2015) 바 있고, 여성 콥트교도 주지사 시대를 열었는가 하면(2018), 이집트 사법부 사상 최초로 콥트정교회 신자를 최고헌법재판소장에 임명하는(2022) 과감한 인사를 단행하기도 했다. 오랜 세월 그의 망막 속에 각인돼 있던 유대교 회당의 앵크 십자가(Ankh Cross)가 이집트 국민 통합을 위한 '생명의 열쇠'로 승화한 셈이었다.('앵크' 자체가 '생명'을 표현하는 데 사용된 고대 상형 문자 기호다.)

이 대목에서 앞서 언급했던 앨버트 반두라 교수의 '사회학습이론'을 다시 한 번 떠올리게 되는데, 알시시 대통령의 종교 화합 노력에 대해서는 제3장 '인샬라' 편과 제4장 '타히야 마스르' 편에서 더 깊이 다루고자 한다.

반듯한 청년

아랍권 웹사이트를 검색하다 귀중한 정보를 발견했다. 알시시 대통령의 초등학교 은사 한 사람이 〈알아라비야〉(Al Arabiya) 방송과 인터뷰한 내용으로, 2014년 3월 27일 자 자료였다. 앞에서도 언급했듯 이즈음은 알시시에 대한 국제사회의 관심이 증폭되던 시기였다.

사실, 카이로 취재 때 나는 알시시 대통령의 학창 시절을 얘기해줄 만한 그의 옛 은사를 찾아달라고 여러 사람에게 부탁한 바 있다. 하지만 좋은 결과가 없었다. 또 내가 직접 찾아보려고 여러 노력을 했다. 이번 책을 쓰는 과정에서 알게 된 모든 인맥을 총동원해서 알시시 대통령의 학창 시절을 조명하고자 애썼다. 하지만 번번이 헛수고였다. '겸양'을 전제로 한 일종의 보도지침(대통령을 너무 치켜세우지 말라는)이 있었던 것 같다. 가말레야 취재 때도 비슷한 경험을 했다. 아쉬운 일이었다.

그런 우여곡절 끝에 찾은 자료라 더욱 소중했다. 〈알아라비야〉 방송과 인터뷰를 했던 사람은 아지자누비하산(Aziza Noubi Hassan)이란 여성이었다. 나이가 지긋한 이 전직 여교사는 과거 알바크리(Al Bakri) 초등학교에서 수학과 과학을 가르쳤다는 말로 자신을 소개하며 "나는 공부를 잘하는 고급반 아이들만 가르쳤는데, 알시시가 우리 반 학생이었다"고 회고했다. 또 "그는 도덕성 높은 매우 품격 있는 가문 출신의 학생이었던 것으로 기억한다"는 회고담도 곁들였다.

과묵하고 신앙심 깊은 모범생

나의 카이로 현지 취재와 여러 자료를 종합할 때, 알시시 대통령의 어린 시절과 청년 시절을 한마디로 요약하면 '과묵하고, 신앙심 깊고, 공부 잘하는 모범생'이다. 다음은 발간처가 각기 다른 아랍 3개국의 대표적인 언론들에서 간추린 알시시 대통령의 성장기 관련 기사로, 그 출처는 각각 〈알아흐람〉(Al Ahram, 이집트), 〈엘와탄뉴스〉(El Waten News, 이집트), 〈에마랏알욤〉(Emarat Al Youm, 아랍에미리트) 등 3개 신문이다.

"그는 어린 시절 코란을 암기하는 데 바빴던 근면하고, 헌신적이며, 수줍은 청년이다."

"그가 자란 동네 주민들은 그가 내성적이었고, 공부에만 열중했던 학생이었다고 기억했다."

'알리하마마'(Ali Hamama)란 상호로 운영 중인 아라베스크 상점에 선친을 비롯한 알시시 대통령의 조상들 사진이 걸려 있는 모습.

"알시시는 어린 시절부터 우수성의 징후를 보였다. 학업적인 우수성과 근면함이 그의 장점이었다. 근면성은 그의 부모님으로부터 물려받은 유산이다."

"자립심을 키워주기 위한 아버지의 엄명으로 대부분의 형제들(첫 부인과의 자녀 8명, 둘째 부인과의 자녀 6명 등 전체 14명)이 방학 동안 아라베스크 상점에서 일했지만, 알시시는 다소 예외였다. 그는 다른 형제들보다 상점에서 일하는 시간이 적었고, 대신 알칼릴리 시장으로 물건을 사러 오는 외국인이나 관광객들과 교류하며 외국어를 배우는 것에 더 집중했다."

"그는 아버지의 엄격함 때문에 어렸을 때도 밖에 나가 노는 경우가 적었다. 그의 아버지가 그에게 바란 건 높은 신앙심과 열정적인 학구열, 두 가지였다."

"알시시는 암기 과목보다는 논리적인 과목을 더 선호했다."

"자신이 말하는 것보다 다른 사람 얘기 듣는 걸 더 좋아했다. 잔잔한 미소로 상대방의 이야기를 경청하는 모습이 참 보기 좋았다."

"그가 학창 시절, 친구들과 알렉산드리아로 여행을 갔던 기억이 있다. 그가 영화를 좋아했던 기억은 없지만, 움므쿨쑴(Umm Kulthum)과 하페즈(Abdel Halim Hafez)의 노래를 들으며 즐기곤 했던 기억은 있다. 그렇다고 친구들과 어울려 노래를 흥얼거리는 스타일은 아니었다."

"민간인이 아닌 전사로서 구름 위를 날아다니는 꿈은 어린 시절 그의 주된 관심사였다. 그는 자신이 좋아하는 많은 책을 읽으며 그 꿈을 꾸었다."

"그의 아버지는 매우 원칙적인 사람이었다. 1970년대 어느 때인가는 정부를 상대로 소송을 걸어 승소한 일도 있다. 당시 관행상 정부를 상대로 소송을 하는 경우는 극히 드물었다. 아마 내 기억으론 정부와 법정 다툼을 벌인 최초 사례가 아닌가 한다. 그런데 승소까지 했다."

"그의 아버지는 가난한 이웃들에게 재정 지원을 아끼지 않는 종교인이었고, 워낙 강직해서 자신의 권리를 포기하지 않는 사람으로도 유명했다. 그의 아버지는 1970년대 의회 선거에 출마했던 일도 있다. 낙선해서 많이 아쉬워했지만……."

"그의 어머니는 우리 모두의 어머니였고, 가말레야 모든 골목의 어머니였다. 그녀는 대가족 살림을 하면서도, 이웃들까지 헌신적으로 챙긴 신앙심 깊은 어른이었다."

한 달가량의 카이로 취재에서 가장 분명하게 느낀 건, 알시시 대통령의 어머니가 매우 훌륭한 분이었다는 사실이다. 그리고 알시시 또한 어머니를 각별하게 챙기는 효자였다는 사실이다. 가말레야 역사지구의 알시시 생가 앞에서 만난 한 주민은 "2014년 봄 대통령 출마를 선언한 뒤

알시시 대통령의 생가 마을 주민들은 이구동성으로 그의 어머니 소아드(Soad) 여사가 신앙심 깊고, 이웃까지 자상하게 챙기는 매우 훌륭한 분이었다고 얘기했다.

여러 바쁜 일정 속에서도 어머니와 저녁 식사를 함께하려고 노력했던 것으로 들었다"면서 "그 이유는 신앙심 깊은 어머니의 간절한 기도로 마음의 평안을 얻고 싶어 그랬을 것"이라고 말했다.

또 알시시 대통령의 멘토이자 14년 군 선배인 사미르 파라그 박사도 "알시시 대통령이 가장 존경하는 분은 자신의 어머니였다"면서 "인자하고, 헌신적인 그분의 평생 기도가 오늘날의 훌륭한 아들을 있게 했다"고 상찬했다.

이와 관련 이집트 언론 〈엘와탄뉴스〉 또한 2013년 8월 24일 자 기사에서 '7월 3일 이집트 군부가 퇴진을 거부한 모르시 대통령을 축출하고 헌법 효력을 정지시킨 뒤 과도 정부를 구성하기로 결정한 그날도 알시시 국방장관은 향후 로드맵을 전달한 뒤 회의가 끝나기도 전에 홀을 나가 나스르시티(Nasr City)에 있는 그의 모친 집을 찾아 어머니 곁에서 다른 관계자들의 말을 경청했다'고 보도한 바 있다.

알시시 대통령이 그토록 소중하게 생각했던 그의 어머니 소아드 여사는 2015년 8월 17일, 카이로의 알갈라아(Al Galaa) 군 병원에서 영면했다. 아들의 대통령 취임 1주년을 두 달 넘긴 시점이었다. 장례식은 같은 날 저녁 뉴카이로의 무시르탄타위 모스크(Mushir Tantawi Mosque)에서 경건하게 치러졌다.

이날 이집트 대통령실은 보도자료를 통해 "검소하게 장례식을 치르겠다"면서 "그러나 굳이 조문을 원하는 사람들은 '타히야미스르기금'(Tahya Misr Fund)에 기부금을 보내달라"고 요청했다. 참고로 이 기금은 빈곤 퇴치와 포괄적인 경제 성장 달성을 목적으로, 2014년 6월 24일 알시시 대통령이 자신의 급여 절반(42,000£E, 미화 약 5,900$)과 재산 절반을 기부해서 만든 재단이다.

최상의 교육 환경

한국 언론에서는 1960년대의 이집트를 어떻게 바라봤을까? 이 같은 호기심을 품고 당시 신문들을 뒤적이다 흥미로운 기사를 발견했다. 〈경향신문〉 1963년 2월 18일 자 기사로, 한국 공보부의 초청으로 방한한 '레다 M 칼리파'(Reda M. Khalifa)라는 이름의 〈알아흐람〉 이집트 신문 기자 얘기였다.

신문은 이원우 공보부 장관의 초청을 받고 내한한 아랍통일공화국의 〈알아흐람〉 기자 레다 M 칼리파(35) 씨가 '나에게는 참으로 영광된 기회였다'고 소감을 밝혔다는 기사로 시작해 칼리파 기자의 말에 따르면 카이로에는 남한과 북한 영사관이 있는데 북한의 외교선전이 대단하다고 전했다는 내용 등을 담고 있다. 신문은 또 카이로에서 발간되는 〈알아흐람 신문〉은 발간 부수가 25만 부나 되는 이집트의 대표적인 일간지라는 소개도 곁들였다.

칼리파 기자가 방한했던 1963년 2월은 한국의 국가재건최고회의 시절이다. 그해 10월 15일 대통령선거가 있었으니 아직 박정희 대통령의 제3공화국 시대가 개막되기 전이었다. 따라서 과도기 군사정권의 정당성을 홍보하고, 남북 대치 상황을 국제사회에 널리 알리고자 정부 차원에서 외국 언론사 기자들을 초청한 것 같은데, 그중 이집트 기자도 포함돼 이런 기록이 남게 됐다.

그런데 이 기사에서 한 가지 눈길을 끈 점은 칼리파 기자의 말을 인용해 당시 이집트의 교육 환경을 소개한 내용이었다. 그 시기 이집트의 선진 교육문화에 대한 칼리파 기자의 자부심을 엿볼 수 있는 대목이라 관련 기사를 그대로 옮겨 보면 그 내용은 다음과 같다. (괄호는 편집자 주)

> 이집트의 자랑이 무엇이냐는 질문에 그는 선뜻 "국민학교(당시 초등학교 명칭)에서 대학교까지 무료로 공부시켜 주는 것"을 으뜸으로 꼽으면서 "그러나 대학교 입학이 매우 어렵다"고 실토했다. 그는 카이로에 있는 대학은 모두 공립으로, 남녀공학이며 여자대학은 하나뿐이라고 덧붙였다.
>
> 〈경향신문〉, 1963년 2월 18일 자

1963년이라면 알시시 대통령과 그의 또래들이 초등학교에 입학해 두 번째 학기를 맞던 시기였다. 그런데 이집트는 벌써 그 시기부터 초중고 전 과정은 물론 대학까지 무상 교육을 시행했던 모양이다.

한국도 1950년 6월 무상 교육을 전제로 한 초등학교 의무교육이 시작됐다. 하지만 중학교 과정은 그로부터 한참 뒤인 1985년 도서·벽지 지역부터 단계적으로 시작돼 2005년에야 전국 모든 중학교의 무상 교육 제도가 완결됐다. 또 고등학교 과정은 2019년 3학년 학생들부터 처음 적용돼 2021년에야 초중고 전 과정 무상 교육 제도가 완성됐다.

그런 점에서 알시시 대통령의 동갑내기들은 확실히 축복받은 세대였다. 시대를 잘 타고 난 아이들이었다. 그들이 태어났던 1954년은 이집트 현대사의 뚜렷한 변곡점이었다. 1952년 자유장교단 혁명을 통해 왕정을 무너뜨린 나세르 군부는 1953년 모하메드나기브(Mohamed Naguib, 1901~1984) 장군을 대통령으로 추대했다. 하지만 나기브 집권 시기는 고작 1년 정도였다. 1954년 9월 25일, 총리 자리에 오른 나세르는 이때부터 본격적인 자신의 시대를 열며 나세르주의(Nasserism)의 서막을 예고했다.

나세르는 총리 취임 한 달여 만인 1954년 11월, 자신들의 혁명 이념과 충돌하던 나기브 정권을 축출했다. 그리고 20개월가량의 과도기(혁명사령부평의회)를 거쳐 1956년 6월, 대통령에 공식 취임했다. 그리고 1970년 9월까지 14년 동안 아랍민족주의를 기치로 많은 업적을 남기며 이집트의 현대사를 새로 썼다.

여러 기록을 종합할 때, 나세르 혁명 세력은 1952년 왕정 폐지 직후부터 교육개혁을 최우선 과제로 삼았다. 우선 취학률을 높이고자 하는 게 1차 목표였다. 그러기 위해서는 학교 증설이 필요했다. 혁명 정부는 곧바로 이집트 전역에 4,000개의 학교를 짓는 것을 목적으로 하는 재단(SPSF / School Premises State Foundation)부터 설립했다. 그리고 이 재단 기금을 통해 향후 10년 동안 1년에 400개씩 학교를 늘려나가겠다는 목표치를 분명히 했다.

그 결과, 알시시 대통령이 태어나던 1954~1955학년도에만 이집트 전역에 372개의 학교가 신축됐다. 또 몇몇 통계치를 보면 학생 수도 급증했다. 한 통계는 161만 명가량이던 1951~1952학년도 학생 수가 1957~1958학년도에는 210만 명가량으로 늘었다는 기록을 남기고 있다. 그리고 또 다른 통계를 보면 1965~1966학년도 취학률이 1953~1954학년도보다 초등학교의 경우 145%, 중학교는 130%가량 증가했다는 결과물을 보여준다.(참고로, 1960년대 이집트 인구는 2600만 명가량이었다.)

이와 관련 미국 조지타운대 출신의 중동역사 전문가 메리엄 벨리(Meriam Belli) 박사는 자신의 저서에서 "1950~1960년대 이집트는 교

1960년대 카이로대학 모습. '깐수'라는 별칭으로 유명한 정수일 한국문명교류연구소장이 1955년 이 대학에 유학했다.

육 인프라와 문해율이 눈에 띌 정도로 증가했으며, 특히 지방과 농촌지역에서 큰 진전이 있었다"면서 "교육적 나세르주의는 북부와 남부, 도시와 농촌의 교육적 환경 격차를 줄이려는 여러 시도가 있었다"고 분석했다.

이 시기 나세르 정부는 교과서 개편에도 적극적인 노력을 기울였다. 7월 혁명(1952)의 가치와 상징, 목표 등을 새로운 교과서에 반영하는 한편, 혁명을 통해 구체화 된 이집트의 새로운 정체성을 미래 세대에게 가르치기 위해선 무엇보다 교과서의 대대적인 혁신이 시급했다. 또 아랍 민족주의 강화와 제국주의 시대의 그릇된 역사관을 재편하기 위해서도 새로운 교과서의 도입은 빠를수록 좋았다. 그 결과 개정 교과서는 아랍연합공화국 출범 시기이던 1958~1959학년도에 처음 채택돼 1970년

1950~1960년대 이집트 교사(校舍) 신축용 조감도. 나세르 혁명 세력은 1952년 왕정 폐지 뒤 교육개혁을 최우선 과제로 삼았다.

대까지 사용됐다. 말하자면 알시시 대통령과 그 또래들은 초중고 내내 이 혁신적인 새 교과서의 수혜자들인 셈이었다.

이 시기엔 또 이집트의 선진 교육 시스템이 중동 전역으로 수출되기도 했다. 관련 기록을 보면, 1952년 998명의 이집트 교사가 아랍 국가 전역으로 처음 파견된 이래 1960년까지 이 숫자는 3배로 늘어나 3,008명이 되었고, 1961년엔 3,520명으로 증가했다.

반식민주의와 아랍 중심의 구원 메시지를 선포하기 위해 파견된 교사들은 아랍 지역 20개국에서 나세르주의를 확대 재생산했고, 또 다른 한편으론 아랍권 학생들을 이집트로 불러들여 아랍 세계에 초점을 맞춘 교육 프로그램을 시행했다. 당시 기록에 따르면 1959~1960학년도를 기준으로 이집트에서 공부하는 외국인 학생 수가 14,349명이었고, 이

중 2,259명은 이집트 정부 초청 장학생들이었다.

1960년대의 이집트는 외국 이민이 철저하게 금지됐다. 그러나 교사 직업만은 예외였다. 그런 까닭에 우수한 인력들이 교사 직군으로 몰렸고, 그 혜택은 곧바로 학생들에게 돌아갔다. 말하자면 앞에서 언급한 알시시 대통령의 초등학교 은사(Aziza Noubi Hassan)는 그 시기 이집트 최고의 엘리트였던 셈이다. 더구나 고급반 학생들만 가르쳤다고 하니 이 교사의 수준을 짐작할 만하다.

카이로 뉴 르네상스

앞서도 언급했듯, 1960년대 이집트는 문학 번영기였다. 문학·예술은 이 시기의 전반적인 사회 활력과 지식 생태계의 변화, 그리고 나세르주의의 아랍권 내 영향력에 힘입어 문예부흥의 새로운 전기를 맞았다. 이는 알시시 대통령과 그 또래들의 중고등학교 시기(1968~1974)에 좋은 영향을 미치며 그들의 정서 함양에 큰 도움이 됐다.

이들은 앞서 소개했던 마흐푸즈(Naguib Mahfouz)의 작품을 비롯, 이흐산압델꾸도스(Ihsan Abdel Quddous, 1919~1990)며, 유수프이드리스(Yusuf Idris, 1927~1991), 타우픽알하킴(Tawfiq Al Hakim, 1898~1987), 야흐야하끼(Yahya Haqqi, 1905~1992) 등과 같은, 그 시기 아랍 전역에서 명성을 떨치던 여러 유명 작가들의 작품을 읽으며 성장했다.

특히 이들의 작품은 영화와 드라마, 연극으로도 만들어져 당시 이집트 문학은 문화계 전반에 걸친 카이로 르네상스 시대를 견인했다. 이를 입증하는 논문 한 편이 2019년 한국에서 발표됐다. 논문 저자는 이집트 최고 명문 대학 중 하나인 아인샴스대학교(Ain Shams University)의 알라 일레와(Alaa Fathay Elewa) 한국어과 교수다. 〈1960년대 한국과 이집트 영화 정책 및 특성의 비교 연구 – 문학을 원작으로 한 영화를 중심으로〉란 제목의 이 논문은 일레와 교수가 한국으로 유학 와 고려대학교 박사 과정에 있을 때 쓴 연구 결과물이다.

이 논문에 따르면 1996년, 카이로 영화제에서 발행된 이집트 영화 사상 '가장 위대한 100편'의 영화 목록에서 무려 24편이 1960년대(1963~1971)에 제작됐음을 알 수 있다. 그리고 그중 23편이 문학을 원작으로 만든 영화였다는 게 일레와 교수의 조사 결과였다.

논문은 또 '1960년대 영화화된 원작이 제일 많은 작가인 이흐산압델꾸도스의 작품들은 1960년대뿐만 아니라 지금까지도 이집트 영화와 방송계에서 압도적으로 재생산되었다. 단편과 장편, 수필을 포함한 약 600작 중에서 무려 70편이 영화, 방송, 라디오 소설 등의 새로운 매체로 옮겨졌다'고 적고 있어 이 시기 문학의 역할이 얼마나 중요했는가를 잘 알 수 있다.

특히 알시시 대통령의 초등학교 입학 무렵인 1962년 7월부터는 이집트 역사상 처음으로 '안방 영화관', 즉 텔레비전 드라마가 시작돼 문학의 역할은 이제 청소년들의 정서 함양 영역을 넘어 모든 국민의 정서 비타민으로 진화됐다.

기록에 따르면, 군주제 종식 10주년을 기념해 1962년 7월 23일, 처

군주제 종식 10주년을 기념해 1962년 7월 23일 처음 전파를 탄 이집트 최초의 드라마 '시간으로부터 도망치다'(Harib min Al Ayyam)는 텔레비전 인기에 힘입어 영화로도 제작됐다. 옆 이미지는 영화 포스터다.

음 전파를 탄 이집트 최초의 드라마 '시간으로부터 도망치다'(Harib min Al Ayyam)는 첫 회부터 폭발적인 인기를 끌었다. 방송 시간이 다가오면 거리가 적막했음은 물론 심지어는 각료회의조차 이 시간을 피했다는 이야기가 전해진다. 그런데 이 드라마 시리즈 역시 이집트의 대표적 소설가 중 한 사람인 싸르왓아바자(Tharwat Abaza, 1927~2002) 작품이 원작이다.

지금까지 알시시 대통령의 아동·청소년기를 집중 조명했다. 이번 장(제1장)의 주제를 명징하게 풀기 위해 여러 자료를 제시했다. 한 인물의 일대기를 직조할 때 그 인물의 청소년기 성장사는 고층 건물의 기층 구조에 해당한다. 따라서, 어떤 시대를 살았는가? 집안 분위기는 어땠는가? 어떤 환경에서 자랐는가? 교육 환경은 좋았는가? 등등, 해당 인물의 여러 성장기 요건들을 살피고, 글의 얼개를 짜는 일은 우주 탐사선의 추진체 설계만큼이나 중요하다.

사실, 이 장의 원고 집필을 마쳐놓고도 마지막까지 알시시 대통령과의 대면 인터뷰를 기대했다. 그를 만나 청소년기 이야기를 직접 듣고, 성장통도 듣고, 부모님 이야기도 듣고, 어릴 적 친구 이야기와 선생님 이야기, 그리고 그것들이 자신의 삶에 어떤 영향을 미쳤는지 등등, 그가 들려주는 여러 이야기를 기초로 책의 첫 장을 재구성하면 좋겠다는 희망을 품었었다.

마침 2024년 11월 19일이 그의 칠순 생일이었다. 그래서 그 개인사적 축하 일정을 계기로 만나 여러 이야기를 듣고 싶다고 몇몇 핵심 요로를 통해 나의 바람을 요청해 둔 터였다. 하지만, 결국 인터뷰는 무산됐다. 칠순 당시 그는 개인사적 축하 파티는커녕 러시아 카잔에서 열린 브릭스(BRICS) 정상회의(2024. 10. 22~24) 참석에 이어 70세 생일 당일에는 리우데자네이루 G20 정상회의(11. 18~19) 참석차 브라질에 머물렀다. 그는 그만큼 바쁜 일정을 소화하는 중이었다.

기대했던 인터뷰가 무산된 터라 (어쩔 수 없이) 더욱 치열하게 보충 조사를 서둘렀다. 그 결과 카이로 취재에서도 얻지 못한 몇몇 귀중한 정보를 더 얻게 됐고, 그 정보들을 버무려 제1장 내용을 보완했다.

결론적으로, 알시시 대통령은 고대 이집트 이후 2,000여 년 만에 만난 최대 황금기 속에서 청소년기를 보냈다. 1960년대를 관통했던 이집트의 그 시기는 기나긴 동면 끝의 희망찬 봄이었다. 나세르주의가 잉태

수도 카이로의 중심가에 자리 잡은 타흐리르(Tahrir) 광장의 1960년대 모습. '해방'이란 의미의 이 광장은 150년 이상의 역사를 자랑한다.

한 국가 정체성의 새로운 태동기였고, 카이로는 아랍민족주의의 중심이자 성지였다. 모든 길이 카이로로 통하던 시기였다.

그런 시대를 만난 알시시는 분명 대단한 행운아였다. 그런데 그 자신, 그런 사실을 알까? 시대적 고마움을 알까? 당연, 알 것이다. 하지만 그래도 언젠가 만난다면 그 시대가 자신의 삶에 어떤 영향을 미쳤는지, 그리고 그것들이 지금의 통치 이념에 어떻게 작동되고 있는지를 물어 이후 개정판에 담아내리라, 작가로서의 결기를 공개적으로 적어 본다.

제 2 장

빌라디, 빌라디, 빌라디
Biladi, Biladi, Biladi

제1장과 제2장 제목은 이집트 국가(國歌) 곡명에서 따왔다. 참고로, 〈알후르리야〉(자유)는 1952년 파루크(Farouk) 왕정을 무너뜨린 기념으로 채택돼 1960년까지 사용된 국가다. 또 제2장 제목 〈빌라디, 빌라디, 빌라디〉(나의 조국)는 1979년 안와르 사다트(Anwar Al Sadat) 대통령 시절 채택돼 지금까지 사용되고 있는 국가다.

통곡(痛哭)

"나세르 대통령이 서거하던 날 무척 슬펐습니다. 저는 그분을 깊이 존경했습니다. 그래서 그랬는지 눈물이 쏟아졌습니다."

이는 알시시 대통령이 2018년 5월, 사우디에서 발간되는 월간 〈아르라졸〉(Arrajol)과의 인터뷰에서 밝힌 내용이다. 이 잡지는 알시시 대통령의 두 번째 임기를 기념하며 그해 6월호를 '알시시 특집'(커버스토리)으로 꾸몄다. 그 과정에서 어떤 사람을 가장 존경했느냐는 기자의 질문에 알시시는 단 1초의 망설임도 없이 나세르를 첫손가락에 꼽았다. 이 인터뷰는 평소 속내를 잘 드러내지 않기로 유명한 알시시 대통령의 입에서 '그날 많이 울었다'는 얘기가 나와 한동안 화제가 됐다.

아랍민족주의를 이끌었던 가말 압델 나세르(Gamal Abdel Nasser)는 1970년 9월 28일, 52세를 일기로 생을 마감했다. 비교적 젊은 나이였

나세르 대통령의 1960년대 모습. 아랍민족주의를 이끌며 이집트의 위상을 국제적으로 높였던 그는 1970년 9월 28일, 52세를 일기로 생을 마감했다.

다. 사인은 심장마비였다. 10월 1일 치러진 그의 장례식에는 500여만 명의 인파가 몰려 역사상 가장 큰 장례식 중 하나로 기록됐다. 장례 행렬은 혁명지도부에서 그의 묘소까지 $10km$ 이상 이어졌고, 이를 중계하는 방송 아나운서는 연신 비통하게 울먹였다.

"슬픔과 충격을 금할 수 없다. 그는 이집트뿐만 아니라 전 아랍 세계의 훌륭한 지도자였다."(리처드 닉슨 미국 대통령)

"요르단의 내란으로 인한 상처는 나세르의 노력으로 치유되었으나 그의 죽음으로 인한 상처는 영원히 치유될 수 없음을 특히 슬퍼한다."

(에드워드 히드 영국 수상)

"전 세계는 자기 조국과 아랍 세계의 대의를 위해 끊임없이 노력했고 헌신했던 탁월한 지도자를 잃었다."(우딴 유엔 사무총장)

"그는 최후의 순간까지 투쟁 노선을 지켰다."(후세인 요르단 국왕)

"갑작스러운 서거에 큰 충격을 받았다. 그는 아랍연합공화국의 지도자이자 중동과 세계의 뛰어난 인물로서, 지난 20년 동안에 일어난 여러 사건 속에서 역사적인 역할을 수행했다." (안와르 사다트 이집트 부통령)

전 세계 정치지도자들의 즉각적인 애도 성명이 발표되는 가운데, 한국 언론들도 이를 대서특필했다. '나세르 대통령 급서, 임시 대통령에 사다트'(〈경향신문〉 1970. 9. 29), '나세르 대통령 급서, 오늘 새벽 심장마비로'(〈동아일보〉 9. 29), '나세르 없는 중동, 아랍권 세력 균형 요동'(〈조선일보〉 9. 30), '새 불씨 안은 중동사태, 나세르 없는 아랍공화국의 향방'(〈매일경제〉 10. 3) 등의 속보성 기사들이 연일 쏟아졌다. 조선일보는 특히 9월 30일자 신문에서 '나세르 대통령의 급서(急逝)와 아랍의 장래'란 제목의 사설까지 게재했다. 참고로, 당시 한국과 이집트의 외교 관계는 영사급 수준으로, 나세르는 한국보다 북한과 더 가까웠다.

통일아랍공화국의 압델 나세르 대통령이 29일 오전 심장마비로 돌연히 서거했다. 그의 급서(急逝)를 전하는 부보(訃報)는 지금 전 세계에 큰 충격을 주고 있다. 서방세계, 공산세계, 비동맹권을 막론하고 이 부보가 뜨거운 애도와 대대적인 반향을 불러일으키고 있는 것은 그가 비단 아랍권의 탁월한 지도자였을 뿐 아니라 국제정치에서 중대한 역할을 담당해왔다는 역사적 사실에 인유(因由)하는 것이다.(중략)

 그는 대외적으로는 서구제국주의의 식민지적 영향력을 제거하고 신생 공화국을 완전한 주권국가의 지위로 끌어올리는 데 비상한 정력과 수완을 발휘했다. 아스완댐 공사와 수에즈운하 국유화로 상징되는 그의 근대화와 주권 회복을 위한 투쟁이 과연 대성(大成)했느냐, 못했느냐는 별개 문제로 하고라도 그의 투철한 개혁 정신과 강렬한 주권 의식은 아랍 세계에다 획기적인 정치적 방향을 제시한 것은 부인할 수 없다. 그리하여 그는 일약 아랍 세계의 위대한 민족주의 지도자로 부각되었고, 그의 혁명철학과 야심적인 비전은 '나세르주의'라는 20세기의 새로운 이념으로서 각광을 받게 되었다.(하략)

조선일보 사설, 1970년 9월 30일 자

이스라엘, 나세르 추모 열기에 찬물

이렇듯, 이집트로부터 멀리 떨어진 동방 미수교 국가의 언론까지 사설로 그의 죽음을 애도하며 업적 평가에 나섰을 만큼 나세르의 국제적 위상은 대단했다. 그런 만큼 이집트 국민의 비통함은 상상을 초월했다. 섭씨 40도를 웃도는 폭염에도 국장(國葬) 인파는 장사진을 이뤘고, 일부는 오열 끝에 실신하기도 했다. 한마디로 국가 전체가 심리적 공황 상태였다.

알시시도 그중 하나였다. 중학교 3학년 때로, 16세 생일을 두 달쯤 앞둔 시기였다. 어느덧 중학 졸업반까지 성장한 시기, 알시시와 그 또래들의 정서적 공황 상태를 사실적 정황에 맞춰 재구성해 보자면, 아마도 다음과 같았으리라 짐작된다.

"선생님, 나세르 대통령의 서거에 이스라엘은 어떤 반응을 보였나요?"
국장을 마친 어느 날, 알시시 반의 한 학생이 수업 시간에 교사에게 물었다. 질문을 받은 교사는 눈을 감고 잠시 멈칫했다. 답변하기 어렵다는 표정이 역력했다. 그러나 이제 그들도 알 건 알아야 할 나이라고 판단한 듯, 이내 표정을 풀고 자신이 알고 있는 이스라엘 측의 반응을 들려줬다.

"모셰 다얀(Moshe Dayan, 1915~1981) 국방장관은 '나세르 대통령의 서

1970년 10월 1일 치러진 나세르 대통령 국장(國葬) 기록 사진. 그의 장례식에는 500여만 명의 인파가 몰려 역사상 가장 큰 장례식 중 하나로 기록됐다.

거가 중동사태에 무언가를 의미해 주고 있지만 우리는 아직 그것이 무엇인지를 모른다'고 표현했고, 골다 메이어(Golda Meir, 1898~1978) 총리는 '나세르가 이집트 국민에게 해준 게 뭐 있어? 전쟁 말고는 없지 않아?' 이런 반응을 보였다고 하니, 참 개탄스럽구나. 우리 모두 어려운 시기이니 냉철한 사고를 갖길 바라고, 또 여러분 모두 이번 3학년만 마치면 고등학교에 진학하는 시점이니 국가를 위해 장래 어떤 사람이 될 것인가, 깊이 고민해 주기 바란다."

교사의 말에 학생들은 숙연했다. 한편으론 끓어오르는 분노가 가슴을 짓눌렀다. 일부 학생들은 창가로 시선을 돌려 나세르 없는 카이로의 가을 하늘을 침통하게 바라봤다. 나세르의 정치사와 이들의 성장사는 출발부터 맞물렸다. 나세르는 그들이 태어나던 1954년부터 국정을 이끌었다. 그리고 그들은 나세르가 실권을 장악하던 1954년부터 생을 시작했다. 그런데 그 서사적인 연이 한순간에 끊기면서 이들은 갑자기 더듬이를 잃은 풀벌레처럼 한동안 방향 감각이 무뎌졌다. 그 와중에 듣게 된 골다 메이어 총리의 망언에 반이스라엘 감정이 폭발했다.

"6월 전쟁만 아니었어도 그분이 이렇듯 갑작스럽게 심장마비로 서거하시는 일은 없었을 거야!"

쉬는 시간에 한 학생이 주먹을 불끈 쥐며 분통을 터트렸다. '6월 전쟁'이란 1967년 6월에 발발했던 제3차 중동전쟁을 일컫는 말이었다. 당시 이집트는 이스라엘의 급습으로 시나이반도를 잃는 등 6일 만에 대패했다. 그리고 이 전쟁으로 나세르는 최대의 정치적 위기를 맞았었다.

"맞아. 그 당시 부모님들이 그렇게 탄식하시는 걸 자주 들었어. 다들

알다시피, 나세르 대통령은 군인 시절이던 1948년 이스라엘 전쟁에도 참전했고, 1956년 3국침략전쟁 때는 아랍 최고 지도자로서 저자들의 코를 납작하게 해주기도 했지. 그런데 1967년 6월 전쟁 때는 급습을 당하는 바람에 그만……, 에휴~."

다른 학생 하나가 말을 받아 예전 전쟁사까지 소환했다. 그가 말한 '이스라엘 전쟁'과 '3국침략전쟁'은 각각 세계사에서 제1차 중동전쟁과 제2차 중동전쟁으로 불리는 아랍권의 비극이다.

"이번에도 저들 때문에 불거진 아랍권 분쟁 문제를 중재하느라 중동 지도자들과 정상회담을 하는 과정에서 심장마비로 쓰러져 서거하신 거라 들었는데, 그자(골다 메이어)가 그렇게 말했다니 분통이 터져 못 참겠어."

또 다른 학생 하나가 분노에 찬 표정으로 얼굴을 붉혔다. 이 학생 말대로 나세르는 서거 하루 전인 9월 27일 요르단과 사우디아라비아, PLO 등, 아랍 각국의 수장들을 카이로로 초청해 화해를 호소하는 중재회의를 주재했다. 그리고 회의를 마친 뒤 각국 정상들과 헤어지는 과정에서 알사바(Sabah Al Salim Al Sabah) 쿠웨이트 국왕을 환송한 직후 극심한 통증을 호소하며 쓰러졌다. 그리고 결국 그 이튿날 굵고 짧았던 생을 마감하고, 세상과 영원히 작별했다.

아랍과 이스라엘의 세 차례 전쟁

나세르의 죽음을 계기로 이집트 국민들은 물론, 전 세계적으로도 아랍과 이스라엘의 오랜 갈등 국면이 재조명됐다. 수많은 언론이 이 문제를 다루며 '중동 화약고'란 표현을 썼다. 즉, 언제 다시 터질지 모르는 위험을 안고 있는 지역이란 의미였다. 그도 그럴 것이 1948년 이래 1967년까지 벌써 세 차례나 전쟁을 치렀기 때문이다.

그 첫 사례는 1948년 5월, 이스라엘의 건국 선언에 반발한 아랍 연합군의 침공으로 시작됐다. 전쟁 발발 7개월 전인 1947년 11월, 유엔은 팔레스타인을 둘로 쪼개 아랍 국가와 유대인 국가를 세운다는 결의안을 채택했다. 이스라엘은 이를 받아들여 차근차근 건국 준비에 집중했다. 하지만 아랍 팔레스타인은 이를 결사반대했다. 팔레스타인 지역에서 유대계가 소유한 땅은 전체 토지의 6%에 불과했다. 그런데 유엔 결의안대로라면 유대인이 팔레스타인 지역의 56%를 차지하게 된다? 셈법 자체가 문제였다. 즉, 아랍 팔레스타인 사람들로서는 결코 받아들일 수 없는 '불평등 결의안'이었다.

이후 팔레스타인 지역의 아랍인들과 유대인들은 국지전 수준의 날카로운 반목을 이어갔다. 이스라엘은 유엔 결의안이 정한 자신들의 땅을 확보하고자 그 지역에 살던 아랍인들을 무력으로 내쫓았다. 그리고 그 같은 일촉즉발의 상황에서 1948년 5월 14일엔 아랍권의 강력한 반대를 무시하며 건국 선포를 강행했다.

이에 그 이튿날 곧바로 이집트와 요르단, 시리아, 레바논 등 아랍 국가들이 연합해 이스라엘을 공격했다. 초기 전황은 아랍 국가들의 우세였다. 그러나 소련과 미국의 지원을 받은 이스라엘의 반격으로 전세가 역전되며 1949년 3월 아랍연합의 패배로 전쟁이 종료됐다. 이로써 이스라엘은 승전 이익을 톡톡히 챙겼다. 우선 건국 명분을 확보했다는 게 가장 큰 실익이었다. 게다가 기존의 유엔 결의안 56%보다 훨씬 넓은 영토를 차지하게 됐다는 것 역시 큰 수확이었다. 팔레스타인 전체 영토의 80%(20,662㎢)를 점유하게 된 것이었다. 반면, 전쟁에 패한 아랍 측은 90만 명에 달하는 팔레스타인 난민 사태를 초래했다.

이어 벌어진 제2차 중동전쟁은 나세르의 도발적인 정치 게임으로 시작됐다. 1952년 혁명 성공, 1954년 실권 장악에 이어 1956년 6월 대통령에 취임한 나세르는 같은 해 7월 수에즈운하의 국유화를 선언했다. 영국의 식민지 시대 수탈을 배상받겠다는 취지였다. 이에 수에즈운하의 실질적 경영권을 갖고 있던 영국이 반발했다. 1869년 개통 당시의 운하 주인은 당연, 이집트였다. 하지만 막대한 예산 투입으로 재정이 파탄 난 이집트 정부는 1875년 국가 소유의 운하 주식 지분을 영국에 매각했다.

따라서 나세르의 수에즈운하 국유화 선언은 곧바로 영국의 큰 반발을 불러왔다. 갑작스레 자산을 강탈당한 영국의 반발은 당연한 것이었다. 여기에 프랑스가 가세했다. 알제리가 프랑스와 독립전쟁(1954~1962)을 하던 시기였다. 당시 나세르는 아랍민족주의를 기치로 알제리를 지원했다. 이를 못마땅하게 바라보던 프랑스의 가세 목적은 나세르의 제거였다. 또 여기에 이스라엘까지 가세했다. 그들은 가세 명분으로 나세르의 팔레스타인 게릴라 지원 문제를 꺼내 들었다. 이로써 3국 동맹이 형성됐고, 1956년 10월 29일 이스라엘의 시나이반도 침공을 시작으로 제2차 중동전쟁이 시작됐다.

전황은 이집트의 패배였다. 하지만 소련과 미국의 개입으로 전쟁 결

이집트와 이스라엘의 전쟁 소식은 매번 국내에서도 큰 관심을 끌었다. 3차 중동전쟁 소식을 1면 톱으로 보도한 〈조선일보〉 1967년 6월 6일 자(출처=네이버 뉴스 라이브러리)

과는 이집트의 외교적 승리로 역전됐다. 자국이 물밑 지원하던 이집트의 패색이 짙어지자 소련은 핵 공격 위협까지 거론하며 3국의 원상 복귀를 압박했다. 이에 미국은 제3차 세계대전으로 확전될 수 있다는 당혹감 속에서 3국의 전면 철수를 강권했다. 미국은 사실 영국과 프랑스의 지중해권 장악이 자신들의 향후 중동 패권 구상에 장애가 될 것이라 판단했다. 그런 점에서 그들의 철수를 더욱 강력히 밀어붙이는 초강수가 필요했다.

결국 양강 세력의 강력한 입장에 꼬리를 내린 3국은 이듬해 3월 이집트에서 철수했다. 이로써 수에즈운하의 국유화는 예정대로 진행됐고, 나세르 대통령의 위상은 아랍권 내 최고 지도자로 우뚝 섰다. 반면, 식민주의 시대 패권국을 자부했던 영국과 프랑스는 제2차 세계대전 이후 새롭게 재편된 미국과 소련의 양강 구도에 밀려 초라한 입지로 추락했다. 영국에서는 앤서니 이든(Anthony Eden, 1897~1977) 총리가 자리에서 물러나는 사태까지 빚어졌다.

그로부터 11년 뒤 다시 전쟁이 발발했다. 이번에는 이스라엘의 기습 도발로 시작됐다. 1967년 6월 5일부터 10일까지 벌어진 이 제3차 중동전쟁을 이스라엘은 '6일 전쟁'으로 통칭한다.(이집트가 칭하는 '6월 전쟁'과는 또 다른 표현이다.)

1956년 전쟁 이래 양국 사이가 조용했던 것만은 아니었다. 홍해 해상권을 둘러싸고 양측은 수시로 부딪쳤다. 나세리즘을 앞세우며 아랍·중동 지역의 맹주 자리를 확실하게 꿰찬 이집트가 이스라엘로서는 항상 눈엣가시였다. 또 언젠가는 이집트가 자신들을 먼저 공격할지 모른다는 불안감도 컸다. 따라서 접경지인 시나이반도를 차지하고 수에즈운하의 통제권을 확보하고자 하는 이스라엘의 열망은 1960년대 내내 이어졌다.

그 과정에서 이스라엘은 이집트를 기습 공격한다는 극비 작전을 수립했다. 개시 시점은 이집트 정규군의 절반가량이 예멘 내전에 파견돼 전력 누수가 심한 시기를 틈타기로 했다. 차제에 이집트의 동맹국이자 팔레스타인의 주요 지원 세력인 요르단과 시리아, 레바논까지 함께 치기로 작정했다. 또, 전쟁이 길어지면 국제 여론전에서 밀릴 수도 있는 만큼 단기전을 작전 목표로 했다. 그런 점에서 극비리의 기습 공격이 중요했고, 이스라엘은 마침내 모든 준비가 끝나자 이를 감행했다.

결론부터 말하자면, 이스라엘의 대승으로 종전됐다. 이스라엘은 목표치보다도 훨씬 높은 전과를 올리며 1957년의 악몽을 떨쳐냈다. 이집트와 그 동맹국들은 예상보다도 약체였다. 고작 6일 만에 이들 국가는 시나이반도와 가자 지구(이상 이집트), 골란고원(시리아), 서안 지구(요르단) 등을 이스라엘에 내주며 항복했다.

그 결과, 아랍권의 충격이 쓰나미처럼 몰려왔다. 이집트 국민들의 상실감이 특히 컸다. 아랍 맹주로서의 자존심이 한순간에 구겨졌다. 이를 수습하고자 나세르 대통령이 종전 3일 뒤 패전의 책임을 지고 물러나겠다는 성명을 발표했다. 그러나 여기서 반전이 일어났다. 나세르의 하야를 반대한다는 이집트 국민들의 지지 시위가 시작됐다. 시위는 무려 3주 동안이나 계속됐다. 그들은 패전의 아픔보다 나세르 부재의 아픔이 더욱 클 것으로 판단했다. 나세르는 그만큼 그들에게 절대적인 존재였다.

결국 나세르는 국민의 뜻에 따라 하야 성명을 폐기했다. 국민들은 즉각 나세르의 복귀를 환영했다. 그러면서 나세르를 중심으로 다시 뭉쳐 언젠가는 꼭 이스라엘을 응징하자고 궐기했다. 당시 열세 살이던 알시시와 그 또래들도 어른들을 따라 '나세르 만세'에 동참했다. 그들 역시 나세르 없는 이집트는 상상조차 힘들었다. 그랬던 만큼 알시시 대통령이 사우디 잡지와의 인터뷰에서 나세르를 가장 존경했다고 언급한 대목은 너무나도 자연스러운 일이었다.

군인의 길

2013년 8월 16일 자 〈뉴스위크〉(Newsweek)는 '알시시 장군 : 지금 이집트를 통치하는 남자'(General Al Sisi: The Man Who Now Runs Egypt)란 제목의 기사를 실었다. 알시시 대통령이 아직은 '장군'(General Al Sisi)이란 직함으로 통용되던 시기의 기사였다. 이 기사에서 유독 눈길을 끄는 문장이 있다. 당시 현직 판사였던 알시시 대통령의 친형(Ahmed Al Sisi)이 뉴스위크 기자에게 했다는 말이다.

'우리는 이끌려가는 가문이 아니라, 이끌어가는 가문 출신이다.'
(We come from a family that leads, not one that will be led.)

이 기사에는 또 뉴스위크 기자(Sophia Jones)가 논평 형식으로 쓴 이런 내용도 포함돼 있다. '이끄는 가문 출신'에서 '이끄는 이집트 지도자'로 거듭난 알시시의 향후 행보를 시사하는 대목이다.

> 알시시는 미국 육군전쟁대학 연수 시절 '중동의 민주주의'라는 학술 논문을 썼다. 그 논문에서 알시시는 미국인들은 '생명', '자유', '행복 추구'를 믿는 반면, 이슬람 문화권은 '공정', '정의', '평등', '단결', '자선'의 원칙을 고수한다고 주장했다. 이 자랑스러운, '미국에서 훈련받은' 장군이 이제 미국을 필요로 하지 않고, 사랑하지도 않는다는 점을 분명히 하더라도 놀랄 일이 아닐 것이다.(중략) 알시시는 워싱턴포스트와의 최근 인터뷰에서 '모르시가 독재자가 되고, 무슬림형제단이 대중의 뜻을 거부했을 때 이집트는 미국으로부터 거의 지원을 받지 못했다. 당신들은 이집트인들에게 등을 돌렸다. 우리는 그것을 잊지 않을 것'이라고 퉁명스럽게 말했다. 이는 백악관, 국방부, 국무부, 그리고 아마도 자신의 미국 내 오랜 친구들에게 분명한 메시지를 전한 것으로 해석됐다. '이집트는 이끄는 나라이지, 이끌려가는 나라가 아니다'라는.
>
> 〈뉴스위크〉(Newsweek), 2013년 8월 16일 자

이집트군 이끈 지휘관 생활 40년

알시시와 군의 인연은 상급 중등(고등학교)부터 시작된다. 1971년 군사공군고등학교(Military Air Force High School) 입학이 그 연의 첫발이다. 그리고 1974년 이 학교를 졸업한 뒤 곧바로 한국의 육군사관학교에

군인의 길로 들어선 알시시. 알시시와 군의 인연은 상급 중등(고등학교)부터 시작된다. (사진 출처=알아라비야(Al Arabiya) 2014년 5월 8일 자. 이하 군인 시절의 사진 출처 모두 같음)

해당하는 이집트 군사아카데미(Egyptian Military Academy)로 진학한다. 이때 나이 20세. 사실 여기부터가 본격적인 군문(軍門)이다. 그렇게 볼 때 군사공군고 시절을 접더라도 그의 생애 70년(2024 현재) 중 40년이 군에 속한다.

그는 2014년 3월 26일 저녁, TV연설을 통해 대통령선거 출마를 공식 선언했다. 이날 대국민 연설에서 그는 "지도자와 국민이 함께 이집트의 안정과 안전, 희망을 건설할 것을 약속한다"면서 "국방장관과 군 사령관으로서의 임무를 끝내기로 결정하며 오늘 군복을 입고 마지막으로 여러분 앞에 선다"고 했다. 1974년 9월부터 시작된 그의 군복 생활 40년은 이렇듯 대선 출마와 함께 종결됐다. 만 39년 7개월 만의 일이었다.

알시시는 1977년 4월, 군사아카데미를 졸업한 뒤 초임 장교로 첫 지휘봉을 잡았다. 이집트의 징집 제도는 한국과 같은 징병제다. 콥트정교회 신자와 외아들을 제외한 모든 청년들이 의무적으로 군복무를 해야

초임장교 시절 모습. 미 언론 〈뉴스위크〉는 '그의 집안은 이끌리는 가문이 아니라 이끌어가는 가문이었다'고 소개했다.

한다. 복무기간은 대학 졸업자 1년, 고졸 2년, 중졸 3년이다. 알시시의 일선 지휘관 생활은 이들과의 동고동락에서 출발했다. 멀리, 남부 아부심벨(Abu Aimbel)부터 사막 지대 시와(Siwa) 지역까지, 이집트 전역에서 모인 백인백색(百人百色)의 20대 청년들을 지휘하는 일은 결코 쉬운 일이 아니었다. 신뢰를 주고(모범적인 신앙) 소통할 줄 아는(문화 다양성) 장교라야 그 임무의 완벽한 소화가 가능했다.

 그런데 그에게는 타고난 유전적 지휘 능력이 있어 다른 동료들보다 이 임무 수행이 훨씬 수월했다. 아래는 그 일면을 보다 구체적으로 엿볼 수 있는 글로, '이끄는 집안 출신임'을 강조했던 〈뉴스위크〉 기사의 또 다른 단락이다.

알시시의 집안이 운영하는 아라베스크 공예전문점의 매장 관리자 후세인알리(Hussein Ali)는 누가 찾아오더라도 장군(알시시)에 대한 이야기를 일절 하지 말라는 지시를 받았다고 했다. 그는 그 대신 알시시 장군의 아버지(사이드후세인)를 언급하며 "사이드후세인에 대해 얘기하면 장군에 대해 이야기하는 셈이다. 알시시는 그의 복제품"이라고 강조했다. 그러면서 그는 "사이드후세인은 역사와 법에 관한 책을 좋아했고, 주변 사람들에게 영감을 주는 데 매우 능숙했다. 그는 누군가의 눈을 들여다보기만 해도 그 사람이 무엇을 말하고 싶어하는지를 잘 아는 사람이었다. 그는 또 메시지를 전하는 방법에 대해서도 잘 아는 사람이었다. 의사와 이야기할 때는 어떤 방식으로 말해야 하고, 매장 종업원과 이야기할 때는 또 그들의 수준에 맞춰 어떻게 이야기하는 게 좋은지를 잘 아는 사람이었다"고 칭송했다.

〈뉴스위크〉, 2013년 8월 26일 자, 의역

알시시는 이렇듯 아버지로부터 물려받은 탁월한 소통 능력과 깊은 신앙심을 바탕으로 지휘관으로서의 기본적인 자질을 보이며 안정적인 장교 생활을 시작했다. 그의 첫 임지는 기계화보병 대대였다. 전투 상황이 생기면 대전차전과 박격포전에 투입될 부대였다. 장갑차로 중무장한 기계화보병의 중요성은 어느 국가를 막론하고 제2차 세계대전을 계기로 훌쩍 증대됐다.

이는 군 선진화의 주요 가늠자 중 하나이기도 했다. 기계화 수준이 높을수록 강한 군대로 평가된다. 이와 관련 이스라엘에서 발행(1997~2017)됐던 중동문제 연구지 〈MERIA〉(Middle East Review of International

Affairs)는 2001년 여름호에서 이집트의 기계화보병 수준을 자세히 소개한 바 있다. 필자는 바르일란대학(Bar Ilan University)의 중동사 교수인 힐렐프리흐(Hillel Frisch) 박사로, 그는 이 잡지를 통해 '1973년과 1983년 사이 이집트 지상군은 10개 사단으로 구성되었으며, 그중 5개는 기갑 또는 기계화사단이었다. 또 1990년대 후반에는 12개 사단으로 편제됐는데, 그중 1개를 제외한 모든 사단이 기갑 또는 기계화사단이었다'는 분석 글을 싣고 있다.(참고로, 현재는 14개 사단으로 편제돼 있으며 그중 기계화사단이 8개다. 기타는 기갑사단 4개, 공화국수비대와 보병사단 각각 1개)

이 논문으로 알 수 있듯이 알시시는 이집트 보병 체계의 변화 바람 속에서 군 생활을 시작했다. 그 시기 나세르의 뒤를 이어 집권한 사다트 대통령은 소련과의 오랜 군사협력 관계를 끊고, 미국과 새로운 국방 관계를 이어가는 중이었다. 그 과정에서 여러 형태의 신무기 체제가 도입됐고, 이는 보병의 기계화 전략에도 많은 영향을 줬다. 한마디로 최신 무기로의 재무장 혁신 시기였다.

소속 부대 장병들과 이 같은 과도기를 슬기롭게 헤쳐나가기 위해서는 무엇보다도 전문적인 소통이 중요했다. 그는 그 방식을 아는 장교였다. 대졸 사병에게는 요점 위주로 간단명료하게, 중졸 사병에게는 반복적으로 자상하게! 어릴 때부터 대물림으로 터득한 그만의 이 같은 메시지 전달 방식이 좋은 성과를 보이며 알시시의 부대 내 위상은 초임부터 언제나 선두였다.

잇따른 대박 선물

어머니의 신실한 기도 덕이었을까? 앞서도 살폈듯, 알시시의 생애는 축복으로 시작됐다. 혁명 직후의 탄생, 가말레야 지구의 살아 있는 역사의 숨결, 나세르 시대의 문화적 풍요로움, 그리고 새로운 시대의 국가 정체성을 반영한 첫 교과서 학습 세대 등등. 1954년부터 이어진 이 축복의 시대는 그러나 1970년 나세르 대통령의 갑작스러운 서거와 함께 잠시 막을 내렸다. 그리곤 1970년대 초 이후 줄곧 우울했다. 16세부터 18세까지의 감성기라 상실감은 더욱 컸다.

그런데 19세 어느 날 또다시 축복이 찾아왔다. 고등학교 3학년 1학기 때였다. 1973년 10월 6일, 사다트 대통령이 이스라엘을 기습 공격했다. 국제적으로 통칭되는 '제4차 중동전쟁', 또는 이집트가 칭하는 '10월 전쟁'의 시작이었다.

이집트군은 이스라엘의 전통 기념일인 욤키푸르(Yom Kippur)를 D-데이로 택해 수에즈운하를 건너고 시나이반도로 진격했다. 마침 이날은 이슬람의 라마단 기간(9.28~10.27)과도 맞물렸다. 따라서 이스라엘로서는 잠시 긴장을 푼 상태였다. 양측 기념일이 겹친 이날을 택해 공격해 올 것이란 건 상상조차 못 할 일이었다. 그 결과 이 전쟁에서 이스라엘은 개전 초기 엄청 자존심을 구겨야 했다. 그런 아픔 때문일까? 이스라엘은 이 전쟁을 '욤키푸르 전쟁'으로 부른다. 또는 아랍 일각에서는 이를 '라마단 전쟁'이라 부르기도 한다.

군 지휘관 초창기 시절 알시시. 그는 1973년 군사아카데미(육사) 진학을 고려하고 있을 즈음 '10월 전쟁'(제4차 중동전쟁)의 첫 승전보를 들었다.

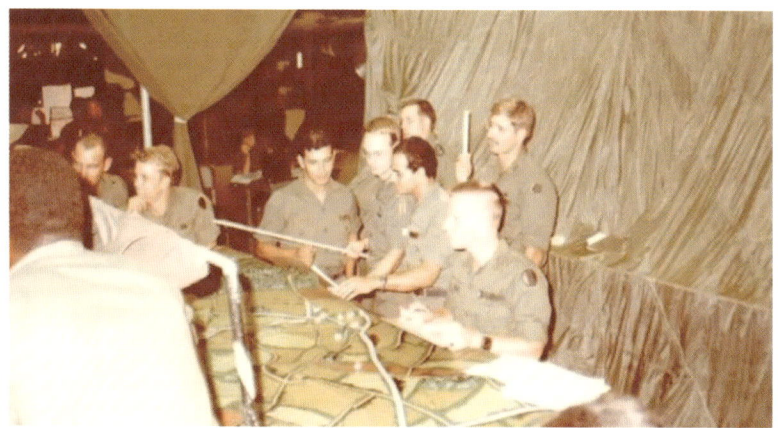

알시시가 참여한 가운데 작전 회의 중인 이집트 야전 병영 모습.

1967년 이스라엘의 기습 공격으로 큰 화를 당한 이집트와 아랍권은 시종일관 때를 노리며 이날을 준비했다. 그 과정에서 나세르가 서거했다. 그리고 그의 뒤를 이은 사다트는 이집트 국민의 자존심 회복과 '6월 전쟁'으로 막힌 수에즈운하의 복원을 위해 호시탐탐 복수 기회를 엿봤다. 또 시리아도 1967년 전쟁에서 점령당한 골란고원의 수복을 위해 이를 갈던 시기였다.

양국은 비밀리에 이스라엘 기습 침공을 기획했다. 그리고 대다수 군 병력이 휴가를 떠난 이날을 D-데이로 삼아 양면 공격을 개시함으로써 유리한 전황을 만들었다. 이후 미국과 소련의 대리전 양상까지 나타나 며 제3차 세계대전을 우려한 유엔의 중재로 전쟁은 개전 19일 만인 10 월 15일 휴전됐다. 이집트는 이를 통해 국가적 자존심을 회복했다. 또 수에즈운하를 재가동하는 전기를 마련했고, 1967년 점령당한 시나이 반도를 되찾는 발판을 만들기도 했다.

청년 알시시는 이 시기 군사공군고 졸업반으로서 군사아카데미 진 학을 염두에 두고 있었다. 중등 과정의 마지막 라마단을 맞아 신심을 더 욱 굳건히 하던 시점에서 '10월 전쟁'의 첫 승전보를 듣게 됐다. 가슴이 확 뚫리는 통쾌한 희보(喜報)였다. 그는 급우들과 부둥켜안고 국가(國歌) '오, 나의 무기여'(Walla Zaman Ya Selahy)를 경건하게 합창했다.

사다트의 '수에즈운하 도강' 결단은 하늘이 그에게 내려 준 고고 졸 업반 선물이었다. 그리고 5년 뒤, 하늘은 또다시 그에게 값진 선물을 내 려줬다. 이번엔 군인의 길로 들어선 그의 장도를 축하하는 선물이었다. 1978년도 국제뉴스의 톱을 장식했던 이 세기적인 사건은 군문(軍門)에 들어선 그의 인생 전반에 영향을 끼친 거대 서사였다.

그 유명한 캠프데이비드협정(Camp David Accords)이 그것으로, '국 제 화약고'라 불렸던 중동 정세의 변곡점이자 이집트와 이스라엘의 사 상 첫 평화 공존 시대를 열었던 이 메가톤급 뉴스는 1978년 8월 8일, 〈UPI〉 보도로 세상에 처음 알려졌다.

이 통신은 이날 자 워싱턴발 보도에서 '카터(Jimmy Carter) 미국 대통령과 안와르 사다트(Anwar Sadat) 이집트 대통령 및 메나헴 베긴 (Menachem Begin) 이스라엘 수상이 중동평화 협상 교착상태를 타개하고, 평화 협정 원칙을 모색하기 위해 오는 9월 5일 워싱턴 근교 캠프데이비드 미국 대통령 별장에서 첫 3국 정상회담을 개최한다고 워싱턴과 텔아비브, 카이로에서 8일 동시 발표했다'고 밝혔다.

통신은 또 '사다트 대통령의 지난해 11월 이스라엘 방문과 베긴 수상의 성탄절 이집트 방문으로 이뤄진 두 차례 양국 정상회담 이후 처음으로 카터 대통령을 사이에 놓고 대좌하게 된 두 적대국 지도자들은 이번 캠프데이비드 회담에서 평화타결책에 합의할 것으로 기대되지는 않으나 적어도 이스라엘의 점령지 반환 의사 표명이 없는 한 협상하지 않겠다는 지난 30일의 사다트 선언으로 파국 위기에 직면한 평화협상에 새로운 원동력이 제공되고, 카터의 복안과 설득력에 따라서는 협상이 급진전 될 수도 있다'고 덧붙였다.

이로부터 40일 뒤인 9월 17일, 한 달 이상 카터 미 대통령의 별장으로 향했던 세계 시선들에 불꽃이 일었다. 9월 5일부터 이날까지 12일 동안 진행된 3국 정상 간 협상이 마침내 타결됐다는 소식이 미국, 이집트, 이스라엘에서 동시 발표됐다. 이로써 ▲이스라엘군의 시나이반도 전면 철수 ▲요르단강 서안 및 가자 지구에 대한 팔레스타인의 자치권 허용을 골자로 했던 핵심 의제 두 가지가 완전 해결됐다. 팔레스타인의 자치권 허용은 '단계적 조건부'란 단서 조항이 포함됐다.

이들 난제가 풀리자 이집트 국민들은 즉각 환호했다. 사다트 대통령은 타결 당일 워싱턴에서 카이로로 생중계된 방송 연설을 통해 "긴 밤이

가고 새벽이 밝아온다"고 선언했다. 그러면서 "캠프데이비드협정은 시리아를 포함한 모든 중동 국가가 공정의 기초 위에 평화를 수립할 수 있는 길을 열어 놓았다"고 강조했다. 그는 또 "이제 더이상 우리의 아들들을 시나이 전투에 내보내지 않게 된 것을 축하한다"며 기뻐했고, 이와 관련 이집트 언론들은 일제히 '22일 귀국하는 사다트 대통령을 위해 '영웅적인 환영'이 준비되고 있으며, 모든 국민이 자신들의 기쁨과 대통령에 대한 지지를 표명할 것'이라는 취지의 기사를 1면 톱으로 쏟아냈다.

임관 1년 6개월을 앞두고 있던 시점, 알시시는 동료들과 함께 막사에서 이 소식을 접하며 환호했다. 그러면서도 그는 이번 협상 타결이 군사 정책 전반에 미칠 영향들을 예의주시했다. 또 성급한 기대감으로 들뜬 부하 사병들의 심리 컨트롤도 당장의 과제였다. 게다가 이스라엘과의 새로운 밀월 관계를 아랍 세계가 어떻게 받아들일지, 이에 대한 면밀한 관찰도 필요했다.

'앞으로 영어 공부에 더 열중해야겠어. 이대로 간다면 미국과 합동 군사훈련도 하게 될 것 같아. 예상치 못했던, 확실히 큰 변화야. 1948년 이래 네 차례의 시나이 전쟁터에서 순국한 많은 선배 영령들께 알라의 깊은 가호가 있기를⋯⋯.'

사다트 대통령이 귀국하자 이집트 전역이 환호로 뒤덮였다. 그러나 알시시는 군 통수권자의 캠프데이비드 쾌거를 기쁘게 받아들이면서도 가슴 한편이 무거웠다. 주적 이스라엘과의 전쟁에서 꽃다운 나이로 산화했던 수많은 전사자가 떠올랐다. 또 시나이 사막 한복판에서 장렬하게 최후를 마친 선배 장교들에게 애도의 경례를 올려야 했다.

다시 얘기하지만, 그는 확실히 축복받은 사람이었다. 왕정 종식과 함께 태어난 삶부터가 그랬다. 그런데 이번엔 영원히 사라지지 않을 것 같았던 중동 화약고의 뇌관 해체와 함께 본격적인 군 생활을 시작하게 된 것이었다. 또 세계 패권을 움켜쥔 미국과의 평화 모드 속에서 향후 US ARMY와의 선의적 지휘봉 경쟁도 할 수 있게 됐다. 이는 분명 초임 장교로서 세계를 넓게 볼 수 있는 기회의 장이었다.

하지만 이 개인사적 축복이 이집트와 중동 현대사엔 온탕과 냉탕을 오간 몇 가지 출렁이는 결과를 가져왔다. 캠프데이비드협정 타결 직후의 최소 몇 년 사례만 보더라도 이 세계사적 사건이 미친 중동·아랍권 내 진동 폭이 얼마나 컸는지를 짐작할 수 있다. 다음은 그와 관련된 1980년대 초반까지의 주요 약사다.

- **1978년 12월** : 사다트(이집트)와 메나헴 베긴(이스라엘) '1978 노벨평화상' 공동 수상
- **1979년 03월** : 이집트-이스라엘 평화조약 체결
- **1979년 03월** : 아랍연맹, 이집트의 회원국 지위 박탈(연맹본부, 카이로에서 튀니스로 이전)
- **1980년 02월** : 이집트-이스라엘 공식 수교 및 첫 대사관 개설
- **1980년 10월** : 이집트-미국 첫 합동 군사훈련(훈령명 : Bright Star)
- **1981년 10월** : 사다트 이집트 대통령 암살(주모 : 칼리드 알이슬람불리 이집트 육군 중위)
- **1981년 10월** : 이집트, 무바라크(Hosni Mubarak, 1928~2020) 대통령 시대 개막
- **1982년 03월** : 이스라엘군, 이집트 시나이반도에서 완전 철군

전설적인 선배 지휘관들의 발자취를 따라

알시시의 군 시기 주요 활동 무대는 기계화보병 부대였다. 이집트 대통령실 웹사이트에 게재된 그의 주요 군 이력을 보면 기계화보병 대대장, 기계화보병 여단장, 기계화보병 사단장 등의 직급들이 눈에 띈다. 앞에서도 살폈듯, 이 과정을 통해 알시시는 이집트 육군의 기계화보병 선진화에 많은 기여를 했다. 그의 초임 장교 시절 기계화사단은 10개 보병사단 중 절반에 불과했다. 그러나 그 숫자를 점차 늘려 앞서 인용한 논문(MERIA) 내용대로 1990년대 후반에는 12개 전체 사단 중 기갑사단을 포함한 기계화보병 사단 비율이 90% 이상을 차지했다.

그는 한 단계씩 직급이 올라갈 때마다 이집트군의 초석을 다졌던 선배 장군 두 사람을 떠올렸다. 알가마시(Mohamed Abdel Ghani Al Gamasy, 1921~2003) 장군과 아부가잘라(Abd Al Halim Abu Ghazala, 1930~2008) 장군이 그들로, 알시시는 평소에도 종종 이들을 존경한다고 말해왔다. 2018년 5월 사우디 월간지 〈아르라졸〉(Arrajol)과의 인터뷰에서도 그는 가장 존경했던 인물로 나세르 대통령과 이들 두 장군을 언급했다.

그렇다면 이들은 누구인가? 먼저 알가마시(Al Gamasy) 장군의 이력부터 살펴보면, 군사아카데미를 졸업한 뒤 1941년 기병대 소속 정찰 장교로 첫 지휘관 생활을 시작했다. 그리고 이후 1973년 '10월 전쟁'을 마지막으로 현역을 떠날 때까지 1948년의 아랍-이스라엘 전쟁(제1차 중동전쟁), 1956년의 3국침략전쟁(제2차 중동전쟁), 1967년의 6월 전쟁(제3차 중동전쟁), 1973년의 10월 전쟁(제4차 중동전쟁) 등에 모두 참전했던 이집트 육군의 영원한 전설이다.

그는 특히 이집트 국민의 자존심을 회복시켰던 10월 전쟁 당시 모든 지상군의 총사령관을 맡아 혁혁한 공을 세웠다. 이 공로로 1974년부터 1978년까지는 전쟁부 장관을 역임하며 소련에서 미국으로 전환하던 사다트 대통령의 대외 군사 전략 수립에 많은 기여를 했다. 그는 1951년과 1952년 각각 미국과 소련으로 연수를 다녀왔던 전략가다. 따라서 그는 일찍부터 국제적으로도 폭넓은 인맥을 형성했다. 그런 경험들이 사다트 대통령 시기의 대외 군사 정책 판단에 매우 유익하게 작용했다. 참고로, '전쟁부'는 그의 임기를 끝으로 부처 명칭이 '국방부'로 바뀌었다. 그가 이집트 군역사상 마지막 '전쟁부 장관'을 수행한 셈이었다.

그의 국방장관 재임 시기는 알시시의 군사아카데미 시절과 일치한다. 알시시가 군사아카데미에 입학하기 1년 전인 1973년 '10월 전쟁'이 발발했다. 그 연유로 1974년 군사아카데미 신입생들은 한껏 고무됐다. 알가마시 장관도 그런 분위기를 눈치챘다. 그러면서 그는 이 사기충천한 신입생들을 미래 국가 동량으로 키우고자 학교 시설 현대화와 복지 개선 등에 많은 힘을 쏟았다.

1978년 장관직을 끝으로 은퇴한 알가마시 장군은 1989년《10월 전쟁》이란 제목의 아랍어판 회고록을 출판했다. 어느덧 군 생활 10년 차를 넘긴 알시시는 이 회고록을 읽으며 다시 한 번 그의 탁월했던 지휘 능력에 감탄했다. 특히 수에즈운하를 건너 시나이반도로 진격하는 과정에서 물대포를 활용해 이스라엘의 거대한 모래장벽(Bar Lev Line)을 제거하고 신속하게 돌파한 위용은 세계 전쟁사에서 유례를 찾아볼 수 없는 위대한 전범(典範)이었다. 또 이스라엘의 방송 특성까지 살펴 욤키푸르 때는 TV와 라디오로 예비군을 긴급 소집할 수 없다는 허점을 파악해 이 날을 개전일로 삼았다는 기록에선 절로 찬탄의 박수가 나오기도 했다.

알시시는 존경하는 장군의 책을 반복해서 읽으며 그때마다 맨 앞장의 헌사를 음미했다. 그의 헌사 문장 중 '어렵고 복잡한 시기를 맞을 다가올 세대에게'란 대목이 마치 자신을 지칭하고 있는 것 같아 문구를 볼 때마다 군화 끈을 다시 고쳐매곤 했다. 사실, 지난 10여 년도 어렵고 복잡한 시기였다. 그러나 위관급 때보다 몇 곱절 이상으로 책임감이 막중한 영관급 시기의 앞으로가 한층 더 어렵고 복잡한 시기일 터였다. 그런 점에서 그는 장군이 헌사를 통해 나직이 당부한 '더 나은 미래를 향한 여정에 도움 되기를 바란다'는 문장에 주목했다. 이는 곧 자신에게 더 나은 미래를 위해 '더욱 치열하게 노력하고, 더욱 열심히 공부하라'는 호령으로 다가왔기 때문이다.

> 아들 메드하트, 딸 마그다와 마하, 그리고 어렵고 복잡한 시기를 맞을 다가올 세대에게, 이 증언이 더 나은 미래를 향한 여정에 도움이 되기를 바랍니다.
> 《10월 전쟁 : 이집트 원수 알가마시 회고록》(Mudakkirat Al Gamasi: Harb Uktubar 1973) 영문판 '헌사' 중.

> To my son Medhat, my daughters Magda and Maha, and to the coming generations, who will be facing difficult and complex times. May this

testimony help you on your journey to a better future.

— Mohamed Abdel Ghani Al Gamasy

알시시가 존경한다고 밝힌 또 다른 장군 아부가잘라(Abu Ghazala)는 무바라크 대통령 시절이던 1981년부터 1989년까지 국방장관을 지낸 인물이다. 그는 사다트 대통령 암살사건 당시 고인과 나란히 앉아 있다 함께 화를 당할 뻔했다. 그러나 다행히도 하늘이 그를 지켜줬다.

무바라크 대통령과 동기생(1947~1949)으로 군사아카데미를 졸업한 뒤 포병부대에서 군 생활을 시작한 그는 1973년 10월 전쟁 당시 제2군 포병 사령관으로 참전해 많은 공을 세웠다. 그 공로를 인정받아 전쟁 직후 포병대 사령관에 임명됐고, 1976년부터 1979년까지는 워싱턴 주미 이집트 대사관에서 군사무관으로 근무하며 사다트 대통령의 대미 군사 협력 정책을 보좌했다. 이후 군사정보국장(1979), 군 참모총장(1980) 등을 지내다 1981년 3월 아흐마드바다위(Ahmed Badawi, 1927~1981) 국방장관의 헬리콥터 사고사로 그 직을 이어받게 되었다.

영국 해군대학원 국가안보부 교수 출신이자 중동문제 전문가로 저명한 로버트 스프링보그(Robert Springborg) 박사가 그를 언급한 바 있다. 그가 쓴 책《무바라크의 이집트: 정치질서의 분열》(1988, Mubarak's Egypt: Fragmentation Of The Political Order, Robert Springborg)을 보면 아부가잘라 장군이 매우 수재였다는 사실을 알 수 있다.

저자는 책에서 '아부가잘라는 이집트 군사아카데미의 뛰어난 학생이었으며 매력적이고 균형 잡힌 성격을 지녔고, 독서를 좋아했다'면서

'1952년 파루크 국왕을 전복시키기 위한 자유장교단 활동 명단에서도 그의 이름이 발견된다'고 적고 있다. 또 '무바라크 대통령은 아부가잘라 보다 두 살 위였지만 동기생으로 군사아카데미를 졸업했다'면서 '아부가잘라는 무바라크와 같은 모누피아주(Monufia Governorate) 출신'이란 사실도 밝히고 있다. 그러고 보면 이 지역은 알시시 대통령의 가문이 카이로로 떠나오기 전 살았던 바로 그곳이다.

알시시는 앞서 설명한 대로 일선 지휘관 시절에는 주로 기계화보병에서 활동했다. 그러나 이후 군 경력이 쌓이면서 그는 북부군사구역 사령관(2008)과 군사정보 정찰국 부국장, 군사정보 정찰국장(2010) 등의 여러 요직을 거치게 된다. 이때 과거 기계화보병 시절엔 아부가잘라 장군의 포병 지휘관 시절을 사표(師表)로 삼았을 것 같다. 또 군사정보정찰국 시절엔 아부가잘라 장군이 같은 분야(정보국)에서 오래전 남겼던 여러 노하우를 자신의 역량을 키우는 자산으로 삼고자 끊임없이 연구했을 듯싶다.

그의 '군인의 길'은 이렇듯 앞서 길을 낸 전쟁 세대 명장(名將)들의 풍부하고도 훌륭한 경험치 덕에 안정적인 발전을 이뤄나갈 수 있었다. 이 또한 타고난 복이었다. 게다가 법고창신(法古創新), 즉 옛것을 본받아 새로운 것을 창조하고자 했던 그의 노력이 보태져 개인적으로는 지휘관으로서의 성취감을, 국가적으로는 '강군(強軍) 이집트'를 만드는 데 일조했다는 성과가 남게 돼 그의 뒷날 회고록도 제법 묵직할 것 같다.

소중한 기억들

"저뿐만 아니라 군인의 아내는 다 똑같습니다. 아이들에 대한 책임과 가정 살림에 대한 책임, 집을 관리하고, 가꾸는 책임까지 모두 아내에게 있습니다. 남편은 항상 부재중이니까요. 그들은 국민과 국가를 위해 일하는 사람들입니다."

2020년 11월, 이집트 대중 채널인 DMC-TV는 알시시 대통령의 부인인 엔티사르아메르(Entissar Ahmed Amer, 1956~) 여사와 대담을 나눴다. 이 대담 프로그램에서 엔티사르 여사는 군인의 아내로 살았던 자신의 경험담을 털어놓으며 오랫동안 헌신적으로 살아온 이집트 여성들의 노고를 높이 평가했다.

"여성은 남편이 자신의 나라를 사랑하고, 국민의 삶을 위해 헌신하는 모습을 자랑스럽게 여기면서 남편이 이루어 내는 성공을 응원합니다.

이러한 전통적인 모습은 이집트의 소중한 자산입니다."

이날 방송에서 엔티사르 여사는 여성들의 이 같은 헌신에 보답하기 위한 남편들의 역할에 대해서도 강조했다. 직장 일로 바쁜 가운데도 아내에 대한 사랑과 관심을 잃지 않고 가정의 소중함을 생각하는 남편들이 되어 주기 바란다는 요지였다. 또 남편들은 자녀교육에 대한 관심과 가족 간 유대감을 위해 항상 노력해야 한다는 점도 강조했다.

사실, 알시시가 성공적인 군 생활을 할 수 있었던 데는 아내의 역할이 컸다. 자녀 양육과 집안 살림은 대부분 아내 몫이었다. 꼼꼼하고, 치밀하고, 일 욕심 많은 알시시는 대부분 부재중이었다. 심지어 알시시는 목요일에 결혼하고, 신혼여행도 생략한 채 토요일부터 출근하기 시작했다는 게 이날 대담 프로그램으로 처음 알려져 화제가 됐다. 참고로, 2020년 11월 27일 유튜브에 처음 업로드 된 1시간 분량의 이 프로그램은 2024년 말 현재 250만에 가까운 조회수를 기록하고 있다.

임관 첫해 결혼, 4남매 둔 가장

알시시는 1977년 4월, 장교 임관과 동시에 아내 엔티사르와 결혼했다. 두 사람은 외사촌 관계로, 이슬람 결혼문화에선 사촌 간 결혼이 허용된다.(참고로, 한국은 8촌 이내 결혼이 불가하다)

알시시와 엔티사르는 두 살 터울이다. 이들은 청년기부터 사랑에 빠져 장래 결혼을 약속했다. 그리고 알시시가 가정을 꾸릴 자격을 갖추게

2024년 11월, 이집트를 방문한 콜롬비아 대통령의 영부인 베로니카 알코세르 가르시아(Veronica Alcocer Garcia) 여사를 만나고 있는 알시시 대통령의 영부인 엔티사르 아메르(Entissar Ahmed Amer) 여사. (사진 오른쪽)

되자 가족과 친지들로부터 축하를 받으며 결혼식을 올렸다. 이 즈음 신부 엔티사르는 고등학교를 졸업하고 아인샴스대학에서 회계학을 공부 중이었다.

두 사람 사이에는 현재 '무스타파'(Moustafa)와 '마흐무드'(Mahmoud), '하산'(Hassan)이란 이름의 아들 셋과 '아야'(Aya)라는 이름의 딸 하나를 두고 있다. 알시시는 바쁜 지휘관 생활 중에도 아이들의 교육 문제와 체력 관리에 특별히 관심을 기울였다고 한다. 실제로 그의 아내 엔티사르는 DMC-TV 대담 프로그램에서 "남편이 가장 좋아하는 취미 중 하나가 아이들과 대화하고 운동하는 것"이라고 얘기했을 정도다.

그의 아내 엔티사르는 조용한 내조로 알시시에게 힘이 되어 주고 있다. 2014년 알시시가 대선 출마를 공식 선언한 직후 사우디 언론〈알아바리야뉴스〉(Al Arabiya News)는 '엔티사르는 꼭 필요한 경우가 아니면 미디어 출연을 좋아하지 않으며, 여성의 자연스러운 역할은 남편과 자녀 뒤에 있다고 믿는 여성'이라면서 '그녀는 여러 직책이나 존경받는 직업을 가질 기회가 있었지만, 그보다는 가족을 돌보는 것을 우선했다'고 덧붙였다. 이 언론은 또 '그녀의 성격으로 볼 때 시시가 대통령으로 선출되더라도 그녀는 정치에 개입하지 않을 것으로 본다'면서 '이는 가말 압델 나세르의 아내인 타히아카젬(Tahia Kazem, 1920~1992)처럼 그녀 역시 자녀 양육에 집중해 온 것과 비슷하다'고 논평했다.

한편, 엔티사르는 문화 예술에 관심이 많은 여성으로 알려졌다. 이와 관련해 2020년 DMC-TV와의 대담 프로그램에서도 그녀는 "이집트의 다양한 문화 콘텐츠, 특히 드라마와 영화는 가족이 모여 긍정적인 에너지를 나누고 소통하게 만드는 힘을 갖고 있다"면서 "드라마와 문학 속의 여성 캐릭터는 강한 책임감을 지닌 존재로 묘사되며, 이는 많은 이집트 여성들에게 긍정적인 영향을 미친다"고 호평했다.

특히 이날 대담 프로그램에서 엔티사르는 애서가(愛書家)로서의 면모를 드러내기도 했다. 방송에서 그녀는 이집트 시골 여인의 책임감과 어려운 상황을 그린 카이리샬라비(Khairy Shalaby, 1938~2011) 작가의 작품들을 좋아했고, 이흐산압델꾸도스(Ihsan Abdel Quddous)와 나기브 마흐푸즈(Naguib Mahfouz) 작가의 작품들 역시 빼놓지 않고 읽었다고 밝혔다.

또 방송에서 그녀는 가장 감동적인 책은 아니사 하소우나(Anissa Hassouna, 1953~2022) 박사의 《사전 경고 없이》(Bedoon Sabeq Enzar)였다면서, 어려운 상황(질병)을 맞아 병마와 싸워가면서도 당당하게 도전하는 여성의 모습을 보여 준 이 작품에 큰 감명을 받았다고 강조했다.

그녀가 이날 방송에서 소개한 아니사 박사는 이집트 의회 의원을 지낸 여성으로, 의정 활동 내내 여성 평등과 아동 인권, 비닐봉지 사용 금지법안 제출 등의 환경 운동에 적극적인 모습을 보인 인물이다. 그러나 불행하게도 암 진단을 받게 됐고, 그 와중에도 자신의 투병 과정과 이를 극복하려는 도전 정신(특히 여성스러움을 잃지 않으려는)을 한 권의 책으로 펴내 많은 아랍권 독자들에게 큰 감동을 준 바 있다. 안타깝게도 그녀는 2022년 3월 13일, 69세로 세상을 떴다. 영면 4일 전 엔티사르 여사는 병상을 찾아 그녀를 위로했다.

영국에서 보낸 1년

"남편은 늘 공부하고, 연구하는 스타일입니다. 군에 있을 때 두 차례 해외 연수를 다녀왔는데 그때도 정말 열심히 공부해서 좋은 성과를 냈습니다."

엔티사르 여사가 2020년 DMC-TV 대담 프로그램에서 한 말이다. 그녀가 언급한 두 차례의 해외 연수는 1991년 영국 연수와 2006년 미국 연수다. 그중 소령 시절, 영국 왕립육군참모대학에서 공부한 시기는

1991년, 영국에서 함께 연수하던 시절의 강웅식 KEDA 회장(좌측 끝에서 두 번째)과 알시시 대통령(우측 끝에서 두 번째). 당시 두 사람 모두 소령 계급이었다.

그의 생애 첫 장기 해외 연수라 값진 경험이 됐다.

이 교육기관의 지금 이름은 영국 합동군사령부 및 참모대학(JSCSC, Joint Services Command and Staff College, United Kingdom)이다. 그래서 이집트 대통령실의 프로필 난에도 현재의 기관명인 JSCSC로 쓰고 있다. 다만, 교육 목적과 교육 대상은 예나 지금이나 별반 다르지 않다.

이 기관의 웹사이트(https://www.da.mod.uk)를 열면 '혁신적인 문제 해결 능력과 윤리적 리더를 양성하는 대학원 수준의 훈련 및 교육을 제공하는 군사 아카데미'라는 안내문이 보인다. 그리고 그 아래로는 '영국군, 정부 공무원, 국제 동맹국 관계자'들을 교육 대상으로 하고 있다는 문구가 있다. 이 중 세 번째가 알시시가 이곳에서 교육을 받을 수 있었던 이유다. 영국과 이집트는 동맹국 관계다. 영국은 그 밖에도 많은 나라와 동맹 관계를 맺고 있다. 한국도 그중 하나다. 따라서 이 기관의 1년 연수 과정은 매년 세계 각국에서 온 톱클래스 장교들로 넘쳐난다.

이와 관련 JSCSC 웹사이트는 2024년 12월 4일 자에서 '인터내셔널 데이'(International Day 2024) 행사 소식을 알리고 있다. 글은 먼저 '40년 넘게 이어져 온 이 행사는 매년 각국의 다문화 유산을 축하하는 자리'라고 밝히며 '금년도엔 55개국이 참여해 각기 다른 고유문화와 전통 의상, 국가별 요리 등을 선보였다'고 덧붙였다.

웹사이트는 그 밖에도 '중앙아시아 5개국과 사상 첫 전략적 리더십 프로그램(SLP) 실시'(2024. 10. 15), '일본 방위 대응군과의 관계 강화'(11. 27), '쿠웨이트 군의 어학원 신설 지원'(12. 16) 등 여러 다양한 소식들을 전하고 있다. 이들 몇 가지 사례만 봐도 이 교육 기관의 역할이 전 대륙에 걸쳐 있음을 짐작할 수 있다.

1991년 이 기관에서 알시시가 연수 중일 때는 마침 한국 장교도 같은 프로그램에 참여했다. 강웅식 소령(육사 37기)이 그 주인공이었다.

"당시 50여 개국에서 온 장교들과 함께 공부했다. 그중 중동 아프리카 지역에서는 이집트, 모로코, 요르단, 오만 등이 참여했다. 알시시 소령은 이집트에서 온 엘리트 장교였다. 자기 관리에 철저한 군인이었고 쉼 없이 공부하는 학구파였다. 매우 과묵하면서도 겸손한 인격이 돋보였다. 한번은 휴일을 맞아 알시시 소령을 비롯한 오만, 요르단, 모로코 장교들을 우리 집에 초대했는데 관사가 좁다 보니 의자가 3개밖에 없어 연장자순으로 하면 알시시 소령이 앉아야 되지만 자리를 양보하고 서 있는 모습을 보며 대단히 겸손한 장교로 생각했다. 그때 나도 그랬고, 내

아내도 알시시 소령이 훗날 부하를 사랑하고 존경받는 군 지도자가 될 거라고 생각했는데, 실제로 그렇게 됐다."

강웅식과 알시시는 당시 가족끼리도 가깝게 지냈다고 한다. 초등학생이던 두 사람의 아들이 마침 같은 학교, 같은 반이라 친밀감이 더했다.

이들이 처음 만났던 1991년 초는 이라크의 쿠웨이트 침공으로 빚어진 걸프전(1990. 8~1991. 2) 시기였다. 전쟁은 특히 그해 1월 17일부터 종전(2. 28)까지가 가장 치열했다. '사막의 폭풍 작전'이라 불렸던 이 전투는 다국적 연합군의 전면 공세로 전개됐다. 이라크의 숨통을 끊기 위한 이 작전에는 한국도 참전했다. 1960년대 베트남 전쟁 이후 처음 참가한 해외파병 사례였다.

이집트는 당시 다국적 연합군을 주도한 국가 중 하나였다. 영국, 미국, 사우디아라비아와 함께 다국적군을 이끈 이집트는 일시나마 한국과 우방국이 된 셈이었다. 따라서 두 사람은 걸프전 동맹국 관계를 매개로 첫 대면부터 친숙했다.

"당시 비영어권 국가에서도 많이 왔다. 영어를 모국어로 하지 않는 연수생들은 2개월 동안 별도로 영어교육을 받아야 했다. 우리 두 사람 모두 거기에 속했다. 그런데 영어교육 장소가 좀 멀었다. 40km쯤 되는 거리였는데, 내가 유일하게 차를 갖고 있었다. 나보다 1년 먼저 교육을 받으러 왔던 선배가 있었는데 그 선배가 귀국하며 물려 준 중고차였다. 알시시를 비롯한 중동 아프리카 지역 장교들과 그 차를 이용해서 교육을 받으러 다녔다. 그런데 어느 날 등굣길에 시동이 꺼져 차가 멈춰 버렸다. 결국 나를 제외한 모든 사람이 내려 차를 밀어야 했다. 그때도 가장 모범

2014년 6월 대통령에 취임한 뒤 알시시는 강웅식 회장을 이집트 대통령실로 초청했다.

을 보인 이가 알시시였다."

두 사람은 이런저런 추억을 남긴 채 헤어졌다. 어느새 1년 연수가 끝난 것이다. 강웅식은 이후 2013년 3월, 기갑여단장을 끝으로 전역했다. 그 시기 알시시는 이집트 관련 국제뉴스의 핵이었다. 국방장관 신분으로 소용돌이 속의 이집트를 바로 잡느라 안간힘을 쓸 때였다. 한국 언론에도 그에 대한 뉴스가 쏟아졌다. 그 무렵 알시시는 한국발 편지 한 통을 받게 된다. 보도를 접한 강웅식의 격려 편지였다. 알시시는 그 편지가 무척 반가웠다. 한동안 잊고 살았던 옛정도 떠올랐다. 이후 알시시는 여러 진통을 거쳐 2014년 6월 대통령에 당선됐고, 취임 일주일 뒤 강웅식을 이집트로 초청한다.

23년 만에 이뤄진 두 사람의 2014년 해후는 알시시 대통령의 2016년 한국 방문으로 한 차례 더 이어졌다. 이처럼 소설 속 얘기 같은 두 사람의 인연은 2015년 8월, 양국 관계자들의 높은 관심 속에서 한국과 이집트의 경제문화 교류를 돕는 단체 하나를 빚어낸다. 'KEDA'(Korean Egyptian Development Association)란 이름의 비영리 사단법인이다.

강웅식 회장 체제의 이 단체는 그동안 한 일이 많다. 따라서 쓸 이야기도 많다. 책의 마지막 장인 '제5장 한-이집트 30년' 편에 그 활동사를 기록해뒀다. 알시시 대통령의 2016년 방한 내용과 문재인 대통령의 2022년 이집트 방문 기록 역시 그쪽에 있다는 점 참고해서, 함께 읽으면 좋겠다는 생각이다.

미국 펜실베이니아에서의 1년

1980년 첫 합동 군사 훈련(Bright Star) 이래 이집트와 미국의 군사 동맹 관계는 꾸준히 발전했다. 알시시의 미국 연수 직전인 2005년에도 양국이 참여한 대규모 합동 군사 훈련(Bright Star 06)이 전개됐다. 2005년 9월 10일부터 10월 3일까지 진행된 이 훈련에는 마침 그의 연수지인 펜실베이니아의 육군방위군 소속 제28보병사단이 참가해 현장 훈련을 담당했다. 게다가 이 부대가 기계화보병 사단이란 인연까지 겹쳐 2005년 양국 합동 훈련 때는 알시시의 역할 공간이 더욱 컸다.

2005년 가을, 미국에 도착해 1년 동안 공부했던 곳은 미 육군전쟁대학(U.S. Army War College)이었다. 이 기관은 미국 북동부 펜실베이니아주의 칼라일(Carlisle, Pennsylvania)에 있다. 그의 당시 계급은 준장. 어느덧 군 생활 28년 차(1977~2005)를 맞는 중이었다. 51세 나이로, 신분 또한 제너럴(장군)이었다. 하지만 이 연수 기관의 세미나실에는 '계급장 떼고'(No Rank)란 문구가 걸려 있어 '장군' 지위는 일찌감치 카이로에 두고 왔다.

세미나실엔 또 '열린 마음으로'(Keep an Open Mind)란 구호도 내걸려 있다. 외국 장교들과 미국 장교들 간의 개방적이고 비공식적인 대화를 촉진하겠다는 의미다. 그런 점에서 이곳에서의 연수 1년은 그에게 여러모로 유익했다. 특히 격변하는 중동 및 아랍 정세를 한 발짝 떨어져 바라볼 수 있는 계기라 더욱 소중한 시간이 되었다.

그는 위관급 장교 때도 미국 단기 연수에 참여한 바 있다. 군 5년 차였던 1981년 조지아주 포트 베닝(Fort Benning, Georgia)에서였다. 당시 그곳에 있는 미 육군보병학교에서 보병 기초 훈련 과정을 이수했다. 알시시는 미국 연수 동안 종종 그 시절을 떠올렸다. 그러면서 그때와 지금 상황이 크게 다르다는 걸 체감했다. 1981년은 캠프데이비드협정으로 한때나마 중동·아랍권의 긴장이 완화됐던 시기였다. 아랍연맹의 극심한 반대에도 불구하고 이집트가 이스라엘과 수교(1980)한 직후였고, 이스라엘과 레바논의 제2차 전쟁(1982~1985) 역시 아직은 발발 전이었다.

그러나 그가 미국에 머물렀던 2006년은 9.11 테러 사태(2001) 여파로 미국의 대아프가니스탄 전쟁(2001~2021)과 대이라크 전쟁(2003~2011)이 맞물렸던 시기였다. 따라서 무슬림에 대한 미국 내 여론이 좋지 않던 상황에서 수업 중에도 종종 미국 장교들과 아랍권 장교들의 논쟁이 격해지곤 했다.

이집트군과 미군은 1980년부터 합동 군사훈련(Bright Star)을 수행하고 있다.

이와 관련 셰리파 주후르(Sherifa Zuhur) 당시 전쟁대학 교수는 뒷날 미 시사잡지 〈The Week〉과의 인터뷰에서 '(이라크에서 막 돌아온 장교들과 논쟁할 때) 알시시는 토론할 준비는 되어 있었지만 공격적이지는 않았다'고 회고했다. '그가 화를 낼 만도 했지만 깊은 자제력으로 대응하지 않았다'는 게 그의 기억이다. 그는 또 미 공영 라디오방송(NPR)과의 인터뷰에서도 '알시시는 미국 장교들과 수업 시간에 조용하고, 상대를 존중하는 태도로 토론했다'면서 '내가 아는 알시시는 과장되거나 공격적이지 않고, 전혀 과시하지 않는 사람'이라는 평가를 하기도 했다.

알시시에 대한 이 시기 기록들을 보면 대체적으로 우호적인 시선들이 많다. 당시 이 연수 기관의 또 다른 교수였던 스티븐 게라스(Stephen Gerras) 박사도 미국 매체 〈Foreign Policy〉에 '알시시는 똑똑했고, 영어 실력이 좋았으며, 매우 진지한 사람'이었다면서 '그는 내가 만난 군인

알시시 장군이 2006년 미국 육군전쟁대학 연수 시절 쓴 논문이 두고두고 회자되고 있다.

중 가장 진지한 사람이었다'고 논평했다. 그는 또 이 매체와의 인터뷰에서 '알시시는 매우 독실한 무슬림이었다'고 강조하며 '그가 우리 집 파티에 왔을 때 80세 된 나의 노모에게 아랍어로 적혀 있는 우리 집 거실의 모든 장식들을 하나하나 설명하며 그것들에 대한 종교적인 의미를 자세히 해석해 줬다. 그동안 내가 만난 무슬림 중 그런 사람은 없었다'는 말을 전하기도 했다.

그의 깊은 신앙심과 관련해서는 또 다른 이의 증언도 있다. 미군 예비역 장교 프랭크 필립스(Frank Phillips)의 기억이다. 그는 〈로이터 통신〉(Reuters)과의 인터뷰에서 '알시시를 처음 알게 된 건 그가 포트 베닝에 와 있던 1981년이었는데, 그때 내 느낌은 그는 무슬림이지만 근본주의와는 거리가 먼 사람이었다. 그 당시 알시시는 교육 과정에 참여한 모든 무슬림 연수생들의 이맘(이슬람의 신앙생활 및 의식에서 모범적인 지도자를 가리

킴) 역할을 했다'고 회고했다.

미 육군전쟁대학 연수 과정에서 알시시는 1년 동안 '전략적 사고'(Strategic Thinking), '전쟁과 전략 이론'(Theory of War and Strategy), '국가 정책 수립'(National Policy Formulation) 등의 교육 과정을 이수했다. 그리고 연수 중에는 〈중동의 민주주의〉(Democracy in the Middle East)란 연구과제를 제출하기도 했다.

그가 썼던 이 논문이 2013년 한때 서방세계에서 큰 화제가 됐다. 그가 이집트의 새로운 지도자로 급부상하자 서방 언론들은 그에 대한 정보를 찾느라 분주했다. 그 과정에서 이 논문을 알게 됐다. 언론들은 이 논문 내용으로 알시시의 향후 행보를 유추하고자 했다. 그가 어떤 비전을 갖고 이집트 민주주의를 확립해 나갈 것인가, 그 점을 알고 싶었던 서방 정보 당국들로서는 이 논문이 일종의 횡재였다.

다음은 그 논문 내용 일부로, 알시시 대통령이 당시 미국의 중동 정책을 어떤 시선으로 바라보고 있었는지, 관련된 대목을 발췌했다.(미국 주요 군사 기관 한복판에서 쓴 논문이다. 이를 읽다 보면 그 시기 알시시의 강단 있는 면모가 돋보인다.)

미국은 자국 이익 측면에서 중동에서 주도적인 역할을 해왔다. 미국은 자신들의 국가적 이익을 위해 중동 내 비민주적인 정권과 존경받지 못할 정권들을 지원해 왔다. 그 결과, 중동의 많은 사람들은 미국의 동기와 중동 민주주의 수립 열망에 의문을 제기한다. 민주주의로의 전환이 미국의 이익을 위한 것인가? 아니면 중동 국가들의 이익을 위해서인가? 중동에서의 민주주의 시작이 미국 자신의 이익을 위한 움직임으로 인식된다면 중동에서의 민주주의 발전은 쉽게 나타나지 않을 것이다. 또한 테러와의 전쟁이 중동에 서방 민주주의를 수립하기 위한 가면일 뿐이라는 우려도 있다. 중동에서 민주주의가 성공하려면 미국의 이익만이 아니라 중동의 이익을 반영해야 한다. 더욱이, 민주주의는 중동 사람들에게 이로운 것으로 여겨져야 한다. 즉 문화적, 종교적 본질을 존중하는 동시에 일반인의 삶의 조건을 개선해야 한다는 의미이다.(중략)

중동에서 민주주의를 시험하는 주요 기준은 이라크에서 민주주의가 어떻게 출현하는가이다. 이라크의 민주주의 정착과 관련, 미국은 이라크에 자율적인 방식을 허용할 것인가, 아니면 이라크를 친서방적 형태의 정권으로 만들려고 할 것인가? 중동 여러 국가에서는 향후 다양한 무슬림 집단(예를 들어 무슬림형제단, 시아파 등)이 민주적 정부 형태의 지배적 실체로 출현할 가능성이 높다. 이라크가 미국의 꼭두각시로 여겨진다면 중동의 여타 국가들은 민주주의로 나아가는 방향에서 이탈할 수 있음을 알아야 할 것이다.

2006. 3. 15. 알시시(Abdel Fattah Said Al Sisi) 준장, 〈중동의 민주주의〉(Democracy in the Middle East), 미국 육군전쟁대학, 펜실베이니아주 칼라일 막사

제 3 장

인샬라
In shallah

제3장 제목 '인샬라'(In shallah)는 '신의 뜻대로'라는 의미로, 이슬람 사회의 일상적인 생활 용어다. 표현의 기원은 쿠란 제18장인 수라 알카흐프(Ai Khaf)라고 한다. 2011~2014, 이집트 격동기를 헤쳐나가는 과정에서 아마도 알시시 대통령과 이집트 국민이 가장 많이 사용한 낱말도 바로 이 말, '인샬라'였을 것이다.

운명적 갈림길

먼 훗날 역사는 그를 어떻게 기록할까? 특히 그가 40년 동안 복무한 군문을 떠나 대선 출마를 선언하던 2014년 3월 시점을 어떤 시선으로 바라볼까? 내가 표현한 대로 '운명적 갈림길'로 평가할까, 아니면 '그릇된 야욕'으로 폄훼할까? 혹은 '(국민의 요청에 의한) 떠밀린 숙명'으로 바라볼까? 어쨌든 그는 '반듯한 성장 시절'(1954~1974)과 '강직한 제복 시기'(1974~2014)를 거쳐 60세 봄, 세 번째 변곡점을 맞게 됐다.

"저는 알시시가 대선 출마를 선언했을 때 불현듯 박정희 대통령이 떠올랐습니다. 그는 이집트의 박정희다, 그런 생각 말입니다. 그러면서 그도 박 대통령처럼 이집트 경제발전의 초석이 되어 이집트를 경제선진국으로 만들어 주길 바라는 마음이 컸습니다. 그 간절한 마음은 지금도 마찬가지지요."

그와 1991년 영국에서 함께 공부했던 강웅식 KEDA 회장은 2014년 알시시 대통령을 만나서도 이런 취지의 얘기를 전했다고 한다. 아마도 강 회장의 이 같은 설명이 뇌리에 남아 2016년 3월 그가 한국을 방문했을 때도 조금은 남다른 관심 속에서 박근혜 대통령을 만났으리라 짐작된다. 참고로, 아랍어판 독자들을 위해 부연하자면 2016년 알시시 대통령이 만났던 한국의 박근혜 대통령(재임 2013. 2~2017. 3)은 고 박정희 전 대통령(재임 1963. 12~1979. 10)의 맏딸이다.

그러고 보면 알시시의 운명적 갈림길과 박정희 시대의 서막은 닮은 꼴이 많다. 각각 이집트와 한국이란 공간적 배경만 달랐을 뿐, 또 2010년대와 1960년대란 시대적 배경만 동떨어졌을 뿐 둘의 등장에 깔린 전주곡은 거의 한 음이나 다름없다. 따라서 나 역시 이집트의 그 시기(2011~2014)를 정리하며, '이건 한국의 1960~1963 데자뷔다', 종종 그런 느낌에 빠져들곤 했다.

4년 사이 공식 대통령 셋

1960년부터 1963년까지 4년 동안 한국은 이승만 대통령의 퇴진과 장면 총리(내각 수반) 궐위, 박정희 시대의 등장을 경험했다. 이집트 역시 2011년부터 2014년까지 4년 사이 무바라크(Hosni Mubarak)-모르시(Mohamed Morsi)-알시시(Abdel Fattah Al Sisi) 등, 최고 지도자 세 사람의 명멸 과정을 지켜봤다. 이 사례 중 한국의 이승만은 공권력에 맞선 학

2011년 '아랍의 봄' 민중 혁명으로 무바라크 대통령이 30년 권좌에서 물러났다. 사진은 이 시기를 소재로 만든 이집트 드라마 〈선택〉 제3부 한 장면.

생들의 격렬한 봉기로 12년 권좌(1948~1960)에서 하야했다. 무바라크 역시 목숨을 건 대규모 시민 혁명으로 30년(1981~2011) 권좌에서 축출됐다.

  이후 정권을 잡은 한국의 장면 총리는 9개월(1960. 8~1961. 5)로 단명했다. 이집트의 모르시 대통령 역시 1년 3일(2012. 6. 30~2013. 7. 3) 만에 지위를 상실했다. 그리고 이들에 이어 등장한 한국과 이집트의 두 지도자는 둘 다 군부 장군 출신이다. 게다가 두 사람 모두 과도정부 과정을 거쳐 공식적인 국민투표로 대통령에 당선됐다. 굳이 한 가지 달랐다면, 박정희 46.6%, 알시시 96.9%라는 지지율 차이만 눈에 띌 정도였다.

  이 4년 시기의 데자뷔는 당시 사회상으로도 입증된다. 1960년 4.19 학생혁명으로 이승만 정권이 물러난 뒤 장면 내각 시기의 한국은 연일 크고 작은 시위로 들끓었다. 당시 한국 언론의 대표주자였던(TV가 없던 시절이라 더더욱) 〈조선일보〉는 4.19 학생혁명 1주년에 즈음한 1961년 4월 16일 자 기사에서 '치안국 집계에 의하면 4.19 이후 1960년 12월 말일까지 총 1,836회의 데모가 일어났으며, 연인원 969,630명이 동원됐다. 8개월 10일 동안 일별로 따져 보면 날마다 7.3건씩 데모가 일어났고, 날마다 3,878명씩이 동원된 셈'이라고 보도했다.

'데모 왕국 코리아'란 제목의 이 기사에서 신문은 또 '데모 사태에 지친 정부는 데모 규제법안을 만들어 국회에 회부했는데, 사실상 국민들은 데모가 지나쳐 어느 정도 견제할 무엇이 필요하다는 것을 시인하고 있으며 이러다가는 데모로 망하겠다는 개탄이 없지 않다'면서 '외국 신문들은 데모 왕국 코리아라고 비웃었는가 하면 만사를 데모로 해결하려 든다고 야유했다'는 논지를 펴기도 했다.

이집트에서도 이와 비슷한 사례가 펼쳐졌다. 미국 3대 지상파 방송 중 하나인 〈CBS〉는 2013년 6월 30일 자 온라인판을 통해 '이집트의 이슬람 극단주의 대통령에 반대하는 수십만 명의 사람들이 일요일 카이로와 전국 대부분 지역에서 거리로 쏟아져 나와 모하메드 모르시가 취임한 지 1주년이 되는 날 그를 축출하기 위한 총력전을 펼쳤다'고 보도했다.

'이집트에서 모르시 대통령에 대한 대규모 시위 발생'(Massive protests in Egypt against President Morsi)이란 제목의 이 보도는 '이번 시위는 모르시가 2012년 6월 30일 무바라크에 이어 이집트 대통령으로 취임한 이래 쌓여 온 양극화와 불안정의 정점'이라면서 '시위대는 이번 대규모 시위와 관련 "모르시 정권은 이슬람주의자들이 권력을 독점하고, 지지자들을 정부에 주입하고, 자신들의 입맛대로 만든 헌법 개정안을 강제로 통과시키고, 종교적 극단주의자들에게 자유로운 권한을 주는 등, 국가를 관리하는 데 실패했다"고 말했다'는 기사를 통해 카이로 시위 군중들의 격한 분위기를 전하기도 했다.

〈CBS〉는 이어 '(모르시 대통령을 옹호하는) 수천 명의 이슬람교도가 라바알 아다위야 모스크(Rabaa Al Adawiya Mosque) 밖에서 모르시에 대한 지지를 표명하기 위해 모였다'면서 '모르시 지지자 중 일부는 수제 방탄복과 건설용 헬멧을 착용하고 방패와 곤봉을 들고 다녔다'고 덧붙였다. 그러면서 이 방송은 '모르시의 반대자와 지지자들 모두가 이번 일요일이 성패를 가르는 날이라는 인식이 강하며, 각 진영이 폭력을 일으키지 않겠다고 주장하는 가운데서도 두 진영이 충돌할까 우려하고 있다'는 현지 분위기도 곁들였다.

이 시기 아랍 언론들은 '모르시 집권 이후 하루 평균 38.6건의 시위가 있었다'는 통계를 인용했다. 또 일부 언론들은 '2008년 산업도시 마할라에서 시작된 노동 운동과 파업 물결이 부활했을 때도 하루 평균 시위 수는 3.9회에 불과했고, 2009년 일일 평균 시위 수는 4.4회, 2010년에는 5.8회였다'는 보도를 통해 무바라크 퇴임 이후의 사회불안 문제를 조명했다.

말하자면, 한국은 4.19 학생혁명으로 이승만 정권을 쫓아낸 뒤 장면 내각 시대를 만났지만 1일 7.3건씩의 시위 사태와 마주했고, 이집트 역시 대규모 시민 봉기로 무바라크를 권좌에서 끌어내린 뒤 모르시 대통령 시대를 맞았지만 1일 평균 38.6건씩의 군중 시위가 발생했던 셈이다. 둘의 상황적인 배경과 숫자로만 보더라도 실로 매우 흡사한 시대적 데자뷔가 아닐 수 없다. 참고로, 1960년대 한국 인구는 약 2500만 명이었고, 2010년대 초 이집트 인구는 약 9000만 명이었다. 인구 비례와 두 나라의 도시 인구 비율로 볼 때 1일 시위 건수 한국 7.3건과 이집트 38.6건은 큰 차이가 없는 것이다.

아랍 격변기, 2011~2014

2010년대 초, 수시로 중동·아랍발 보도가 쏟아졌다. 이 지역의 여러 국가에서 대규모 시민 혁명이 일어났다. 그 과정에서 부패, 무능, 장기집권으로 요약되는 최고 지도자들이 줄줄이 축출됐다. 이른바 '아랍의 봄' 사태였다.

서방 언론들은 당시 'Arab Spring'이란 용어를 만들어 고유명사로 사용했다. 말하자면 오랜 동면을 깨고 마침내 아랍 민중들에게 '자각의 새봄'이 찾아왔다는 의미였다. 그러나 이건 어디까지나 그들 중심의 시선이라 중동·아랍 세계 측에서는 이 말이 불편했다. '아랍의 자각'은 오래전부터 있어 왔다. 나 역시 이 책을 쓰면서 한동안 MENA 관점에 있다 보니 자연스레 그 말에 거부감이 느껴졌다.

그런 점에서 이집트 카이로아메리칸대학(AUC)의 앨리슨호지킨(Allison Hodgkins) 교수가 한국 언론에 밝힌 내용이 눈길을 끈다. 2015년 12월, 〈연합뉴스〉 기자와 만난 그는 "한국과 미국이 민주주의를 이해

영국 언론 〈가디언〉(The Guardian)이 2021년 '아랍의 봄' 10주년을 맞아 기획 기사를 썼다.(가디언 온라인판 캡쳐 이미지)

하는 개념이 서로 다르듯 서방 자신이 이해하는 민주주의 개념을 아랍권에 그대로 적용해서는 안 된다"고 강조했다. 그러면서 그는 "언론에서 많이 쓰고 있는 '아랍의 봄'이라는 용어는 외부에서 아랍권 문화 등에 대한 오해와 섣부른 판단을 기반으로 해 만들어진 것"이라고 지적했다.

사실, 이 대목에서 서방 관점의 문제를 특별히 강조한 이유는 향후 이어질 아랍 격변기의 스토리 라인(서사)과 밀접하게 연관되기 때문이다. 즉, 그들 관점에서 바라본 '아랍의 봄'은 이슬람 과격주의자들까지 민중으로 포함시킨다. 틀린 말은 아니다. 그들도 2010년 12월, 튀니지를 시작으로 중동 지역과 아랍 전역으로 번진 대규모 시민봉기의 주요 주체 중 하나였다. 그리고 그 피의 투쟁 결과 2011년 1월에 벤 알리(Ben Ali) 튀니지 대통령이 축출됐고, 2월엔 무바라크 이집트 대통령이, 또 같은 해 10월엔 시민봉기가 내전으로 확전된 가운데 리비아의 카다피(Gaddafi) 대통령이 시민군에 잡혀 비참한 최후를 맞았다.

하지만, 이들 시위에 참여한 각국의 이슬람주의 세력은 순수 민중들과 달리 그들의 정치적 목적이 전제됐다. 자신들을 탄압하던 장기집권 세력을 몰아내고 이슬람 국가를 세우겠다는 게 그들의 목표였다. 이집트가 그 대표적인 사례였다. 무바라크 대통령이 축출된 뒤 곧바로 집권한 세력이 바로 오랫동안 대중정당으로 위장해온 무슬림형제단이었다. 그리고 이를 통해 국정을 장악한 이가 모르시 대통령이었다.

한국의 지식 정보 사이트 〈나무위키〉(namu.wiki)는 무슬림형제단에 대해 '이집트와 시리아를 중심으로 활동하고 범아랍권에 퍼져 있는 이슬람 근본주의 정치 조직, 정당'이라는 설명과 함께 '500만~1000만 명에 이르는 회원 수를 가진 세계 최대이자 가장 역사가 오래된 이슬람주의 단체이며 사우디아라비아의 와하브파와 함께 현대 이슬람 근본주의 세력들의 모태라 볼 수 있다'고 부연하고 있다. 다음은 이와 관련된 〈나무위키〉의 구체적인 서술로, 이집트의 당시 상황을 이해하기 위해서라도 이 부분을 꼼꼼하게 읽고 넘어가야 한다.

> 무슬림형제단의 첫 번째 목표는 이슬람의 샤리아(Sharia, 이슬람 율법)를 국가와 사회의 모든 방면의 기초로 삼는 것이고, 둘째는 주로 아랍 국가들인 이슬람 국가들을 통합하고, 이들을 외부 제국주의로부터 해방시키는 것이다.

이들이 창설 이래 수십 년 만에 정계에 진출해 집권한 이집트에서의 2011년~2013년간의 통치를 보면 소위 '온건 이슬람 정당'이라고 언론플레이를 하던 이들의 본모습을 알 수 있는데, 무함마드 모르시를 필두로 권력을 잡자마자 샤리아를 이집트 헌법보다 우위에 두었고, 샤리아를 기준으로 삼아 자유주의 탄압, 언론탄압, 여성 차별, 현대식 교육 제재, 타 종교 차별 정책을 실시하였다.

게다가 이들은 오랜 시간 동안 이슬람과 공존해 왔고 2011년 이집트 혁명에서도 이슬람 세력과 연대해 함께 시위에 나서 호스니 무바라크를 끌어내리는 데 공을 세운 콥트정교회 등 이집트 토착 기독교인들을 뒤통수쳤다. 결국, 이러한 행보 때문에 이집트의 세속적인 국민들과 기독교, 특히 아랍민족주의, 세속주의의 보루라고 할 수 있는 군부의 큰 반발을 사게 되었다.

한국 지식 정보 사이트 〈나무위키〉(namu.wiki)

이와 관련, 한국 진보언론을 대표하는 〈경향신문〉은 2014년 2월 11일 자에서 '정치 불안, 경제문제와 함께 시민 혁명 후 이집트의 발목을 잡는 결정적 변수가 있다면 "이슬람주의"다. 카이로 거리에서 만난 사람들은 이구동성으로 이슬람주의와 무슬림형제단에 반대한다고 말하고, 형제단이 내세운 정치인인 무함마드 모르시가 대통령 자리에서 쫓겨난 것이 당연하다고 한다'는 내용을 카이로 현지 르포로 보도한 바 있다. 그러면서 신문은 '미국 등 서방은 이집트의 민주화가 후퇴하더라도 군부가 이슬람주의를 막아주길 기대하고 있다. 힘겹게 싹을 틔운 민주주의는 이슬람주의와의 싸움에 자리를 내줘야 할 처지가 됐다'는 안타까움

2011년 2월 11일, 무바라크가 축출되자 이집트는 군 최고위원회(SCAF) 체제로 전환됐다. 모하메드후세인탄타위(Mohamed Hussein Tantawi) 군 최고위원회 의장이 주관한 SCAF 회의 모습

을 표하기도 했다.

이렇듯 이슬람 종교와 거리가 먼 한국에서도 무슬림형제단에 대한 인식은 대단히 좋지 않다. 그것도 이념적 스펙트럼이 넓은 진보 언론조차 '이슬람 극단주의자들은 세계 평화를 해치는 위험 요소'라는 인식이다. 그런 점에서 그들의 활동 공간이 합법적으로 넓어졌던 2011~2013년의 이집트는 분명 '아랍의 봄'이 아니었다. 그렇기에 일부에선 '이슬람주의의 봄'이라는 비아냥도 쏟아졌고, '아랍의 겨울'이라는 신조어도 생겨났다.

'이집트의 봄', 무슬림형제단 축출

2011년 2월 11일, 무바라크가 축출되자 이집트는 군 최고위원회(SCAF) 체제로 전환됐다. 한시적인 정국 운영과 향후 대선 관리를 맡게 될 임시 조직이었다. 이때 군사정보 및 정찰 국장 자리에 있던 알시시가 이 조직의 최연소 위원으로 임명됐다. 이것이 그가 정치판과 인연을 맺은 첫 계기였다.

이후 해를 넘겨 대통령 선거가 치러졌다. 2012년 6월 16~17일 진행된 대선 투표에서 51.7%의 지지율로 모르시가 당선됐다. 투표율은 51.8%였다. 그는 1975년 카이로대학교 재료공학과를 졸업한 뒤 미국으로 건너가 미국 서던 캘리포니아 대학(University of Southern California)에서 박사 학위를 받았다. 그리고 미국에서 잠시 조교수 등을 지내다 1985년 이집트로 돌아와 자가지그대학(Zagazig University)에서 교수 생활을 했던 인물이다. 1991년 무슬림형제단에 가입해 정치인으로 변신한 그는 2000년부터 2005년까지 무슬림형제단 소속으로 국회의원을 지내기도 했다.

그의 대통령 당선으로 이슬람 근본주의자들의 활동 공간이 넓어졌다. 그럼으로써 여성 인권이 훼손되기 시작했고, 콥트 정교도에 대한 탄압이 반복됐다. 또 장관 5명, 대통령실 8명, 주지사 7명, 시장 12명 등 다수의 주요 국가 기관을 무슬림형제단이 장악했다. 이 과정에서 알시시를 국방부 장관 겸 군 총사령관으로 임명해 알시시가 무슬림형제단 소속이란 오해의 소지를 낳기도 했다. 여러 기록에 따르면, 모르시 대통령이 알시시의 깊은 신앙심을 높이 평가해 당시 그를 신임 국방장관에 앉힌 것으로 알려졌다.

이처럼 이슬람주의 색채가 짙어지는 가운데 국제 언론들은 이를 염려했다. 한국 뉴스통신사 〈뉴시스〉도 '2013년 주목할 일' 신년 특집에서 '중동의 맹주 이집트, 신정국가로 변신하나?'라는 제목의 기사를 게재했다. 1월 2일 자로 보도된 이 기사는 '애초 "아랍의 봄"을 성공적으로 맞이했다는 평가를 받았던 이집트의 미래가 불투명하다'면서 '모르시 대통령이 내정에서 자신의 권한을 강화하는 헌법 선언문을 발표했다. 사법부의 의회 해산권을 제한하고 대통령의 법령과 선언문이 최종 효력을 갖는다는 내용을 담은 헌법 선언문을 둘러싸고 이슬람주의자와 세속주의자 간 찬반양론과 대규모 시위가 벌어졌다'는 내용을 담고 있다.

이 통신은 또 '야권 정치인과 자유·사회주의 세력, 기독교 신자, 세속적 이슬람 신자 등으로 구성된 이집트 범야권 단체인 "구국전선"은 야권 인사 참여 없이 이슬람주의자들만 참여해 이슬람 율법 〈샤리아〉를 토대로 헌법 초안을 작성했다며 모르시 대통령을 지지하는 무슬림형제단이 새 헌법을 통해 이슬람 근본주의 세력인 살라피스트와 함께 이집트를 이슬람 신정국가로 만들어 여성, 야당, 소수 종교인의 기본권을 침해할 것이라며 새 헌법 초안에 강하게 반대했다'고 덧붙였다.

이 기사가 전한 대로 친이슬람주의를 표방하는 모르시 대통령의 성급한 헌법 개정이 결국은 이집트를 다시 요동치게 만든 핵심 뇌관이 됐다. 이 헌법 초안은 ▲이슬람 율법 〈샤리아〉를 국가의 원칙으로 삼는다 ▲사법부의 의회 해산권 폐지 ▲대통령령 및 대통령 선언 강화 등이 핵심 골자였다. 특히 대통령령은 어떤 기관도 폐지할 수 있다는 단서 조항까지 붙어 이집트 야당과 국민의 거센 반발을 샀다.

국민투표를 통해 63%의 득표율로 2012년 12월 26일, 이 신헌법이 최종 승인됐다. 하지만 야당과 모르시를 반대하는 국민들은 투표 과정 자체가 부정선거였다며 이를 완강히 거부했다. 이들은 다시 거리로 쏟아져 나왔다. 그리고 이 소요 사태는 2013년 상반기 내내 이어지며 이집트의 정국 상황을 시계(視界) 제로로 만들었다. 모르시 지지자들과 반대파들 모두 각자의 진영대로 광장에 모여 무바라크 퇴진을 촉구하던 2011년 1월 상황을 재연했다.

모든 기능이 멈춰버린 상황에서 결국은 군부가 나서 이 사태를 해결하고자 했다. 그 중심에서 알시시 국방장관이 많은 역할을 했다. 모르시 대통령 및 갈등 당사자들과 만나 양자 간의 적극적인 대화를 모색하는 등 그의 이 시기 행보는 이집트 국민들에게 좋은 인상을 남겼다. 하지만 결과는 좋지 않은 방향으로 흘러갔다. 모르시의 양보 없는 원칙 고수가 문제였다. 상황은 시시각각 최악으로 내몰렸다. 앞서 언급한 미국 〈CBS〉 방송의 보도대로 2013년 6월 30일, 사상 최대 규모의 군중 집회가 카이로의 밤하늘을 두 쪽으로 갈라놨다.

대규모 집회 이튿날인 7월 1일, 군부를 대표한 알시시 국방장관이 모르시 정권과 반모르시 시위대에 "48시간 이내에 대화를 통한 해결책을 찾으라"고 최후통첩했다. 하지만 상황은 더욱 요동쳤고, 해결 가능성은 점점 멀어만 갔다. 이 역시 모르시의 불통이 문제였다. 결국 7월 3

2011년부터 2년 동안의 이집트 격변기를 소재로 만든 이집트 드라마 〈선택〉의 한 장면으로, 알시시 국방장관의 배역과 모르시 대통령의 배역이 당시 상황을 재현한 모습.

일, 알시시 장관은 TV 연설을 통해 "모르시 대통령의 권한을 박탈한다. 현행 헌법의 효력을 정지시키고 새로운 내각을 구성할 예정이며, 아들리 만수르(Adly Mansour) 최고헌법재판소장이 과도기 임시 정부 대통령을 맡아 대선과 총선을 다시 치르고, 청년 단체가 포함되는 국민화해위원회를 구성할 계획"이라는 메가톤급 발표문을 낭독했다.

이날 중대 발표 현장에는 범야권 그룹 "구국전선"의 알바라데이(Mohamed Al Baradei) 전 국제원자력기구 사무총장과 이집트 최고 종교 기관 알아즈하르(Al Azhar) 수장인 알타이예브(Ahmed Al Tayyeb) 대이맘, 이집트 콥트교의 교황 타와드로스 2세(Pope Tawadros II) 등, 각계 직능 대표들이 참석했다.

이와 관련 외신들은 일제히 '군부가 모르시 축출을 발표하자 카이로 타흐리르(Tahrir) 광장에서는 환호와 축포가 터졌다. 반정부 시위대는 알시시 국방장관의 이름을 연호했고, 카이로 시내 곳곳에서는 차량 경적을 울리며 군부의 개입을 환영했다'고 보도했다. 그러면서 이는 곧 '이집트의 봄'이라고 논평했다.

외신들은 또 이날 보도에서 '이집트 군부의 발표와 관련 친정부 시위대가 군부의 발표에 항의했다'는 소식도 곁들였다. 그러면서 '무슬림형제단 등 모르시 지지파의 세력도 만만치 않아, 중동 정치의 핵심인 이집트는 시계 제로의 불투명한 위기 상황으로 들어설 가능성이 커졌다'고 분석했다. 따라서 이 시기의 모든 향후 과제들은 정치에 다시 개입한 이집트 군부와 알시시 국방장관의 몫으로 남게 됐다. 특히 알시시의 어깨가 점점 무거워지는 2013년 '이집트의 봄'이었다.

고독한 결단

모르시 정권의 몰락과 함께 이집트는 격랑에 휩싸였다. 무슬림형제단을 중심으로 연일 모르시 지지자들의 극렬 시위가 전국을 뒤덮었다. 모르시 축출 직후인 7월 6일, 수도 카이로 등 전국 곳곳에서 시위가 벌어져 30여 명이 사망했다. 또 8일엔 모르시 지지 시위대가 카이로 공화국수비대를 위협하다 경찰의 발포로 50여 명이 사망했다. 그리고 19일엔 이집트 전역에서 수만 명의 군부 반대 시위가 있었고, 8월 2일에도 무슬림형제단이 주최한 대규모 집회가 펼쳐졌다.

이어 8월 중순에는 모르시 지지자들이 콥트교회 수십 곳을 습격하는 사건까지 발생했다. 이와 관련 한국의 기독교계 언론 〈CBS 노컷뉴스〉는 8월 18일 자 보도에서 '모르시 전 대통령 지지자들과 무슬림형제단들이 이집트 군부의 강경 진압에 반발해 고대 기독교 분파인 콥트교회

2013년 7월 3일, 알시시 국방장관이 텔레비전 생중계를 통해 모르시 대통령의 퇴진을 결정한 군부의 향후 로드맵을 발표하는 모습.

와 콥트교도의 주택, 사업장 등 60여 곳에 불을 지르거나 약탈을 하는 등 습격이 크게 늘고 있다'고 밝혔다.

이 언론은 또 '모르시 지지자들이 카이로의 한 콥트교 학교에 불을 질러 이 학교가 불에 탔고, 이 학교에서 일하던 여성 2명은 달아나다 모르시 지지자들에게 성폭행을 당한 것으로 전해졌으며, 가톨릭 학교와 기독교인이 운영하는 고아원도 방화 피해를 입었다'고 덧붙였다.

이와 관련 이 언론은 '콥트교인들이 군부 편을 들고, 콥트교 교황인 타와드로스 2세가 압델 파타 알시시 국방장관의 모르시 축출 선언 자리에 참석하는 등, 콥트교인들이 정치적으로 부적절한 역할을 했다는 게 모르시 지지자들의 주장'이라면서 '모르시 지지자들과 콥트교도들 간의 갈등이 계속되며 종교 분쟁으로 비화될 조짐을 보이고 있다'고 우려했다.

이 같은 사건들이 이어지며 이집트 국민은 대단히 초조했다. 이웃 나라 리비아는 2011년 카다피가 물러난 이후 여전히 분파 간 갈등이 계속되며 내전 가능성까지 점쳐졌다. 또 시리아는 2011년 시작된 내전으로 국가 전체가 총체적 위기였고, 예멘 역시 2011년 시위 여파로 살레(Ali Abdullah Saleh) 대통령이 퇴진한 이래 후티(Huthi) 반군의 위세가 점차 커지고 있어 '중동의 또 다른 화약고'로 부상하던 시기였다.

이집트는 설상가상으로 국내적으로도 큰 시련을 겪는 중이었다. 시나이반도 이슬람 무장 세력들이 새로운 골칫거리였다. 그들의 연이은 테러로 국가적 불안이 가중됐다. 이 시기 시나이반도는 치안 부재 상태였다. 2011년 이후 두 차례나 이어진 권력 공백 탓이었다. 그 기회를 틈탄 주변 지역 이슬람 무장 세력들이 이곳으로 집결해 대형 테러 조직으로 세를 넓혀 갔다.

그 과정에서 ▲2011년 2월, 이집트-이스라엘 가스관 절단 테러 ▲7월, 알아리시(Al Arish) 경찰서 공격 ▲8월, 이스라엘 잠입 테러 ▲2012년 8월, 이집트군과 무장세력의 알아리시 교전(이집트군 20여 명과 무장세력 8명 사망) ▲2013년 7월, 알아리시 차량 폭탄 테러(이집트 시민 3명 사망) ▲8월, 라파 국경지대 테러(무장세력의 경찰버스 수류탄 공격으로 경찰관 25명 사망) 등등, 여러 테러 범죄가 잇따라 일어나 시나이반도의 이슬람 무장세력은 이 시기 국제적으로도 위협적인 존재였다.

이집트 국민 모두는 이 같은 불안 여건에서 벗어나 하루빨리 국가가 안정되기를 열망했다. 무슬림형제단과 시나이반도 무장세력들이 연대해 이집트에 IS 국가를 세우려 한다는 소문까지 나돌았다. 과거 이라크 지역에서 활동했던 IS 국제 테러 조직이 이미 시나이반도를 장악했다는 우려들도 제기됐다.

"두려워서 못 살겠어. 믿을 데라곤 군대밖에 없어."

"나도 같은 생각이야. 군이 나서줘야 나라 꼴이 잡히겠어."

상황이 악화되며 일부 국민들은 다시 군에 기대고 싶은 열망을 표출했다. 물론 다수는 여전히 군의 정치개입을 반대했다. 하지만 모르시 지지자들의 결집과 무슬림형제단의 과격 시위가 반복되며 군을 지지하는 목소리가 점차 높아졌다. 그러면서 알시시를 원하는 국민들이 하나둘 늘어갔고, 서방세계와 아랍 · 중동권도 알시시의 일거수일투족에 비상한 관심을 갖게 됐다.

알시시, 대국민 첫 목소리

2013년 7월 16일, 모르시 축출 이후 과도정부의 첫 임시 내각이 꾸려졌다. 이날 외신들은 '이집트 과도정부가 16일 카이로 대통령궁에서 하젬알베블라위(Hazem Al Beblawi) 총리를 비롯한 35명의 각료 취임 선서식을 열고 새 내각의 공식 출범을 알렸다'고 보도했다. 그러면서 '이번 새 내각은 모르시 대통령의 축출을 이끈 자유 · 세속주의 인사들 중심으로 꾸려졌으며 여성과 기독교인 등 과거 모르시 집권 시절 배척됐던 소수 세력이 문화, 보건, 환경장관 등의 보직에 올랐다'고 보도했다.

외신들은 또 '이날 내각 인선에서 압델 파타 알시시 국방장관이 제1부총리를 겸직하게 됐다'고 전하면서 '알시시 부총리는 이집트 국민들

이집트 시나이반도 연쇄 테러 사건은 국내 언론들에도 비중 있게 보도됐다. 이를 방송한 〈연합뉴스TV〉 화면 캡쳐.

로부터 폭넓은 지지를 받는 유력한 차기 대선 주자 중 한 사람'이라고 덧붙였다. 외신들은 이와 관련 '이집트 국민들은 2011년 무바라크 정권의 퇴출로 군부가 정치권과 인연을 맺는 계기는 없을 것이라고 기대해 왔지만, 국내외적인 불안 요인이 가중되며 그래도 믿을 건 군뿐이라는 여론이 확산되고 있는 것 같다'는 현지 분위기도 곁들였다.

임시 정부의 부총리를 맡은 알시시는 내각 개편 일주일 뒤(7. 24) 공식적인 첫 대국민 연설을 했다. 얼마 전 모르시 대통령의 축출 발표 기자회견으로 친숙해진 알시시의 등장에 국민들은 친근감을 나타냈다.

알시시는 이날 이집트 국영TV로 생중계된 연설에서 "테러와 폭력에 맞설 권한을 달라"고 호소했다. 사관후보생 졸업식 축사 형식을 빌려 국민 앞에 선 알시시는 "폭력과 잠재적 테러리즘에 맞설 권한과 지위를 과도정부에 부여하기 위한 집회가 오는 금요일(7. 26) 열릴 예정이니 군과 정부를 믿는 많은 이집트인들이 그 집회에 꼭 참석해 주기 바란다"는 말도 했다. 즉, 군과 경찰, 과도정부를 지지하는 시위에 참여해 줄 것을 촉구한 대국민 호소였다.

알시시의 이 같은 강경 발언에는 대국민 연설 하루 전 이집트 북부 나일 델타 다칼리야주의 주도인 만수라시(Mansoura, Dakahlia Governorate)에서 발생한 폭탄 테러가 큰 영향을 미쳤다. 무장 테러 조직이 만수라시 경찰서를 공격해 경찰관 1명이 숨지고 28명이 부상하는 참사였다. 또 같은 날 카이로 타흐리르 광장에서 발생한 양측 시위대의 충돌로 3명이 목숨을 잃고, 44명이 다친 사건도 그가 이날 강경 연설에 나선 배경으로 작용했다.

그로부터 20일 뒤, 알시시를 포함한 이집트 과도정부는 가장 길고, 어둡고, 무겁고, 가슴 아픈 시간과 마주했다. 8월 14일부터 나흘 동안 카이로의 라바 광장(Rabaa Square)과 나흐다 광장(Nahda Square)에서 대규모 시위가 이어졌다. 이 시위대를 해산하는 과정에서 군경의 강경 진압으로 1천여 명의 사망자가 발생했다. 이른바 '라바 사태'였다.

7월 3일, 모르시가 축출된 뒤 그의 지지 세력들이 라바 광장과 나흐다 광장으로 집결해 45일 동안 농성을 이어갔다. 군부와 경찰은 이들에게 여러 차례 해산 명령을 내리며 불응에 대비한 강경 대응을 준비했다. 그러던 중 마침내 이날 발포 명령을 내렸고, 이로 인한 대형 참사가 빚어지자 이집트는 국제사회로부터 비난 여론에 직면했다. 또 과도정부 내부적으로도 군경의 강경 진압에 불만을 표한 엘바라데이(Muhammad Mustafa ElBaradei) 부통령이 사임하는 등 한순간 큰 진통을 겪었다.

그러나 이 같은 여러 난관 속에서도 과도정부는 헌법 개정과 대선, 총선 준비 과정에 집중했다. 먼저 헌법 개정을 위한 국민투표가 2014년 1

월로 예정됐고, 같은 해 5월 대통령 선거와 그 이후 치러질 총선 등, 여러 굵직한 일정들이 하나하나 확정됐다. 또 집권 프로세스를 위한 대선 후보 확정도 이 시기 매우 중요한 과제였다. 그때마다 이집트 언론들은 알시시의 이름을 거론하며 그의 의중을 떠보느라 분주했다.

타임지 '올해의 인물' 독자 투표 1위 기록

말 그대로 다사다난했던 2013년 한 해가 저물고 있었다. 어느덧 12월이었다. 12월 5일 저녁 쌀쌀한 날씨 속에서 종종걸음으로 퇴근길을 서두르던 카이로 시민들은 반가운 소식 하나를 접했다. 이집트 관영통신 〈메나〉(MENA)발 뉴스였다.

통신은 이날 자 기사를 통해 '알시시 국방장관이 미국 시사주간지 〈타임〉이 진행하는 '올해의 인물'(person of the year) 선정투표에서 선두를 달리고 있다'고 보도했다. 그러면서 '타임이 독자들을 대상으로 2013년 한 해 동안 세계에서 가장 영향력 있는 인물을 고르는 이벤트를 진행 중인 가운데, 이 독자 투표에서 알시시 장관이 26.2%를 득표해 1위에 올랐다'고 보도하며 '20.8%를 득표한 에르도안(Recep Tayyip Erdogan) 터키 총리와 16.3%를 확보한 미국 팝가수 마일리 사이러스(Miley Cyrus)가 그 뒤를 좇고 있다'고 덧붙였다.

통신은 또 '〈타임지〉는 매년 독자들이 굿 뉴스든 배드 뉴스든 한 해 동안 제일 많은 영향을 끼쳤다고 생각하는 인물에 투표할 수 있는 흥미

모르시 대통령이 축출된 뒤 이집트는 헌법재판소장인 아들리만수르(Adly Mansour) 임시 대통령 체제로 전환됐다. 사진은 만수르 임시 대통령이 여러 정파 대표들과 회의하는 모습.

로운 기회를 제공해 왔다'면서 '이 잡지는 내일(6일) 독자가 투표로 선택한 인물을 공식 발표할 예정이며, 11일에는 편집이사회가 신년호 표지를 장식할 '올해의 인물'을 뽑아 최종 공표할 예정'이라고 소개했다.

이 소식은 〈타임지〉(TIME)가 국내외 언론사들에 직접 배포한 공식 보도자료였다. 따라서 전 세계 언론이 이를 받아 기사화했고, 알시시는 예기치 않게 이날 국제뉴스의 스포트라이트를 받게 된 셈이었다. 그럼으로써 '모르시와 무슬림형제단을 축출한 이집트 군부의 대표적 인물'이란 수식어를 다시 한 번 세계 시민들과 공유하게 됐다.

이를 통해 이집트 국민은 자신들이 겪었던 지난 한 해 동안의 아픈 기억을 떠올리면서도 알시시에 대한 국제사회의 관심을 흥미롭게 지켜봤다. 그러면서 차제에 알시시가 타임지 신년호 표지까지 장식하면 좋겠다고 생각했다. 하지만 아쉽게도 그들의 기대와 달리 그해 주인공은 서아프리카에서 활동해온 '에볼라 치료 의료진'(The Ebola Fighters)에게 돌아갔다.

어느 국가 언론이든 매년 연말이면 한 해를 정리하는 기사들을 쏟아낸다. 이집트 언론들도 2013년 연말을 맞아 지난 1년 동안의 주요 토픽들을 사진과 함께 게재했다. 여기에는 당연 모르시 대통령의 축출 관련 기사들이 으뜸을 차지했고, 시나이반도를 비롯한 전국 주요 도시의 테러 사건들도 가지런히 정리됐다. 또 이집트 내 종교 분쟁과 사회 갈등의 주요 원인으로 지목된 무슬림형제단에 강경 대응하는 과도정부의 발빠른 행보들도 연말 기획기사의 주요 소재였다.

신문들은 우선 카이로 긴급재판소가 무슬림형제단의 활동을 전면 금지시키고 자산 몰수를 명령했던 2013년 9월 23일의 재판 결과를 중요한 사건으로 언급했다. 이는 무슬림형제단의 2014년 총선 참여를 근본적으로 막은 조치였다. 이 재판 결과 자금줄이 모두 끊긴 무슬림형제단은 존폐기로에 서게 됐다. 재판 과정을 지켜본 외신들은 당시 기사에서 '카이로 긴급재판소의 이번 판결은 무슬림형제단을 완전 해체하기로 결정한 과도정부의 시작일 뿐'이라고 분석한 바 있다.

2013년 한 해를 결산하는 기사 중엔 11월 4일에 있었던 모르시 전 대통령의 첫 재판도 비중 있게 재조명됐다. 검찰이 모르시에게 적용한 범죄 혐의는 일단 두 가지였다. 2012년 12월, 대통령궁 앞에서 모르시 지지파와 반대파 간 충돌로 7명이 목숨을 잃을 당시 평화 시위 참가자에 대한 '살인과 폭력을 교사한 행위'가 그 첫 번째 혐의였다. 그리고 2011년, 대규모 시위로 정부 기능이 마비된 상태에서 팔레스타인 무장정파 하마스의 도움을 받아 '교도소를 탈옥한 행위'가 두 번째 혐의였다.(참고로, 추후 이 혐의에는 간첩죄가 추가된다. 이집트 검찰은 2014년 9월, 모르시 전 대통령이 집권 기간 중 병력 배치에 관한 정보 등 중요 기밀 문건을 카타르 정보기관에 넘겼다는 사실을 밝혀냈다면서 이는 이집트 역사상 가장 큰 반역죄이자 간첩 사건이라고 강조했다.)

첫 재판에서 모르시는 "나는 여전히 정통성을 지닌 이집트 대통령"이라는 주장과 함께 "이 법정에 설 사람은 내가 아니라 내 권력을 찬탈한 군부 쿠데타 세력"이라고 반박하며 재판을 거부했다. 또 모르시와 함께 법정에 섰던 무슬림형제단 피고인들이 모르시 지지 구호를 외쳐 한때 재판이 중단되기도 했다. 이날 그의 재판이 진행된 카이로 경찰학교 법정은 2011년 시민봉기로 축출된 무바라크 전 대통령이 재판을 받았던 곳과 같은 장소이기도 해서 이를 지켜보는 이집트 국민들의 심정은 마냥 착잡하기만 했다.

이집트 언론들의 2013년 1년 결산 시리즈 마지막 꼭지는 12월 25일, 과도정부가 발표한 '무슬림형제단의 테러조직 공식 선언' 기사였다. 이날 호삼이사(Hossam Eisa) 부총리 겸 고등교육부 장관은 "무슬림형제단과 그 관련 조직들을 테러 조직으로 지정했다"면서 "이에 따라 현재 무슬림형제단에 소속돼 있거나 이 조직에 재정 지원을 하는 자들과 향후 그 활동을 조장하는 사람들은 모두 강력한 처벌을 받게 된다"는 특별 성명을 발표했다.

다사다난했던 2013년 한 해가 저물고 있었다. 1년 내내 시위로 몸살을 앓았던 국립카이로대학 너머로 뉘엿뉘엿 해가 지고 있다.

같은 날 이집트 경찰 당국도 "시위를 포함한 무슬림형제단의 모든 활동이 금지되는 것은 물론, 직간접적으로 조직에 참여한 사람들도 최대 5년의 징역형을 선고받게 된다"고 밝히면서 "어제(24일) 있었던 다카리야주 만수라 경찰청사 차량 폭탄 공격으로 15명이 숨지고 100여 명의 부상자가 발행한 사건도 무슬림형제단이 저지른 끔찍한 소행 중 하나"라고 덧붙였다.

이와 관련, 이슬람 근본주의 세력을 불편하게 바라보던 이집트 국민들과 콥트 정교회는 즉각 환영했다. 그러면서 국민들은 군부가 더 적극적으로 나서 2014년부터는 테러 사태가 근절된 안전한 사회로 이끌어 주기를 열망했다.

이 시기 이집트 국민 대다수는 전국에서 벌어지는 각종 테러 사건이 무슬림형제단과 깊이 연관돼 있다고 믿는 중이었다. 그리고 그들 형제단이 어떤 식으로든 국제 이슬람 무장단체들과 깊이 연계됐을 것이란 합리적 의심을 갖는 사람들도 다수였다. 따라서 과도정부의 이 같은 '무슬림형제단=테러 조직' 선언은 2013년 연말을 맞은 이집트 국민들에게 일종의 '송년 선물'이 되었다.

알라 뜻대로, 국민 뜻 따라

이집트의 2014년 새해는 개헌 이야기로 시작됐다. 모르시 집권 시기에 제정됐던 헌법에서 이슬람 근본주의 색채를 없애는 게 개정헌법의 골자였다. 또 국가 안전과 사회 안정을 위한 군부 권한 강화도 개정헌법에 포함됐다. 이를 위해 헌법개정위원회는 헌법 초안을 만들면서 특정 종교에 기반한 정당 결성이 불가하며, 이집트 최고 이슬람 기관인 알아즈하르의 역할도 제한했다. 또 군사시설이나 군인을 향한 민간인 폭력 행위자도 군법으로 다스릴 수 있다는 조항을 추가했다.

이 개정헌법은 새해 1월 14일과 15일 치러진 국민투표에서 98% 이상의 찬성표를 얻으며 무난히 통과됐다. 다만 정치에 염증을 느낀 유권자들의 참여가 저조해 투표율은 38.6%에 불과했다. 그러나 투표율에 상관없이 전체 투표자 중 절반 이상이 동의하면 통과된다는 선관위 기준에 따라 이를 기초로 한 대선과 총선이 가능하게 됐다.

개정헌법까지 통과되자 이집트 정국은 곧장 선거철로 들어섰다. 그

중 최대 관심사는 알시시 국방장관 겸 부총리의 대선 출마 여부였다. 이집트 국민들의 비상한 관심과 달리 알시시는 여전히 신중했다. 이 과정에서 관영 언론 〈알아흐람〉이 1월 11일 자 기사를 통해 '알시시 장관이 일부 관리들과의 회의에서 대중의 요구와 군부 위임이 있어야 출마가 가능하다고 말했다'는 소식을 전함으로써 그를 지지하는 이집트 국민들에게 일말의 기대감을 안기기도 했다.

이 같은 상황에서 1월 21일, 카이로에서는 이색적인 시위가 열려 언론들의 높은 관심을 샀다. '카이로 시민 수천 명, 알시시에 대선 출마 요구'라는 제목의 이날 자 기사를 통해 언론들은 '압델 파타 알시시 국방장관의 대선 출마를 촉구하는 대규모 집회가 수도 카이로에서 열렸다'면서 '이 자리에는 아흐메드가말알딘(Ahmed Gamal Al Din) 전 내무장관과 콥트교 사제, 무슬림 성직자 등 종교계 인사들도 다수 참석했다'고 보도했다.

언론들은 또 이날 시위 분위기를 전하면서 '당신의 훌륭한 일을 완수하라'는 슬로건을 내건 시위대가 '알시시는 우리의 대통령'이라는 구호를 외쳤다고 보도했고, 일부 언론은 '시위 참석자 중 상당수가 알시시만이 무슬림형제단으로부터 나라를 지켜줄 수 있는 유일한 대안이라는 인식들이 강했다'면서 '나세르 대통령의 사임 발표 철회를 요청하며 벌어졌던 1967년의 대규모 집회가 연상된 이날 시위로 알시시가 이달 초 국민의 요구와 군부 위임이 있어야 출마를 결심할 수 있다고 언급했던 두 가지 과제 중 하나가 해결된 셈'이라고 논평했다.

이후 2월엔 푸틴 러시아 대통령이 공개적으로 알시시 장관의 대선 출마를 지지한다고 선언해 국제적인 이목을 끌었다. 푸틴 대통령의 이 같은 발언은 2월 13일, 알시시가 국방장관 자격으로 러시아를 방문 중인 가운데 나왔다. 따라서 일부 성급한 외신들은 1970년대 사다트 정권 이후 오랫동안 소원했던 이집트와 러시아가 다시 밀월 관계로 들어선 게 아니냐는 분석을 내놓기도 했다.

대선 시계는 째깍째깍 초침을 다퉜다. 이집트 선관위는 알시시가 대선에 나가려면 60일 전에 군복을 벗어야 출마 자격이 주어진다는 유권해석을 흘렸다. 그러나 알시시는 여전히 침묵했다. 카이로 외교가에서는 군부 원로들이 알시시를 설득 중이라는 소문이 나돌았다. 또 콥트정교회 신자들이 그의 출마를 기원하는 합심 기도에 나섰다는 이야기도 회자됐다. 그리고 일부에서는 신심 깊은 알시시와 그의 어머니가 하늘의 뜻을 기다리고 있다는 미확인 풍문들도 떠돌았다.

이 와중에 시나이반도에서 또다시 대형 테러 사건이 터져 전 세계가 요동쳤다. 이 사건은 특히 한국인을 상대로 했던 폭탄 테러라 이집트 상황을 잘 모르던 한국인들에게도 충격 여파가 대단했다.

이와 관련 〈연합뉴스〉 카이로 지국은 2014년 2월 16일, '이집트 버스 폭탄 테러로 한국인 3명 사망, 14명 부상'이란 속보를 긴급 타전했다. 기사는 이어 '이집트 동북부 시나이반도 타바에서 16일(현지시간) 한국인들이 탑승한 관광버스를 상대로 한 폭탄 테러가 발생해 우리 국민 3명이 사망하고 14명이 부상했다'면서 '테러를 당한 버스에는 충북 진천 중앙장로교회 소속 성지순례 관광객 31명과 가이드 2명 등 한국인 33명과 이집트인 2명(운전기사 1명, 가이드 1명) 등 모두 35명이 타고 있었다'고

2014년 2월 17일, 이집트 시나이반도로 성지 순례를 떠났던 한국 교회 신도들이 현지에서 폭탄 테러를 당했다. 이 사건을 〈YTN〉이 긴급 속보로 전하고 있다.

보도했다.

이 통신은 또 '이번 테러 사건과 관련해 과격 이슬람주의자들의 소행 가능성이 제기되고 있다'면서 '과격 이슬람 단체인 〈안사르 베이트 알 마끄디스〉(Ansar Bait Al Maqdis, 성지를 지키는 사람들)는 이집트 동북부 시나이반도에서 발생한 한국인 관광버스 테러 사건을 자신들이 저질렀다고 주장했다고 이스라엘의 〈더 타임스 오브 이스라엘〉(The Times of Israel) 이 보도했다'는 내용도 곁들였다.

이 테러 사건은 '권력 공백, 치안 부재 이집트'의 부끄러운 민낯을 국제사회에 널리 알린 대형 참사였다. 반기문 유엔 사무총장까지 나서 대변인 성명을 통해 "3명의 한국인 관광객을 포함한 사망자와 다수의 부상자를 낸 시나이반도 테러 공격을 강력 규탄한다"고 했고, 〈AP통신〉 등 외신들은 '이번 테러는 2006년 이집트 시나이반도 남부 지역에서 발생했던 테러로 120명이 희생된 이후 처음 일어난 관광객 대상 테러'라고 보도했다.

이집트 과도정부는 국제사회의 이 같은 분노를 바라보며 깊은 당혹감에 휩싸였다. 그러면서 국가 재정 수입의 15%를 차지하는 관광산업의 위축을 염려하며, 테러 근절만이 국가 경제를 살리는 유일한 길이라는 데 뜻을 함께했다. 여론도 테러와의 전쟁에 모든 걸 걸겠다는 과도정부의 결기를 지지했다. 그러려면 무엇보다 강력한 힘이 필요했고, 그 힘은 군대로부터 나온다는 걸 국민 대다수가 공감했다. 이 과정에서 국민들은 또다시 알시시의 대선 출마를 강력히 촉구했다.

그럴수록 알시시의 고민은 깊어졌다. 그렇지 않아도 2014년 들어서도 테러 사태가 끊이지 않아 고심 중이었다. 1월 24일, 무장 테러 조직의 카이로 연쇄 폭탄 공격으로 65명 이상의 사상자가 발생했다. 이어 1월 28일엔 내무부 고위 간부가 자택을 나서다 무장 괴한의 총격으로 암살당하는 사태까지 빚어졌다. 그런데 그 충격이 가라앉기도 전에 또다시 시나이반도 테러 사태로 국제적인 망신을 사게 됐다.

"군복을 벗겠습니다."

그는 마침내 군 원로들과 과도정부 내각에 출사표를 던지기로 다짐했다.

"군복을 벗더라도 어떤 두려움과 공포도 없이 우리 위대한 이집트를 위해 저들과 매일 싸울 것입니다. 저는 내 조국의 자랑스러운 군인으로서 국가의 희망과 열망을 위해 평생을 바쳐 왔습니다. 앞으로도 그럴 것입니다."

알시시의 인생 최대 변곡점은 그렇게 결정됐다. 그리고 그는 군 원로들과 과도정부 내각에 했던 약속을 출마 선언문에 담고자 했다.

그로부터 한 달 뒤인 2014년 3월 26일, TV 연설을 통해 출마 선언문을 낭독했다. 그가 어떤 결기로 출마 결단을 내렸는지, 그리고 어떤 희망을 품었는지, 조국의 밝은 미래를 위해 어떤 고민과 어떤 실행을 꿈꿨는지, 또 그가 꿈꾼 미래 이집트는 어떤 국가인지, 이 모든 것을 이해하고자 한다면, 그가 알라에 의지해 썼을 이 출마 선언문을 꼼꼼하게 정독해 두길 바라는 마음에서 전문을 싣는다.

대통령 출마 선언문

오늘 저는 군복을 입고 여러분 앞에 마지막으로 섰습니다. 국방부 장관직에서 물러나고자 합니다. 저는 군인으로서 우리 조국의 희망과 열망을 위해 평생을 바쳐 왔고, 앞으로도 그럴 것입니다. 저에게는 매우 중요한 순간입니다. 제가 군복을 처음 입은 것은 1971년 공군고등학교 생도로서, 거의 45년 전이었습니다. 저는 조국 수호의 상징인 군복을 입었던 것에 항상 자부심을 느껴왔습니다.

최근 몇 년 동안 우리 나라의 역사는 그 누구도, 국민의 의지에 반하거나 국민의 지지 없이는 이집트 대통령이 될 수 없다는 것을 확실히 보여주었습니다. 그 누구도, 국민이 원하지 않는 대통령에게 투표하도록 강요할 수 없습니다. 따라서 저는 그런 확신 속에서 이집트아랍공화국의

카이로 람세스(Ramses) 광장의 대표적 상징물인 알파스 모스크(Al Fath Mosque)의 장엄한 위용이 '위대한 이집트'의 하늘로 치솟아 있다. 카이로에서 가장 높은 미나렛으로, 이 책을 쓴 작가가 직접 촬영한 사진이다.

대통령직에 출마하겠다는 의지를 겸손하게 밝히고자 여러분 앞에 섰습니다. 여러분의 지지만이 저에게 큰 영예를 안겨줄 것입니다.

저는 언제나 진실하고 진정한 말만 하겠다는 다짐으로 여러분 앞에 섰습니다. 저는 이 명예로운 직책에 출마하라고 저를 부른 모든 이집트인의 요구에 부응하고자 최선의 노력을 다할 것입니다. 저는 우리 국민이 원하는 어떤 직책이든 그 자리를 소중하게 생각하며 나라를 위해 봉사할 것입니다.

위대한 이집트 사람들!

제가 여러분 앞에 서 있는 이 순간, 저는 항상 그래왔듯 여러분과 저 자신, 그리고 국가에 솔직할 것입니다. 우리 이집트인들은 극도로 어려운 과제와 큰 대가를 치러야 할 중요한 사명을 갖고 있습니다. 경제, 사회, 정치, 안보 현실은 -2011년 1월 25일 혁명 이전이든, 2013년 6월 30일 혁명 이후이든- 매우 어렵습니다. 우리에게 직면한 도전에 정직하고 용감하게 대결해야 할 절대적 필요성의 임계점에 도달해 있습니다.

수백만 명의 청소년이 실업으로 고통받고 있습니다. 이는 용납할 수 없습니다. 수백만 명의 이집트인이 병들어 있고 치료법을 찾을 수 없습니다. 이 역시 용납할 수 없습니다. 이집트는 국제사회의 여러 지원에 의

존하면서도 일부 특권층은 풍요롭습니다. 이것도 용납할 수 없습니다. 이집트인은 모두 존엄성과 안전, 자유의 권리 속에서 행복한 삶을 누릴 자격이 있습니다. 그들은 일자리, 음식, 교육, 치료 등의 여러 복지 혜택을 받을 자격이 있고, 저렴한 비용으로 주택을 소유할 자격이 있습니다.

먼저 직무를 수행할 수 없을 정도로 망가진 국가 시스템부터 재정비되어야 합니다. 국가 시스템이 제대로 회복되고, 응집되고, 통합되고, 조화를 이룰 수 있도록 확고한 조치가 필요한 시점입니다. 또 모든 부문에서 생산이 재개되어 우리나라를 실질적인 경제 위험으로부터 구해야 합니다. 아울러 지난 기간 동안 크게 훼손된 국가 권력이 제자리를 찾아야 합니다. 우리의 사명은 이집트를 회복하는 일입니다.

우리는 외세와도 싸워야 할 것입니다. 우리 이집트는 지난 몇 년 동안 미디어를 통해 외세 침략의 여러 사례를 목격했습니다. 우리나라는 반복해서 외부 세력의 침해를 받아 왔습니다. 이런 무례함을 멈출 때가 왔습니다. 이집트는 존경받는 나라입니다. 이집트를 무례하게 대하는 것은 나쁜 결과를 초래하는 모험입니다. 이집트는 어떤 내부적, 지역적, 또는 국제적 정당의 놀이터가 아닙니다. 결코 그럴 수가 없습니다.

저는 이 나라의 역사에서 가장 어려운 시기에 진정한 애국 세력이 수립한 미래 로드맵을 실현하는 게 저와 우리 국민 모두의 당면 과제라고 믿습니다. 많은 어려움 속에서도 알라께서는 우리에게 헌법 초안을 작

알시시 국방장관의 대선 출마 선언으로 2년 동안 요동쳤던 타흐리르(Tahrir) 광장도 차츰 안정을 찾기 시작했다.

성하고, 성공적인 헌법을 제정할 수 있도록 깊은 지혜를 주셨고, 우리는 이제 대통령 선거를 향한 두 번째 발걸음을 내딛고 있습니다. 그리고 대선 뒤엔 국회의원 선거 일정도 잡혀 있습니다.

  저는 이 나라의 모든 지도자에게 이집트의 아들딸인 우리가 모두 같은 배를 타고 안전하게 함께 항해해야 한다는 점을 강조하고자 합니다. 우리가 해결해야 할 과제와 추구해야 할 목표는 같은 것이고, 이를 위한 분쟁은 결코 있을 수 없다는 점을 깨달아야 합니다. 우리는 소외되거나 배제되거나, 또는 차별받는 사람이 일절 없는, 모든 자녀를 위한 조국이 필요합니다. 국내에 있든, 해외에 살든, 모든 이집트인은 어떠한 제한이나 제약 없이 우리가 준수하는 법에 따라 미래를 만드는 적극적인 파트너라는 점을 선언합니다.

공동의 노력으로 밝은 미래를!

우리가 겪고 있는 모든 어려움에도 불구하고, 저는 절망이나 어떤 의심도 없이 여러분 앞에 서 있습니다. 신에 대한 절대적인 믿음으로, 이집트를 더 나은 곳으로 바꾸고, 우리 조국을 선진국들의 경쟁 구도 속에서 합당한 자리로 인도하려는 강한 의지로 이 자리에 섰습니다. 변화를 만든 건 여러분의 의지였습니다. 정권을 바꾼 두 차례 사례는 정치인이나 군대가 아니었습니다. 국민 여러분이었습니다.

그것으로 이집트의 위대함은 똑똑히 목격됐습니다. 그러나 우리는 그 정도에 만족해서는 안 됩니다. 우리는 모두 미래의 어려움을 극복하기 위해 최선을 다해야 할 운명공동체라는 점을 인식해야 합니다. 미래를 만드는 것은 우리가 공동의 노력으로 이룰 일입니다. 통치자와 국민이 함께할 일입니다. 통치자는 신과 국민 앞에서 자신의 몫에 대한 책임을 져야 하며, 국민도 열심히 일하고 인내심을 보일 것을 약속해야 합니다. 통치자는 혼자서는 성공할 수 없습니다. 성공하려면 통치자와 국민이 함께 노력해야 합니다.

이집트 국민은 모두 승리를 거둘 수 있다는 걸 알고 있습니다. 이집트 국민은 예전에도 승리했습니다. 그 승리를 다시 이루기 위해 우리는 우리의 의지와 욕망과 노력을 결합해야 합니다. 그리고 지난 7,000년 동

이집트 대통령궁(Al Ittihadiya Palace) 모습. 알시시는 2014년 3월 26일, 대통령 선거 출마 선언 이후 2개월 뒤 치러진 대선에서 96.91%의 지지를 얻어 제13대 이집트 대통령에 당선됐다.

안의 능력과 재능이 우리들의 현재 노력과 결합되어야 합니다. 성공한 국가를 만들 수 있는 힘은 노력과 성실과 애국심입니다. 일할 수 있는 모든 이집트인은 진정한 노력을 기울여야 하고, 이집트의 밝고 건강한 미래를 위해 우리는 뭉칠 때입니다.

완전한 개방성이 저의 대선 전략입니다. 저는 이번 대통령 선거 운동에서 전통적인 방식을 택하지 않을 것입니다. 다만, 유권자인 여러분의 권리를 위해 미래에 대한 저의 비전을 공유하는 데는 게을리하지 않겠습니다. 선거관리위원회가 허용하는 범위에서 현대적이고 민주적인 온라인 플랫폼을 통해 저의 공약을 알리고 여러분의 판단을 구할 것입니다. 그럼으로써 선거 운동 비용을 최소화할 것입니다.

우리 경제가 너무 어렵습니다. 그렇기에 이번 대통령 선거를 과열되게 치르지 않겠다는 게 저의 확고한 신념입니다. 우리는 지금 테러리스트들에게 위협을 받고 있습니다. 우리의 삶과 안전과 보안이 그들에게 위협받고 있습니다. 오늘이 군복을 입은 마지막 날인 것은 사실입니다. 하지만 저는 이집트를 위해 두려움과 공포 없이 매일 싸울 것입니다. 이집트뿐만 아니라 전 세계 평화를 위해 싸울 것입니다.

마지막으로 희망에 대해 말씀드리고자 합니다. 희망은 노고의 결과입니다. 우리의 희망은 안보와 안정입니다. 저의 희망은 이집트를 세계 선두로 이끌겠다는 꿈입니다. 이집트의 힘, 권력, 영향력을 회복함으로써, 예전에 그랬던 것처럼 우리 이집트가 세상의 모범이 되겠다는 꿈을 갖고 있습니다. 저는 기적을 만들 수는 없습니다. 하지만 저는 근면과 솔직함을 자부합니다. 제가 국민 여러분의 선택으로 대통령에 당선된다면, 저를 선택해 주신 국민과 함께 이집트의 안정과 안전, 희망을 이룰 수 있을 것이라고 약속드립니다. 신께서 이집트와 그 영광스러운 사람들을 축복하실 것입니다.

감사합니다.

2014년 3월 26일

압델 파타 알시시 Abdel Fattah Al Sisi

제 4 장

타히야 마스르
Tahya Masr

제4장 제목은 알시시 대통령의 2014년 대선 구호에서 따왔다. '타히야 마스르'(Tahya Masr)는 '이집트 만세'라는 의미다. 알시시 대통령은 2014년 6월 취임 직후 자신의 급여 절반과 재산 절반을 기부해 이 이름을 딴 '타히야마스르재단'을 설립했다. 이는 이집트의 사회적 약자들을 돕는 재단이다.

Global Leader ①
이스라엘-하마스 전쟁

'어쩌면 이 전쟁이 알시시에게 노벨평화상을 안겨 줄 수도 있다.'

2023년 10월 7일, '이스라엘-하마스 전쟁'(Israel-Hamas War)이 발발했다. 팔레스타인의 이슬람 저항 조직 '하마스'가 이스라엘을 기습 공격했다. 그로부터 시작된 전쟁에서 이집트의 중재 노력이 돋보였다. 그러면서 세간에는 알시시 이집트 대통령의 노벨평화상 수상 가능성이 점쳐졌다. 과거 사다트 이집트 대통령의 노벨평화상 수상(1978)도 '중동평화'에서 기인했다. 아마도 그 영광이 재현될지 모른다는 일부 국제정치 평론가들의 성급한 진단이 그런 기대감을 키운 듯했다. 알시시 대통령의 평화 중재 노력은 그만큼 세계 시민들의 관심을 끌었다.

이 전쟁은 알시시 대통령의 3선 연임 시기와 맞물렸다.

2023년 12월 18일, 이집트 선거관리위원회는 "지난 12월 10일부

알시시 대통령은 2023년 12월 18일, 제15대 대통령 선거 개표 결과 89.65%의 지지율을 얻어 3연임에 성공했다. 임기는 2030년까지다.

터 12일까지 치러진 대선 투표에서 알시시 후보가 89.65%(39,702,451표)의 지지율로 제15대 이집트 대통령에 당선됐다"고 선언했다. 이로써 2014년 6월, 96.91%의 지지율로 첫 대통령직에 오른 이래 세 번째 임기(2024~2030)를 보장받게 됐다. 참고로, 2018년 3월 치러진 재선 지지율은 97.08%였다. 이집트는 또 2019년 헌법 개정을 통해 대통령 임기를 기존의 4년 중임제에서 6년 중임제로 늘리며 2018년 당선자부터 이를 적용하기로 한 바 있다.

알시시가 세 번째 도전에 나섰던 제15대 대선 후보 등록은 2023년 10월 5일부터 14일까지였다. 하필 그 한복판이던 10월 7일, 전쟁이 터졌다. 하마스가 로켓 공격과 수천 명의 무장 세력을 동원해 이스라엘을 기습했다. 결과는 끔찍했다. 민간인 815명을 포함 1,200명가량의 사망자가 발생했고, 외국인이 포함된 이스라엘 민간인 251명이 가자지구로 잡혀갔다. 당시 영국 언론 〈이코노미스트〉(The Economist)가 '단 하루만에 이렇듯 많은 유대인이 살해된 적은 홀로코스트 이후 처음'이라고 논평했을 만큼 대단한 참사였다.

하마스는 ▲이스라엘의 지속적인 가자지구 점령 ▲가자지구 봉쇄 ▲이스라엘의 국제법 무시 ▲알아끄사 모스크(Al Aqsa Mosque)에 대한 반복적인 위협 등을 공격 이유로 내걸었다. 또 이스라엘에 수감 중인 팔레스타인 포로들을 석방하면 자신들이 납치해 간 251명을 풀어주겠다는 조건도 제시했다.

갑작스레 허를 찔린 이스라엘은 분노했다. 이스라엘 방위군(IDF)은 즉각 '전쟁 준비 상태'를 선포하고 수만 명의 예비군을 동원했다. 가자

2014년 4월 2일, 제15대 대통령에 취임하며 헌법 선서하는 알시시 대통령 모습.(출처=이집트 대통령실. 이하 제4장 사진 출처는 대부분 같다)

지구 반경 80㎞ 이내 지역에 비상사태까지 선포했다. 이스라엘 국방장관 갈란트(Yoav Gallant)는 "우리는 인간 짐승들과 싸우고 있으며, 그에 따라 행동하고 있다"(We are fighting human animals and we are acting accordingly)는 메시지를 냈다. 이로써 하마스에 대한 강력 보복이 예고됐다.

이스라엘은 1단계 작전으로 가자지구를 원천 봉쇄했다. 그 지역으로 들어가는 송전 선로를 차단하고, 식량과 연료 유입을 막는 강경 조치를 단행했다. 그 피해는 즉각 민간인에게 돌아갔다. 당장 전쟁 발발 4일 뒤인 10월 11일, 가자지구 유일의 화력발전소가 연료 부족으로 가동을 중단했다. 이어 16일엔 물과 연료가 고갈됐다. 세계보건기구(WHO)는 "가자지구 민간인들의 피해 상황이 심각하다"면서 "쓸 수 있는 물과 연료량이 이제 24시간 분량밖에 남지 않았다"고 경고했다. 사상자 또한 속출했다. 사망자만도 어린이와 민간인을 포함해 4,300명 이상이었다.

그 처참한 상황에서 이스라엘의 2단계 작전이 시작됐다. 10월 27일, 가자지구로 지상군을 투입하겠다는 발표였다. 하마스 세력의 심장부로 들어가 그들을 제거하고, 인질들을 구출해오겠다는 게 이스라엘의 전략 목표였다. 국제사회는 대규모 민간인 살상 피해를 걱정했다. 병원, 학교 등의 기간 시설 파괴로 민간인 피해가 걷잡을 수 없이 커질 것이란 염려도 쏟아졌다. 이와 관련 프란치스코 교황이(Pope Francis) 가자 사태에 대한 우려를 표명했다. 또 유엔도 나서 가자지구의 인도적 재앙을 경고했다. 하지만 이스라엘은 국제사회의 이 같은 염려를 일축하며 "예비군

36만 명이 동원됐고, 이 전쟁은 향후 몇 달 동안 지속될 수 있다"는 강경 입장을 고수했다.

마침내 이집트가 나서다

이스라엘의 지상군 투입이 임박했던 2023년 10월 21일, 프랑스 언론 〈르몽드〉(Le Monde)는 '이스라엘-하마스 전쟁 : 이집트, 핵심 중재자 역할을 되찾다'(Israel-Hamas war: Egypt regains role of key mediator)라는 제하의 기사를 게재했다. 신문은 이날 자 보도에서 '압델 파타 알시시 이집트 대통령이 지난 토요일 아랍 및 유럽 지도자들과 〈평화정상회담〉을 개최했다'고 전하면서 '이집트가 하마스와 이스라엘의 전쟁으로 촉발된 중동 위기를 외교적 노력으로 풀고자 하는 의도로 보인다'고 논평했다.

신문은 또 '10월 21일 카이로에서 열린 이 평화정상회담(Cairo Peace Summit)에는 압둘라 2세(Abdullah II) 요르단 국왕과 알사니(Tamim bin Hamad Al Thani) 카타르 국왕, 알나흐얀(Mohamed bin Zayed Al Nahyan) 아랍에미리트 대통령, 에르도안(Tayyip Erdogan) 튀르키예 대통령, 조셉 보렐(Josep Borrell) 유럽연합 외교 책임자, 멜로니(Giorgia Meloni) 이탈리아 총리, 트뤼도(Justin Trudeau) 캐나다 총리 등이 참석했다'고 보도하며 '10월 7일 하마스 공격에 이어 가자지구에 대한 이스라엘의 대규모 공세가 시작된 이래로 알시시 대통령은 꾸준히 이 지역의 민간인 피해 사태를 비난해 왔으며, 회담 전날인 20일에도 현재 진행 중인 갈등을 종식시킬 필요성을 재확인했다'고 덧붙였다.

이와 관련 〈로이터통신〉(Reuters)도 10월 21일 자 기사에서 '카이로 정상회담에서 아랍권 지도자들이 이스라엘의 가자지구 폭격을 비난했다'고 전하면서 '아랍 국가들은 이스라엘이 가자지구에 대한 공세를 즉각 중단해야 한다고 촉구한 반면, 서방 국가 대부분은 민간인을 위한 인도적 구호 등 비교적 온건한 입장을 보였다'고 논평했다.

이어 이 통신은 '이번 카이로 평화정상회담을 소집하고 주최한 이집트는 회의에 참석한 각국 정상들에게 수십 년 동안 이어져 온 팔레스타인의 국가 수립 요구를 해결하기 위한 노력을 다시 시작해야 한다는 게 이번 회의를 소집한 이유라고 밝혔다'고 보도하며 '정상회담이 시작되기 직전, 인도적 지원물자를 실은 트럭들이 라파(Rafah) 국경을 통해 가자(Gaza)로 들어가기 시작했다. 이는 이집트가 이스라엘이 통제하지 않는 유일한 접근 지대인 국경을 통해 인도적 지원물자를 가자지구로 들여보내려고 수일간 노력한 결과'라고 평가했다.

이날 평화정상회담에서 알시시 대통령은 국제 지도자다운 면모를 보였다. 러시아와 우크라이나 전쟁이 계속되는 가운데 터진 이번 전쟁은 지구촌 모든 국가들에 큰 고통을 안겨줄 재앙임이 틀림없었다. 코로나-19로 빚어진 최악의 경제난에서 겨우 탈출구를 찾던 시점에 터진 러-우 전쟁만으로도 세계 경제는 휘청댔다. 그런데 이번 전쟁까지 지속되면 회복 불가능에 가까운 역대급 위기가 닥칠 것이란 우려가 컸다.

하지만 미국을 비롯한 서방국들의 중재 노력은 미미했다. 반면 이집트는 사태 초기부터 전쟁 상황을 예의주시했다. 전쟁 장기화에 대비한 팔레스타인에 대한 인도적 지원과 전쟁 종식을 위한 중재 방안, 두 가지

2023년 10월 21일 카이로에서 열린 평화정상회담 참석자들이 기념 촬영을 하고 있다.(위) 아래는 알시시 대통령이 카이로 평화정상회담에 참석하는 압둘라 2세(Abdullah II) 요르단 국왕을 공항에서 영접하는 모습(좌)과 마이클 쿠릴라(Michael Kurilla) 미 중부사령관을 접견하는 모습(우)이다.

를 동시에 모색했다. 알시시 대통령은 세계 지도자들을 한자리에 모으는 게 무엇보다 중요하다고 판단했다. 급히 이집트 내에 평화정상회담 개최를 위한 TF팀이 꾸려졌고, 각국 정상들과 의제를 논의했다. 그 결과 전쟁 발발 보름 만에 서방세계와 아랍국가 지도자 대부분이 카이로에 모일 수 있게 됐다. 한마디로 미국과 유엔조차 손 놓고 있던 일을 이집트가 해낸 것이었다. 참고로, 안토니우 구테흐스(Antonio Guterres) 유엔 사무총장도 이 회의 참석자다.

이스라엘-하마스 전쟁이 발발하자 즉각 카이로 평화정상회담을 소집한 이집트의 역할에 국제사회는 알시시 대통령의 글로벌 리더십을 상찬했다.

이날 카이로 평화정상회담 개막연설에서 알시시 대통령은 "지난 수십 년 동안 국제무대는 팔레스타인 문제에 대한 공정하고 지속 가능한 해결책을 찾는 데 심각한 결함이 있음을 드러냈다"고 지적했다. 그러면서 "현재 진행 중인 전쟁 위기를 대처하는 데도 국제사회는 많은 부족함을 보였다"고 아쉬워하며 "지금 이 시간에도 가자지구에서는 많은 민간인이 희생되고 있고, 공포에 떨고 있는 여성과 어린이들이 돌아갈 집도 없이 큰 고통을 받고 있다"고 호소했다.

알시시 대통령은 또 "이집트는 어떤 어려움이 있더라도 이번 정상회담을 개최한 궁극적인 목표를 달성하기 위해 모든 파트너와 계속 협력해 나갈 것을 천명한다"면서 "우리는 팔레스타인의 권리에 대한 확고한 입장을 항상 유지할 것이며, 팔레스타인과 이스라엘이 나란히 사는 '두 국가 솔루션'이 실현될 때까지 어떤 노력도 마다하지 않을 것"이라고 강조했다.

자부심 넘친 이집트 국민들

이집트 국가정보청 웹사이트(www.sis.gov.eg)는 카이로 평화정상회담 직후 국민들과 회담 결과를 공유했다. 이 대국민 보고에서 이집트 정부는 "신행정수도에서 열린 이번 정상회담에는 31개국 정상 및 정상급 지도자들과 3개 국제기구가 참석했다"면서 "이번 카이로 평화정상회담은 시기와 목적 면에서 매우 중요한 시사점을 나타냈다"고 전했다.

보고서는 또 "압델 파타 알시시 대통령이 카이로 평화정상회의 개회사에서 정의로운 해결책 없이 팔레스타인 문제를 없애는 일은 결코 있을 수 없다고 역설했다"면서 "알시시 대통령이 이번 정상회담 6일 전 이집트 국가안보위원회 회의(10. 15)를 통해 팔레스타인의 극심한 고통 문제를 호소했던 내용이 이번 정상회담을 통해 재조명되며 국제적으로 큰 환영을 받았다"고 강조했다.

이어 보고서는 이번 평화 정상회담과 관련된 각국 언론들의 논평을 공유하며, 아랍에미리트 신문 〈알이티하드〉(Al Ittihad)가 '알시시 이집트 대통령의 초대로 이루어진 이번 정상회담에 국제사회의 폭넓은 참여가 있었다'고 보도했다고 밝혔다. 또 쿠웨이트 신문 〈알까바스〉(Al Qabas)는 알시시 대통령의 정상회담 연설을 집중 조명했으며, 라디오 〈몬테카를로〉(Monte Carlo's)의 프랑스판 웹사이트도 '이집트 주재로 카이로에서 열린 팔레스타인 국제 평화정상회담에서 광범위하고 폭넓은 의제가 논의돼 국제사회로부터 좋은 반응을 보였다'는 기사를 게재했다고 소개했다.

이 밖에도 보고서는 "이번 정상회담은 영국 외무장관 제임스 클레벌리(James Cleverly)를 포함한 국제사회의 많은 지도자와 관계자들로부터 깊은 찬사를 받았다"고 소개했다.

> 클레벌리 영국 외무장관은 사메슈크리(Sameh Shoukry) 이집트 외무장관과의 회동에서 가자지구 위기 문제를 다루고 격화된 상황을 완화하기 위해 이집트가 진행 중인 국제적 노력에 찬사를 아끼지 않았다. 클레벌리 장관은 유엔과의 긴밀한 협력을 통해 이집트 북시나이주의 주도인 아리쉬(Arish)에 물류센터를 설립해 가자지구의 인도적 지원을 위한 각종 구호품을 보다 빠르고 편리하게 전달함으로써 그들의 고통을 완화시키는 데 이집트의 역할이 매우 중요하다는 자신의 견해를 표하기도 했다.
>
> 이집트 국가정보청 웹사이트, 2023 평화정상회의 결과 보고서 중

이 소식을 접한 이집트 국민들은 과거 나세르 시대 때 경험했던 '위대한 이집트'를 다시 떠올렸다. 아랍문화 1번지이자 모든 길이 카이로로 통했던 그 시절을 기억하는 알시시 대통령 세대들은 세계 주요 지도자들이 이집트의 신행정수도로 몰렸던 이날을 오래 기억할 것 같다고 기뻐했다. 이로써 대통령 선거를 눈앞에 둔 알시시의 입지는 한층 공고해졌다. 그러면서 국민들은 제2의 나세르 시대로 도약하는 이집트와 알시시의 글로벌 리더십을 더욱 관심 있게 지켜봤다.

이후 11월 말, 이집트 국민들은 또다시 들떴다. 알시시 대통령의 제안을 받아들인 이스라엘이 하마스와 일시 휴전한다는 소식이 들려왔던 것

이다. 카이로 평화정상회담 한 달 뒤인 11월 22일, 이스라엘 내각은 하마스에 붙잡힌 인질들을 풀어주는 조건으로 일시 휴전한다는 내용의 협상안을 승인했다. 그리고 양측 합의에 따라 24일부터 30일까지 가자지구의 포성이 멈췄다. 이 7일간의 휴전으로 외국인을 포함한 하마스 인질 80명이 텔아비브로 인도됐고, 이스라엘에 수감돼 있던 팔레스타인 포로 201명이 석방됐다.

이와 관련 조바이든 미국 대통령은 백악관 성명을 통해 "알시시 이집트 대통령과 알사니 카타르 국왕이 이번 휴전에 결정적인 역할을 했다. 두 지도자의 리더십과 파트너십에 깊이 감사한다"고 말했다. 알시시 대통령도 자신의 페이스북에 "이집트-카타르-미국 중재로 가자 지구에서 인도적 휴전을 이행하고 당사자 간 포로 교환에 합의한 것을 환영한다"고 썼다. 이 입장문에서 알시시는 "양측이 정의를 실현하고, 평화를 강화하고, 팔레스타인 국민의 합법적 권리를 보장하는 최종적이고도 지속가능한 해결책에 도달할 때까지 이집트의 노력은 지속될 것"이라는 의지를 표하기도 했다.

'인도주의 및 외교적 노력의 최전선에 선 이집트'
(Egypt at the forefront of humanitarian and diplomatic efforts)

이스라엘-하마스 휴전 직후, 유엔은 공식 웹사이트(https://www.un.org)에 이 같은 제목의 장문을 게재했다. 이집트 국민들에게 자부심을 안겨 준 글이었다.

12월 3일 자로 업데이트한 이 글에서 유엔은 "가자지구에서 벌어지고 있는 심각한 인도주의적 위기에 대한 강력한 대응으로, 이집트는 북시나이의 알아리쉬 국제공항을 전 세계에서 도착하는 인도주의적 물품의 허브로 지정했다"면서 "이집트 적신월사협회(Egyptian Red Crescent Society)는 알아리쉬에서 인도주의적 지원을 조정하고 라파국경검문소(Rafah Border Crossing)를 통해 가자지구로의 구호물자 배송을 관리한다"고 설명했다.

또 이 웹사이트는 "가자 위기가 발발한 이래로 이집트 정부는 생명 구조 활동의 최전선에 섰으며, 라파국경과 알아리쉬 공항은 고통을 덜어주기 위한 희망의 중심지 역할을 했다"고 평가했다. 그러면서 "2023년 11월 21일 현재, 라파국경을 통해 긴급 구호품을 실은 유니세프 트럭 88대가 가자지구로 입국했다"고 전하며 "라파국경을 통해 가자지구로 들어온 이집트의 보급 호송대는 수백만 명의 가자지구 사람들에게 희망의 빛을 제공하는 생명선"이라고 상찬했다.

바이든 행정부, 이집트에 13억 달러 지급

2024년 9월 11일, 미국 언론 〈월스트리트저널〉(WSJ)과 〈뉴욕타임스〉(NYT)는 조 바이든 행정부가 이집트에 13억 달러를 지급하기로 결정했다고 보도했다. 그러면서 두 신문은 '이번 결정은 지역 평화와 미국의 국가 안보 우선순위에 대한 이집트의 구체적이고 지속적인 기여를 증진하는 데 중요하다. 특히 가자지구 휴전 협상을 마무리하고 인질들을 집으로 데려오며, 팔레스타인에 대한 인도주의적 지원을 확대하고, 이스라엘과 하마스의 분쟁을 종식하는 데 중요하다'고 말했다는 국무부 대변인의 말을 인용했다.

신문들은 또 '바이든 행정부 들어 연간 지원금 13억 달러 전액 지급은 처음'이라고 밝히면서 '지난 1979년 이집트가 이스라엘과 평화조약을 체결한 이후 이에 대한 일종의 보상 성격으로 미국은 매년 이집트에 13억 달러를 지원해왔지만, 최근 10여 년 동안은 이집트 내 인권 상황 등을 이유로 일부 금액에 지급 조건을 내걸어 왔다'고 부연했다.

이들 신문 내용대로 미국은 2013년 모르시 정권을 축출한 이집트 군부를 일종의 쿠데타란 시선으로 바라보며 약속 이행을 일부 보류해왔다. 즉, 9억 8000만 달러 규모의 1차분은 조건 없이 지급하되 나머지는 인권 상황의 진전을 봐가면서 지급하겠다는 조건을 내걸었다. 특히 그중 9500만 달러에 대해서는 여러 단서 조항이 붙어 이집트 국민들의 자존심을 건드렸다. 이집트가 정치범 석방과 정당한 법 절차 집행, 미국 시민에 대한 위협과 괴롭힘 방지 등을 지켰다고 인정될 때만 그 잔여액을 지급하겠다는 일종의 파워트립(Power trip, 갑질) 행위였다.

하지만 미 국무부 대변인이 언급했던 대로 이 시기 조 바이든 행정부는 '미국의 국가 안보 우선순위에 대한 이집트의 구체적이고 지속적인 기여'가 무엇보다 중요했다. 우선 대통령 선거가 코앞으로 닥쳐왔다. 11월 5일 치러지는 제47대 대선에서 트럼프 후보에게 다소 밀리는 중이었다.(최종 결과는 많이 밀린 걸로 나타났다)

2024년 9월 18일, 알시시 대통령이 이집트를 방문한 블링컨(Antony Blinken) 미 국무장관 일행을 접견하는 모습.

가자지구 문제는 조 바이든 대통령의 아킬레스건이었다. 전쟁 발발 1주년이 다가오는데도 종전 기미는 전혀 없고, 레바논, 이란, 예멘 등으로 전쟁 범위가 넓어지며 미국 내 여론이 갈수록 나빠지는 중이었다. 조 바이든이 기댈 곳은 카이로(이집트)와 도하(카타르)뿐이었다.

그러나 이 두 동맹 중에서도 도하 측은 심기가 좋지 않던 상태였다. 미 하원과 상원에서 '하마스가 카타르를 이용해 이스라엘로부터 더 큰 양보를 끌어내고 있다', '카타르가 하마스에 2018년 이후 매달 3천만 달러를 지불했다', '카타르가 하마스를 압박하지 못한다면 미국은 카타르와의 관계를 재평가해야 한다'는 등의 악평들이 쏟아졌기 때문이다.

결국 미국이 믿을 곳은 이집트뿐이었다. 조 바이든 행정부로서는 대선 국면에서 이집트의 외교력에 기대는 게 중요했다. 그랬기에 부랴부라 '13억 달러 전액 지급'이라는 선심성 선물 보따리를 풀며 알시시 대통령의 더 많은 역할을 기대하고자 했다.

"이스라엘-가자 사태 이후 토니 블링컨 미 국무장관이 중동 지역을 9차례 방문했는데, 그때마다 알시시 대통령을 예방했습니다. 이번 전쟁에서 이집트의 역할이 얼마나 중요한가를 단적으로 방증하는 사례입니다. 조 바이든 행정부가 이제라도 13억 달러 전액을 지급한 건 매우 현명한 조치입니다. 대선 전이면 더욱 좋겠지만, 그게 안 되면 2025년 1월 임기 내에라도 가자 문제를 풀어야 하는 게 조 바이든 대통령의 중차대한 과제가 됐습니다. 그러려면 알시시 대통령의 협조가 절대적으로 필요하겠다는 판단에 13억 달러를 전액 지급한 것 같습니다."

2024년 10월 카이로에서 만난 사미르파라그(Samir Farag) 이집트 대통령실 고문의 설명이다. 그의 표정에서 이집트의 외교적 역량에 대한 자부심이 읽혔다. 그리고 이스라엘-하마스 전쟁 초기부터 알시시 대통령이 포괄적인 안목으로 사태 해결에 나선 결과, 결국은 콧대 높은 미국의 자존심을 꺾으며 이집트 국민에게 실질적인 이익을 안겼다는 만족감도 엿보였다.

다음은 내가 사미르파라그 고문을 만나던 시점의 이집트 대통령실 브리핑 내용이다. 10월 15일과 16일 자 브리핑으로, 이 시기는 이스라엘-하마스 전쟁 발발 1주년 즈음이다. 이 사례 하나만으로도 가자지구 사태와 관련된 알시시 대통령의 전방위적인 역할이 사뭇 중요하다는 사실을 알 수 있다.

● **조 바이든 대통령과 통화** : 16일, 압델 파타 알시시 대통령이 조 바이든 미국 대통령과 통화했다. 알시시 대통령과 조 바이든 대통령은 이날 전화 통화에서 민간인 보호와 가자지구에 대한 인도적 지원 제공이 우선 순위라는 점에 동의했다.

● **푸틴 러시아 대통령과 통화** : 16일, 압델 파타 알시시 대통령이 블라디미르 푸틴 러시아 대통령의 전화를 받고 지역 안보에 대해 대화했다. 두 정상은 팔레스타인 문제를 정의롭고 지속적인 방식으로 해결해야 하며, 국제적으로 합의된 정당한 기준에 따라 팔레스타인 국가를 수립하기 위한 정치적 전망이 계속 부재하다는 점에 인식을 같이했다.

● **토니 블링컨 미 국무장관과 회담** : 15일, 압델 파타 알시시 대통령은 이집트를 방문한 토니 블링컨 미국 국무장관과 만나 하마스의 이스라엘 민간인 공격을 비난했다. 그러면서 알시시 대통령은 이스라엘이 '두 국가 해법'을 외면하며 팔레스타인을 계속 궁지로 몰아 이 같은 사태가 발생했다고 지적했다.

이스라엘-하마스 전쟁은 2024년 말 현재까지 계속되고 있다. 따라서 이와 관련된 알시시 대통령의 역할도 지속되고 있다. 2024년 12월 14일, 제이크 설리번(Jake Sullivan) 미 국가안보보좌관 및 브렛 맥거크(Brett McGurk) 미국 중동 및 북아프리카 조정관이 이집트를 찾았다. 이들과 만난 알시시 대통령은 "겨울이 시작되고 있어 가자지구에 대한 인도적인 지원이 더욱 시급해졌다"고 강조했다. 그러면서 "이집트가 지속적으로 주장해 온 '두 국가 솔루션'만이 중동평화의 안정적 기반"이란 점을 재차 강조했다.

그가 미국과의 대화에서 거듭 제기해 온 '두 국가 솔루션'은 이스라엘과 팔레스타인이 독립된 국가로 공존하는 방안이다. 이는 1993년 클린턴 미국 대통령의 중재로 이스라엘과 팔레스타인 해방기구(PLO)가 노르웨이 수도 오슬로에서 만나 합의한, 이른바 '오슬로협정'을 통해 합의된 사항이다. 물론 지금은 사문화됐다.

그 배경에는 1995년, 이스라엘 극우파에 의한 이츠하크 라빈(Yitzhak Rabin) 총리 암살과 1996년, 이스라엘에 대한 하마스의 자살폭탄 등이 있었다. 이 사건을 저지른 조직 모두가 오슬로 협정 반대 세력들이었다. 이후 1996년부터 세 차례에 걸친 벤자민 네타냐후(Benjamin Netanyahu) 총리 시대를 맞으면서 이스라엘은 더욱 극우화됐다. 그러면서 이 협정은 국제사회에서도 점점 잊혀지게 됐다. 이를 알시시 대통령이 다시 소환하며 미국과 이스라엘을 압박하는 중이다. 따라서 이 지역 평화와 관련된 알시시의 역할이 어떤 결과로 나타날지 주목된다. 그 결과에 따라 그에게 노벨평화상을 안겨줄 수도 있다는 게 이 책을 쓰는 작가로서, 향후 흥미롭게 지켜볼 또 다른 관전 포인트다.

Global Leader②
제27차 유엔 기후변화협약 당사국 총회
COP27 ; Sharm el-Sheikh Climate Change Conference

"가장 자애로우시고 자비로우신 알라의 이름으로! 이집트에 오신 여러분 모두를 환영합니다. 오늘 우리는 유엔 기후변화협약(COP27) 당사국 총회 제27차 회의를 통해 기후 변화에 맞서는 가장 중요하고 시급한 글로벌 이슈 중 하나를 논의하기 위해 이 자리에 모였습니다. 이 회의는 현재 평화의 도시이자 이집트 최초의 녹색도시인 샤름엘셰이크에서 진행되고 있습니다. 전 세계 수백만 인구의 눈과 마음이 이 도시로 향해 있으며, 이 회의와 그로 인한 결과를 주시하고 있습니다."

2022년 11월 7일 오후 1시. 마침내 제27차 유엔 기후변화협약 당사국 총회(~11. 20)가 개막됐다. 알시시 대통령은 이날 개막연설을 통해 전 세계 주요 지도자들과 마주했다. 이집트는 이들을 시나이반도 남부 휴양도시 '샤름엘셰이크'(Sharm El Sheikh)로 초청했다. 이 자리에는 리시

2022년 11월 7일, 샤름엘셰이크(Sharm El Sheikh)에서 개최된 제27차 유엔 기후변화협약 당사국 총회(COP27) 개막식에서 환영사를 하는 알시시 대통령.

수낵(Rishi Sunak) 영국 총리와 에마뉘엘 마크롱(Emmanuel Macron) 프랑스 대통령, 올라프 숄츠(Olaf Scholz) 독일 총리, 페드로 산체스(Pedro Sanchez) 스페인 총리, 조르자 멜로니(Giorgia Meloni) 이탈리아 총리, 울프 크리스테르손(Ulf Kristersson) 스웨덴 총리 등 유럽 정상 대부분이 참석했다.

또 윌리엄 루토(William Ruto) 케냐 대통령을 비롯한 아프리카 정상들과 알나흐얀(Mohamed bin Zayed Al Nahyan) 아랍에미리트 대통령을 비롯한 중동 정상 대부분도 참석했다. 이 밖에도 알리한 스마일로프(Alikhan Smailov) 카자흐스탄 총리, 마루프 아민(Maruf Amin) 인도네시아 부통령 등 중앙아시아 및 동남아시아 지역과 산나 마린(Sanna Marin)

핀란드 총리 등 북유럽 국가 정상들도 대거 참석했고, 야이르 라피드(Yair Lapid) 이스라엘 총리와 마흐무드 압바스(Mahmoud Abbas) 팔레스타인 자치정부 수반도 함께했다.

푸틴(Vladimir Putin) 러시아 대통령과 시진핑(Xi Jinping) 중국 국가주석이 불참해 아쉬웠지만, 양국 고위급 대표단이 그 자리를 대신했고, 대한민국도 나경원 외교부 기후환경 대사(중진 국회의원)가 중앙부처 고위 공무원들과 함께 대통령 특사 자격으로 참석했다. 조 바이든(Joe Biden) 미국 대통령과 룰라(Luiz Inacio Lula da Silva) 브라질 대통령은 자국 정치 일정상 며칠 뒤 도착 예정으로 아직은 참석 전이었다.

전 세계 190개국, 5만여 대표단 참가

"오늘날 우리가 기후 위기를 극복하고, 파리협정에서 합의한 목표에 도달하기 위해서는 구호와 말뿐이어서는 안 됩니다. 세계 시민들은 현재 신속하고 효과적이며 공평한 이행을 기대하고 있습니다. 배출량을 줄이고, 기후 변화의 결과에 따른 적응을 강화하며, 기후 위기로 현재 가장 큰 피해를 입고 있는 개발도상국에 필요한 자금을 제공하기 위한 실질적이고 구체적인 조치를 취하기를 기대합니다. 따라서 우리는 이번 회의를 '이행 정상회담'이라 부르기로 했습니다. 이는 우리의 모든 노력과 의지가 집중되어야 하는 목표입니다."

알시시 대통령의 개막연설에 우레와 같은 박수가 쏟아졌다. 이 당사국 총회에는 120명가량의 전 세계 정상 및 정상급 지도자들과 190개국에서 온 50,000여 명의 대표단이 참석 중이었다. 또 3,000명가량의 신문·방송 취재진이 알시시 대통령의 개막연설을 지켜보는 중이었다.

이집트 국가정보청(SIS)은 행사 3일 전인 11월 4일, 보도자료를 통해 "샤름엘셰이크에서 개최되는 제27차 유엔 기후변화협약 당사국 총회에는 3,000여 명의 전 세계 언론인들이 참석할 예정"이라고 발표했다.

이와 관련 디아라슈완(Diaa Rashwan) 이집트 국가정보청장은 "통신사, 신문, 웹사이트, TV 채널의 많은 미디어 전문가와 특파원이 COP27을 취재하기 위해 등록했으며, 이들 대부분은 이미 샤름엘셰이크에 도착했다"고 전하면서 "여기에는 이집트에 지사를 둔 약 50개의 외국 언론과 언론 기관을 대표하는 약 300명의 언론인과 특파원이 포함돼 있으며, 로이터, AP, AFP, 블룸버그뉴스, 폭스뉴스 등의 글로벌 통신사와 미국의 뉴욕타임즈(New York Times), 영국의 인디펜던트(Independent), 프랑스의 르몽드(Le Monde) 및 죈아프리끄(Jeune Afrique)를 포함한 세계 최대 규모의 신문사 특파원들이 이번 총회를 취재하게 된다"고 밝혔다.

그는 또 "BBC, 영국 스카이뉴스, NBC, CBS, CNN, 유로뉴스 등 세계 주요 텔레비전 네트워크의 미디어 대표단도 이 컨퍼런스를 취재할 것"이라고 전하면서 "이탈리아, 프랑스, 독일, 스페인, 스웨덴, 일본, 벨기에, 터키, 중국 등의 TV 네트워크와 아랍 및 아프리카 언론매체에서 온 미디어 대표단도 이미 샤름엘셰이크에 도착해 있거나 도착할 예정"이라고 덧붙였다.

그의 발표대로 이들 언론사 대부분은 2~3일 전 행사 현장에 도착해 이미 10여 건 이상의 기사를 송고한 상태였다. 그리고 이날 알시시 대통

제27차 유엔 기후변화협약 당사국 총회(COP27) 기간에 열린 중동 그린 이니셔티브 정상 회의 모습.

령의 개막연설 또한 실시간으로 전송 중이었다. 이로써 지구촌의 많은 시민들은 〈유엔 기후변화협약 당사국 총회〉의 의의와 알시시 이집트 대통령에 대한 관심을 공유하게 됐다. 그리고 이를 바라보는 이집트 국민들은 또다시 나세르 시대의 이집트를 떠올리며, '아랍 1번가'를 넘어 '지구촌 1번가'로 발진하는 이집트의 미래를 상상했다.

유엔 기후변화협약 당사국 총회는 1995년, 제1회 독일 베를린 행사 이후 코로나-19가 터졌던 2020년을 제외하고는 매년 열려왔다. 1992년 브라질 리우데자네이루 유엔환경개발회의(UNCED)에서 채택된 유엔 기후변화협약(UNFCCC)의 이행을 논의하는 자리로, 이 협약에 동참한 국가는 초기 154개국에서 지금은 197개국으로 늘어났다. 따라서 행사 규모가 클 수밖에 없고, 지구 환경과 관련 가장 예민한 이슈를 다루는 총회라 매년 국제 언론의 관심도 묵직했다.

특히 이번 27차 회의는 알시시 대통령이 개막연설을 통해 강조했듯 출발부터 '이행 정상회담'의 성격이 짙었다. 즉, 구호만 외칠 게 아니라 지구 온난화를 유발한 당사국(미국, 유럽 등 선진국)이 온난화 피해 당사국인 아프리카 등의 저개발 국가들에 적절히 보상해야 한다는 의제가 구체적으로 제기된 총회였다. 따라서 아프리카 대륙의 관문이자 각종 국제회의에서 오랫동안 아프리카의 입장을 대변해 온 이집트에서 이번 총회가 열렸다는 건 그 자체만으로도 큰 의미였다.

총회 유치와 행사 준비에 만전

대륙을 돌아가며 열리는 이 행사의 2022년 개최지는 아프리카 몫이었다. 이집트는 이 기회를 포착했다. 코로나-19가 한창이던 2021년 초가을, 이집트 환경부는 알시시 대통령의 지시로 〈회복력 있는 미래를 위해 연합된 아프리카〉라는 제목의 홍보 책자를 준비했다. 이 인쇄물은 2021년 10월 31일부터 11월 13일까지 영국 스코틀랜드의 글래스고(Glasgow)에서 열릴 제26차 유엔 기후변화협약 당사국 총회(COP26)에서 활용될 용도였다. 이집트의 'COP27' 총회 유치는 알시시 대통령의 의지가 반영된 이 책자 준비로 시작됐다.

이집트 환경부는 책자 발간과 관련 "이 안에는 국가적, 지역적, 국제적으로 녹색 전환과 자연 보호를 지원하기 위한 이집트의 노력을 담고 있다"면서 "책자에는 알시시 대통령의 개혁에 기반한 비전과 기후 변화 대응에 대한 이집트의 진지한 조치들이 담겨져 있다"고 강조했다. 그러면서 이집트 환경부는 "글래스고 기후변화협약 당사국 총회를 통해 아프리카는 가장 적은 탄소 배출을 하면서도 기후 변화의 영향으로 가장 큰 타격을 입은 대륙이라는 점을 강조할 예정"이라고 덧붙였다.

이후 알시시 대통령은 2021년 10월 초, 제76차 유엔 총회와 별도로 소집된 기후 변화에 관한 세계 지도자 정상회의에 보낸 영상 메시지를 통해 "이집트가 아프리카를 대표해 '2022년 COP27' 개최지가 되기를 희망한다"면서 "우리가 COP27을 개최하게 된다면 기후 변화에 맞서는 세계적인 총력전에 일대 전환점이 될 것"이라고 강조했다.

또 'COP26' 총회가 열리기 직전인 11월 초, 알시시 대통령은 미국을 비롯한 서방 선진국들을 향해 "그들은 기후 변화의 영향에 대처하기 위해 매년 개발도상국에 1000억 달러를 지원하겠다는 약속을 이행해야 할 것"이라는 촉구 메시지를 내놓기도 했다.

그리고 'COP26' 총회 당일에는 글래스고로 날아가 "최소한 모든 공적 기후 자금의 절반은 그에 대한 적응 조치에 할당해야 한다"고 강조하며 "COP21(프랑스 파리)에서 채택되고 이집트를 포함한 190개국 이상이 서명한 파리기후협정은 이 세기에 지구 온난화 속도를 섭씨 1.5도로 줄이는 것을 목표로 2016년에 발효되었다. 이 비율을 달성하기 위한 기후 변화 대응 강화야말로 이제는 더이상 미룰 수 없는 필수적인 일이 됐다"고 역설했다.

그의 이 같은 연설에 COP26에 참석한 많은 국가들이 공감했다. 그리고 아프리카를 비롯한 저개발 국가들은 알시시 대통령이 주장한 '이행 정상회담'을 위한 이집트의 2022년 'COP27' 총회 유치를 적극 지지했다. 그리고 그 결과는 'COP26' 폐막 이틀 전 밝은 서광으로 나타났다.

이집트 언론 〈알아흐람〉(Al Ahram) 영문판은 2021년 11월 11일, '이집트, 유엔 COP27 개최국으로 공식 선정'이란 제하의 기사를 보도했다. 그러면서 신문은 '글래스고에서 진행 중인 유엔 기후변화협약 당사국 총회는 2022년 열릴 차기 회의(COP27) 개최지로 이집트를 최종 선정했다'면서 '이집트 환경부 장관 야스민포우아드(Yasmine Fouad)가 이집트를 지원해 준 모든 대표단, 특히 아프리카 국가 대표단에게 감사를 표했다'고 덧붙였다.

이후 알시시 대통령은 전 세계 시선이 쏠릴 'COP27 총회' 준비에 박차를 가했다. 총회 개최 도시인 샤름엘셰이크에 대한 도시 재정비는 물론 환경부를 중심으로 3월 말부터는 정부 차원의 전국 대화도 시작했다. 2022년 3월 26일 열린 첫 회의에서 야스민포우아드 환경장관은 "COP27 총회는 이집트 사회의 다양한 계층을 기후 변화 문제에 참여시키는 중요한 계기가 될 것"이라고 강조하며 "국제 기준에 맞춰 자연보호구역을 개발하는 프로젝트를 비롯 이집트는 현재 전국적으로 기후 변화에 대처하는 방법에 대한 인식을 확산하기 위해 노력 중"이라고 밝혀 국제 언론들로부터 좋은 평가를 받았다.

또 회의에 참석한 칼레드파우다(Khaled Fouda) 샤름엘셰이크 주지사는 "알시시 대통령의 지시로 환경부와 협력해 전기 버스 300대를 도입하고, 교통부와 협력해 전기자동차 충전소가 있는 $10 m^2$ 규모의 차고를 설립했다"면서 "택시 800대를 천연가스로 운행하도록 하는 등 주정부 차원에서 샤름엘셰이크를 녹색도시로 전환하기 위한 여러 조치를 취하고 있다"고 말해 이 행사의 성공적 개최를 위해 최선을 다하는 이집트 정부의 일면을 보여주기도 했다.

이집트는 이 밖에도 2022년 6월부터 1차로 샤름엘셰이크에 한해 일회용 비닐 사용을 엄격히 규제했다. 뿐만 아니라, 이 도시의 친환경 프로젝트를 통해 폐기물 관리와 재생 에너지 사용 등을 엄격하게 강화했고, 특히 플라스틱 폐기물을 줄이기 위한 노력의 일환으로 일본 기술진과 협력해 일회용 플라스틱 봉지를 대체할 생분해성 봉지를 개발하는 데도 집중했다.

총회 기간 중 각국 지도자들과 연쇄 정상회담

알시시 대통령은 COP27 총회 기간 중 각국 정상들과 만나 국가 간 우의를 다졌다. 이 중 대표적인 사례 몇 가지만 소개하면, 총회 첫날인 11월 7일 조르자 멜로니 이탈리아 총리와의 만남이 그 첫 순서였다. 멜로니 총리는 COP27 총회가 열리기 직전인 10월 22일 이탈리아 정상에 오른 터였다. 따라서 이들 정상 간 만남은 이번이 처음이었다.

지중해를 사이로 마주 보고 있는 두 나라 정상은 이날 만남을 통해 불법 이민 문제와 관련된 여러 의견을 교환했다. 이 자리에서 멜로니 총리는 2016년 이집트가 지중해로 출항하는 불법 이민선을 막아 준 데 대한 고마움을 표했다. 유럽 전역이 아프리카 난민들의 대량 유입으로 골머

알시시 대통령이 제27차 유엔 기후변화협약 당사국 총회(COP27)에 참석한 바이든(Joe Biden) 미국 대통령과 반갑게 만나 회담장으로 이동하고 있다.

리를 앓던 시기였다. 이탈리아는 특히 그 정도가 더욱 심해 지중해발 난민선 출항지 중 하나인 이집트와의 협력 강화가 절실했다.

 이날 만남에서 멜로니 총리는 이집트가 중동과 지중해 유역의 안보와 안정을 위한 중추적인 기둥이라고 강조했다. 그러면서 양국은 지난 몇 년간 이탈리아 최대 석유·천연가스기업 에니(ENI)와의 협력을 통해 에너지 안보 분야에서 두 나라 간 여러 성과가 있었다는 점을 재확인했다. 두 사람은 또 리비아 내전 사태에 대한 의견을 교환하며 이와 관련된 양국 간 안보 협력 강화의 필요성에 대해서도 논의했다.

이어 같은 날 7일 저녁에는 리시 수낵 영국 총리와의 회동도 이어갔다. 수낵 총리 역시 COP27 개막 직전인 10월 25일 정상에 올라 이번이 영국 수반으로서의 첫 공식적인 해외 방문이었다. 따라서 두 사람의 이날 만남은 향후 양국 간 경제협력의 새로운 틀을 짜는 데 매우 유의미한 자리였다. 이날 만남에서 알시시 대통령은 수낵 총리의 취임을 축하하며 양국 간 협력 수준을 최대한 끌어올리기를 희망했고, 수낵 총리는 이집트가 세계 기후 정상회의를 성공적으로 치러 준 데 대한 감사를 표하면서 이집트는 이 지역에서 영국의 가장 중요한 파트너 중 하나라는 점을 강조했다.

또 같은 날 밤에는 에마뉘엘 마크롱 프랑스 대통령과도 회동했다. 이미 여러 차례 만나 매우 친숙한 두 정상은 이날 회동에서 리비아 사태 및 러시아-우크라이나 위기 등 공동 관심사에 대한 의견을 교환했다. 마크롱 대통령은 이 자리를 통해 최근 다양한 분야에서, 특히 경제 및 무역 관계 수준에서 양자 관계가 전례 없는 추진력을 얻고 있다고 평가하며, 중동 및 지중해 지역, 아프리카에서 안정을 위한 기반을 마련하는 데 있어 이집트의 역할이 매우 중요하다는 점을 강조했다.

총회 이튿날인 11월 8일에는 올라프 숄츠 독일 총리와 만나 여러 현안을 논의했다. 이날 대통령실 대변인은 "알시시 대통령이 독일 총리를 환영하며 모든 정치, 경제, 사회, 군사 분야에서 양국 관계의 진전이 있었다고 평가했다"면서 "이집트는 이후에도 계속해서 독일과의 공동 협력과 정치적 조정을 강화하고자 한다는 뜻을 전했다"고 밝혔다.

대변인실은 또 "숄츠 총리는 자신이 받은 따뜻한 환대에 진심으로 감사를 표했다"면서 "이집트와 독일 간의 굳건한 유대감과 지난 몇 년 동안 두 나라의 관계에서 특히 경제 및 무역 관계에서 놀라운 모멘텀이 있었고, 독일은 앞으로도 이집트에 대한 투자를 늘려나갈 뿐만 아니라, 전문 지식 공유와 기술 이전 등을 통해 포괄적인 개발 달성을 목표로 하는 알시시 대통령의 야심 찬 조치를 지원하겠다는 의지를 나타냈다"고 덧붙였다.

COP27 총회 중 알시시 대통령은 11월 10일, 낸시 펠로시(Nancy Pelosi) 미 하원의장을 만난 데 이어 11일에는 조 바이든 미국 대통령과도 회담했다. 이와 관련 대통령실 대변인은 "두 정상이 만나 팔레스타인 문제에 대해 논의했다"면서 "조 바이든 대통령은 팔레스타인과 이스라엘 간의 평화를 위해 끊임없이 노력하는 이집트의 외교적 역량에 고마움을 표했다"고 밝혔다.

대변인은 또 "이날 회동에서 알시시 대통령은 바이든 대통령에게 국가, 정부, 국민이 테러 재앙에 맞서고 안보와 이념적 위협을 약화시키기 위한 노력을 계속하겠다는 확고한 의지를 강조했다"면서 "양국 정상은 러시아-우크라이나 위기와 관련 전 세계적으로 식량 및 에너지 분야에 미치는 부정적인 영향에 대해 의견을 교환했다"고 덧붙였다.

이 밖에도 이날 브리핑은 "바이든 대통령과 알시시 대통령은 이번 만남에서 리비아와 예멘, 시리아 사태에 대해 논의했고, (에티오피아와 갈등을 빚고 있는) 르네상스댐에 대한 언급도 있었다"고 확인했다. 그러면서 "이와 관련 알시시 대통령은 이집트가 현재와 미래 세대를 위한 물 안보 문제를 보존한다는 입장을 고수하고, 국제법 원칙에 따라 이집트의 물 안보를 보장하는 댐을 채우고 운영하기 위한 법적 구속력이 있는 협정에 도달하여 모든 당사자의 공통 이익을 달성하기 위해서는 미국의 역할이 중요하다는 점을 재확인했다"고 강조했다.

성과 좋고, 이익도 컸던 COP27

(AP=샤름엘세이크) 유엔 기후변화협약 당사국 총회(COP27)에 각국이 참석한 가운데 이집트 사막에서 의미 있는 일이 일어나고 있다. 협상장에서의 좌절에도 불구하고 저소득 국가가 기후 변화에 적응하고, 깨끗한 에너지로 전환할 수 있도록 기후 자금을 늘리는 방안이 점점 더 명확해지고 있다.

총회 중반이던 11월 14일, 〈AP통신〉은 'COP27'에 대한 중간 결산 기사를 전송했다. 이 통신은 '지속 가능한 에너지를 위한'(Sustainable Energy for All) 유엔 사무총장의 특별 대표이자 터프츠대학 플레처스쿨(Fletcher School, Tufts University) 교수인 레이첼 카이트(Rachel Kyte) 박사의 평가를 인용하며 '유엔 기후변화 정상회담에서 4가지 진전된 징후가 나타나고 있다'고 보도했다.

그 첫 번째 징후는 지구 온난화를 막기 위해 2050년까지 전 세계의 온실가스 배출량을 순 제로(net zero)로 만드는 목표가 더욱 명확해졌다는 평가였다. 또 두 번째와 세 번째 징후는 각각 '기후 변화 기금과 관런 국제통화기금(IMF)과 세계은행 같은 국제금융기관이 어떻게 운영되고 있는지에 대한 관심이 고조되고 있다'는 점과 '탈탄소화를 가속화하고 깨끗한 에너지 전환을 추진하기 위해 더 많은 공공-민간 파트너십이 개발되고 있다'는 점이었다. 그리고 네 번째 마지막 징후로는 '이번 COP27 총회에서는 자발적 탄소 시장을 강화하기 위한 새로운 규칙이 등장하고 있다'는 평가였다.

〈AP통신〉의 이 같은 평가에 이집트는 환호했다. 2021년 이번 총회를 유치할 때만 해도 우려가 컸다. 국제적인 대규모 행사를 치를 역량이 아직은 부족하다는 게 대체적인 우려였다. 또 깐깐하기로 소문난 국제 언론들이 비판적인 기사들을 쏟아내면 이집트의 국가 이미지에 먹칠할

제27차 유엔 기후변화협약 당사국 총회(COP27) 기간 중 알시시 대통령의 부인인 엔티사르아메르(Entissar Ahmed Amer) 여사가 샤름엘셰이크 그린 존을 방문해 관계자들을 격려하는 모습.

알시시 대통령이 COP27 행사장을 찾은 스웨덴 환경 운동가와 만나 담소를 나누고 있다. 이 여성은 스웨덴에서 이곳 샤름엘셰이크까지 4개월에 걸쳐 자전거로 7,000㎞를 달려왔다고 해서 화제가 됐다.

수 있다는 염려도 컸다. 실제로 전례들을 보면 전 세계 환경운동가들이 COP 개최 도시로 몰려 사소한 문제까지 물고 늘어져 몸살을 앓은 경우가 많았다.

그런데 이번에는 중간 결산부터 좋은 평가가 나왔고, 샤름엘셰이크 발 잡음들도 상대적으로 작았다. 이에 고무된 이집트 국민들은 '우리도 할 수 있다'는 자신감이 넘쳐났고, '집권 8년 차에 이른 알시시 대통령의 글로벌 리더십이 이번 일을 가능하게 했다'는 여론도 확산됐다. 또 회의 종반으로 가면서는 이번 총회의 궁극적 목표였던 '아프리카 대륙에 이익이 될 수 있는' 바람직한 결과들이 속속 도출돼 이집트 국민의 자부심은 총회 내내 이어졌다.

마침내 11월 20일, 13일간의 총회가 폐회됐다. 이날 〈AFP통신〉은 'COP27, 기후 관련 손실과 피해에 대한 기금 지원 문제가 타결됐다'면서 '이는 역사적인 합의'라고 보도했다. 이 통신은 '때때로 붕괴 직전까지 가는 듯 보였던 2주간의 회담은 기후 손실과 피해에 대한 기금 조성의 중요한 돌파구를 마련했다'면서 '며칠 동안 이 제안에 대한 마라톤협상이 이어진 후 일요일 아침 손실 및 피해 기금이 채택되자 지친 대의원들은 박수를 보냈다'고 전했다.

통신은 또 '개발도상국들은 정상회담 내내 이 문제를 위해 끈기 있게 노력했고, 마침내 무기한 책임을 두려워하던 부유한 오염자들의 지원을 받는 데 성공했다'면서 '해수면 상승으로 존립을 위협받는 섬 국가들의 모임인 〈군소도서국가연합〉(SASN)은 성명을 통해 이번 손실 및 피해에 대한 합의는 지난 30년 동안 준비된 역사적인 합의라며 기뻐했다'고 덧붙였다.

이어 통신은 '지금까지 지구 온난화가 약 1.2도 진행되었고, 최근 몇 달 동안 세계는 기후 변화로 인한 극단적인 현상이 잇따라 발생하면서 재난이 심각해지는 상황에 직면한 개발도상국의 처지에 주목하게 되었고, 에너지와 식량 가격 위기, 급증하는 부채 문제도 부각되었다'면서 '세계은행은 올해 파키스탄에서 발생한 파괴적인 홍수로 300억 달러의 피해와 경제적 손실이 발생했다고 추정하며, 이 기금은 기후 변화의 부정적 영향에 특히 취약한 개발도상국을 대상으로 지원될 예정이며, 이는 EU가 요청한 내용이기도 하다'고 논평했다.

이로써 이집트는 '아랍 세계와 아프리카의 입'을 넘어 '전 세계 모든 개발도상국의 이익 대변자'란 이미지로 도약했다. '긴급 탄소 감축 추진의 미흡'(유엔 사무총장 평가) 등 몇 가지 아쉬운 과제를 남겼지만, 전반적으로 잘 치러진 행사였다는 게 총회 참석자들의 대체적인 평가였다. 게다가 이집트는 이번 COP27 총회를 통해 여러 경제적인 이익까지 챙겨 행사 준비로 수고한 알시시 대통령과 정부 각료들의 보람은 더욱 컸다.

총회 폐막 직후인 11월 23일, 야스민포우아드 이집트 환경부 장관은 "우리 이집트가 대규모 국제 행사를 성공적으로 치를 수 있다는 역량을 전 세계에 보여줬다"는 내용의 성명서를 발표했다. 그는 성명을 통해 "국가의 모든 부처와 관계 당국 간의 조정 및 조화를 보여준 행사였으며, 국제 언론을 통해 이집트의 국가적 이미지를 한층 높인 행사였다"면서 "이번 회의에는 120명의 국가원수와 정부수반, 부통령, 고위 대표 등을 포함해 50,000명의 개인과 다양한 공식, 비공식 기관이 참여했다"고 덧붙였다.

그는 또 "이번 회의를 통해 이집트는 미국 등의 선진국으로부터 1억 5천만 달러에 달하는 재정 지원을 확보했고, 지역 개발 프로젝트 자금을 확보하는 데도 성공해 830억 달러 규모의 여러 계약을 체결했다"고 강조했다. 그리고 이날 발표된 성명서에는 "독일은 생물다양성에 대한 재정 지원을 위해 매년 15억 달러를 제공하겠다고 약속했고, 이집트를 녹색 경제 국가로 만들기 위한 과도기적 자금과 관련 이집트는 여타 국가 및 NGO들로부터 100억 달러의 지원 약속을 받아냈다"는 내용도 포함됐다.

Global Leader③
다자간 균형 외교

"나의 오늘 방문은 새로운 우정과 협력을 시작하려는 양국의 의지가 반영된 것입니다."

2024년 9월 4일, 알시시 대통령이 취임 이후 처음으로 튀르키예를 방문했다. 이로써 그가 추진해 온 지난 10년간의 다자간 정상 외교 노력의 기승전결이 완성됐다. 같은 해 2월, 에르도안 튀르키예 대통령이 카이로를 방문했다. 이에 대한 답방 형식으로 앙카라를 찾은 알시시는 만감이 교차했다. 지중해를 마주 보는 사이라 2시간이면 올 거리였다. 하지만 여기까지 오는 데 10년 세월이 필요했다. 지난 10년 사이 양국 관계는 최악의 상태였다.

2013년 이집트 군부가 모르시를 축출하자 무슬림형제단과 가까웠던 튀르키예가 반발했다. "이집트 대통령은 여전히 모르시"라는 에르도안 당시 총리의 주장에 이집트는 "내정 간섭 수준의 도발적 발언"이라고 격노했다. 이후 사태는 갈수록 악화되며 양국 관계는 부대사급으로 격하됐다. 이는 사실상의 외교 단절을 의미했다. 따라서 알시시 대통령의 이날 방문은 최근 10년간의 악연을 털어버리는 양국 관계의 전환적 계기였다.

지난 시기 카타르와도 비슷한 관계를 경험했다. 이집트는 2017년부터 2021년까지 카타르와 단교했다. 사우디아라비아, 바레인, 아랍에미리트(UAE)와 함께했던 동맹 단교였다. 이 역시 무슬림형제단(MB)과 관련됐다. 아랍 언론 〈알자지라〉(Al Jazeera Media Network)를 운영하는 카타르가 이 매체를 통해 시시때때로 MB 조직을 미화했다. 또 튀르키예와 카타르는 이집트의 피라미드가 비이슬람적 유산이라며 이를 파괴해야 한다는 망발도 반복했다.

결국 MB 세력을 혐오하는 4개국은 2017년 6월, 도하 정부가 국제사회의 이란 적대 정책을 비판하자 이를 이유로 카타르와 국교를 단절했다. 그러면서 자국 내 〈알자지라〉 지국들을 폐쇄하고, 카타르 항공기와 선박의 영공 및 영해 통과를 전면 차단했다. 이 과정에서 사우디아라비아는 인접 국경에 수로를 파서 카타르를 섬나라로 만들겠다는 적의까지 드러냈다. 또 이집트는 인터폴에 카타르 내 무슬림형제단의 수배를 요청하고, 카타르가 지원해 온 무슬림형제단 29명을 간첩 혐의로 체포했다.

이후 2021년 1월, 이들 4개국과 카타르는 한 발씩 양보하며 외교관계를 복원했다. 카타르는 2022년 FIFA 월드컵의 성공적인 개최가 중요했고, 이집트는 석유 부국 도하 측과의 경제협력이 필요했다. 또 나머지

2024년 9월 4일, 알시시 대통령이 취임 이후 처음으로 앙카라를 방문해 에르도안(Erdogan) 튀르키예 대통령과 정상회담 후 공동 기자회견을 하는 모습.

다른 나라들도 같은 아랍국가로서 분란이 길어지면 안 된다는 공감대에 동의했다. 이 과정에서도 알시시 대통령의 대의적 실리외교가 빛을 발하며 이집트가 가장 먼저 관계 복원에 합의했다. 그리고 이어 다른 3개국도 그 대열에 합류했다.

사실, 알시시 대통령의 외교적 시련은 이뿐만이 아니었다. 임기 초반엔 미국과도 냉랭했다. 2014년 6월, 그가 집권하자 당시 오바마(Barack Obama) 행정부는 이집트를 외면했다. 모르시 민간정부를 몰아낸 군부정권의 재등장이란 게 이유였다. 그리고 그 불편한 관계는 2017년 1월, 트럼프(Donald Trump) 행정부가 들어설 때까지 계속됐다.

2017년 4월 2일, 외신들은 '알시시 이집트 대통령의 첫 미국 공식 방문' 기사를 쏟아냈다. 그러면서 언론들은 '2014년 6월 당선 이후 3년 가까이 미국으로부터 단 한 차례도 초청받지 못한 알시시의 불행'이란 사족을 곁들였다. 그러나 꼭 그런 것만도 아니었다. 불행이라고 하기보다는 불편한 시기였다. 그는 위기를 기회로 생각하며 플랜B를 가동했다. 러시아와 중국이 새로운 활로였다. 취임 2개월 뒤 그는 러시아로 날아갔다.

2014년 8월 12일, 러시아 소치(Sochi)에서 만난 두 정상은 시종일관 친근했다. 푸틴은 특히 그해 2월 국방장관 신분으로 러시아에 왔던 알시시에게 대통령 출마를 권유했던 당사자이기도 했다. 그런 점에서 대통령 자격으로 다시 온 알시시와의 만남이 무엇보다 반가웠다.

이로부터 알시시 대통령의 역동적인 다자외교가 시작됐다. 앞에서도 언급했듯 '이끌리는 이집트'가 아니라 '이끄는 이집트'로서의 출발점이었다. 이후 그해 연말엔 베이징으로 날아갔다. 12월 23일, 시진핑 중국 국가 주석과 만난 알시시는 중국과의 외교관계를 '전면적 전략동반자' 수준으로 격상했다. 이 역시 그의 다자간 정상 외교 출발점의 또 다른 신호탄이었다. 미국이 외면하는 6개월 사이, 그는 국제적으로 공인된 스트롱맨 두 사람을 얻게 됐다. 이는 1970년대 사다트 대통령 이후 매우 오랫동안 달걀을 한 그릇(서방 중심)에만 담아왔던 이집트의 외교적 실기를 단숨에 깬 신의 한 수였다.

러시아와 새로운 동맹 시대로

2024년 1월 23일, 새해 시작과 함께 이집트와 러시아가 모처럼 들떴다. 양국이 추진 중인 '엘다바(El Dabaa) 원전' 프로젝트의 마무리 신호

2024년 10월 22일, 알시시 대통령이 러시아 카잔에서 열린 BRICS 정상회담에서 푸틴(Putin) 러시아 대통령과 회동하는 모습.

탄이 터진 것이다. 이날 모스크바와 카이로를 실시간 영상으로 연결한 가운데 '엘다바 4호기' 콘크리트 타설식(Ceremony for First Concrete)이 진행됐다. 영상 속 주인공은 당연, 양국 대통령이었다. 알시시 대통령은 영상 축사 모두 발언을 통해 "나의 친애하는 친구인 블라디미르 푸틴 대통령 각하께서 이 의식에 기꺼이 참여해 주신 것에 깊이 감사한다"고 했다. 또 푸틴 대통령은 "이것이 우리 양자 협력의 가장 대표적인 주력 프로젝트로서, 이집트는 우리의 가까운 친구이자 전략적 파트너"라고 화답했다.

푸틴 대통령의 말대로 엘다바 원전은 양국 우호 교류의 상징적 프로젝트다. 엘다바는 카이로 북쪽 320km, 알렉산드리아 서쪽 170km 지점의 해안 도시다. 2015년, 양국은 이곳에 아프리카 두 번째이자 이집트 역사상 최초로 전체 용량 4,800MW 규모의 원자력발전소 4기를 짓겠다는 야심 찬 계획을 수립했다. 프로젝트 자금만도 287억 5000만 달러가 필요했다. 이집트로서는 감당하기 힘든 규모였다. 그러나 러시아가 힘을 보태며 탄력을 받게 됐다. 러시아가 전체 예산의 85%(250억 달러)를 차관 형식으로 부담하고, 이집트가 나머지 15%를 할부로 제공하기로 한 가운데, 공사 책임은 러시아 원자력 기업인 로사톰(Rosatom)이 맡기로 했다.

이집트는 그동안 전체 전력 발전량의 88%가량을 화력발전에 의존해 왔다. 따라서 전력 공급에 만성적인 어려움을 겪는 이집트로서는 원전 건설이 절실했다. 러시아가 그 난제를 풀어줬다. 그 결과 2022년 7월과 같은 해 11월, 원전 1호기와 2호기의 타설식이 거행됐다. 그리고 2023년 5월의 3호기 타설식에 이어 마침내 이날 마지막 4호기의 타설 행사까지 마침으로써 이집트는 2030년까지 전체 전력의 50%를 원전으로 대체하겠다는 목표치에 바짝 다가서게 됐다.(참고로, 이 프로젝트엔 한국도 참여하고 있다. 2022년 8월, 한국수력원자력이 카이로에서 러시아의 로사톰 자회사인 ASE와 엘다바 원전 건설사업 하도급 계약을 체결했다. 수주액은 약 20억 4천만 달러 규모로 알려졌다.)

이 거대 프로젝트의 첫 시작은 2015년 초 푸틴 러시아 대통령의 이집트 방문에서 비롯됐다. 2015년 2월 9일, 카이로를 찾은 푸틴 대통령은 알시시 대통령과 원전 건설에 합의했다. 또 수에즈운하 포트사이드(Port Said) 동쪽에 러시아 산업단지를 조성하고, 천연가스 사업을 비롯한 이집트의 여러 사업에 투자하는 데도 합의했다.

이후 두 정상은 계속해서 찰떡 공조를 이어갔다. 푸틴 대통령의 카이로 방문 3개월 만인 2015년 5월, 전승 70주년 행사를 계기로 알시시 대통령이 모스크바를 다시 찾았고, 이어 곧바로 같은 해 8월, 모스크바를 또다시 공식 방문했다. 그리고 2017년 12월엔 푸틴 대통령이 이집트를 두 번째 국빈 방문했고, 2018년 10월엔 알시시 대통령의 취임 이후 세 번째 모스크바 국빈 방문을 통해 러시아와 '포괄적 동반자 및 전략적 협력 관계' 협정을 체결했다.(발효는 2021. 1. 10)

두 정상의 이 같은 연속적인 교차 방문 결과 양국은 앞서 소개한 엘다바 원전 외에도 많은 성과를 냈다. 다미에타항(Damietta) 글로벌 물류센터도 그중 하나다. 750만 톤 규모의 곡물 보관 창고인 이 물류센터를 통해 러시아는 향후 나일강과 지중해가 이어지는 다미에타 항구의 지리적인 이점을 살려 아프리카 전역으로 자국 농산물을 수출하게 된다.

또 2019년 2월에는 러시아의 기술 협조로 이집트의 첫 위성 'EgyptSat-A' 발사에도 성공했다. 이 위성은 고해상도 지구 이미지를 데이터센터로 보내 이집트의 도시 계획과 사막화 모니터링, 작물 분포 및 성장 추적 등에 많은 보탬이 될 전망이다. 또 아프리카 다른 나라들에도 데이터가 제공돼 대륙 경제발전에 큰 도움이 될 것으로 보인다.

이 밖에도 이집트와 러시아는 2017년 11월, 테러와의 전쟁에 필요한 양국 간 '공역 및 공항 인프라 상호 사용' 협정을 체결해 이집트의 안보 역량을 한층 키웠는가 하면, 2014년과 2017년에는 콥트정교회 교황인 타와드로스 2세(Pope Tawadros II)가 모스크바를 방문해 러시아 정교회의 키릴(Kirill) 총대주교와 만나는 등 양국 간 종교 교류도 활발했다.

특히 2022년 유엔이 우크라이나 침공을 이유로 러시아에 대한 경제 제재 안건을 상정했을 때 이집트가 이를 반대하며 러시아 편에 선 것은 양국 간 우호 관계를 상징하는 대표적 사례였다. 그런저런 인연으로 2024년 1월, 이집트의 브릭스(BRICS) 가입이 승인됐다. 아랍에미리트, 이란, 에티오피아 등과 함께한 동반 가입이었다. 브라질(B)-러시아(R)-인도(I)-중국(C) 4개국이 모여 2006년 처음 결성한 이 신흥 경제국 대화 협의체가 신규 정회원을 받아들인 건 2011년 남아프리카공화국(S) 이후 처음이었다. 이로써 알시시와 푸틴 사이에는 '일대일로 포럼'(一帶一路, Belt and Road Initiative, BRI)과 '러시아-아프리카 정상회의'(Russia-Africa Summit)에 이어 직접 만나 소통할 수 있는 통로 하나가 더 구축된 셈이었다.

중국과의 튼실한 신뢰 구축

2024년 10월 22일부터 24일까지 러시아 카잔에서 제16차 브릭스(BRICS) 정상회의가 개최됐다. '공정한 글로벌 개발·안보를 위한 다자주의 강화'가 주제였던 이 회의에 알시시 이집트 대통령이 참석했다. 〈AP통신〉은 10월 23일, 푸틴 러시아 대통령이 주재한 만찬 현장을 보도하며 시진핑과 알시시, 푸틴, 세 사람이 밝은 표정으로 건배하는 사진을 게재했다. 이집트 국민들은 자국 언론에 실린 이 사진을 바라보며 한동안 흐뭇했다.

10년에 걸친 이들의 만남 경로는 다양했다. 먼저 양국을 오간 국빈

2016년 1월 21일, 알시시 대통령이 카이로를 공식 방문한 시진핑 중국 국가주석과 정상회담 직후 공동 기자회견장에서 만족한 표정으로 악수를 나누는 모습.

방문이 각각 한 차례씩이었다. 2014년 12월에는 알시시 대통령이 베이징을 방문했고, 2016년 1월엔 시진핑 주석의 카이로 답방이 있었다. 그리고 그 밖에도 둘은 여러 경로를 통해 빈번하게 마주했다. 이를테면 이런 식이었다.

중국 전승절 70주년 기념식(2015. 9. 베이징) ▲제1차 남남협력 원탁회의(2015. 9. 미국 뉴욕) ▲G20 정상회의(2016. 9. 중국 항저우 / 2019. 6. 일본 오사카, 이상 초청국) ▲브릭스 정상회의(2017. 9. 중국 샤먼, 초청 회원국 / 2024. 10. 러시아 카잔, 정식 회원국) ▲중국-아프리카 협력포럼(2018. 9. 베이징 / 2019. 6. 일본 오사카) ▲일대일로 포럼(2019. 중국 베이징) ▲베이징동계올림픽(2022. 2. 중국) ▲중국-아랍국가 포럼(2022. 12. 사우디아라비아 리야드 / 2024. 5. 중국 베이징) 등등, 두 사람은 코로나-19 시기(2020~21)와 2023년을 제외하곤 매년 한두 차례씩 교류를 이어갔다.

그 과정을 통해 양국 교류 협력은 급물살을 탔다. 2016년 1월의 카이로 국빈 방문에서 시진핑은 이집트에 묵직한 선물 보따리를 안겼다.

2016년은 마침 양국 수교 60주년의 해였다. 시진핑 주석은 이집트 도착 전 언론 기고문을 통해 "세계에서 가장 오랜 문명을 지닌 중국과 이집트 국민은 고대부터 육로와 해상 실크로드를 통해 친근하게 교환을 하고 상호 이해를 돈독히 했다"며 양국 간 인연을 강조했다. 알시시 대통령도 1월 20일, 시 주석의 도착에 맞춰 공항까지 나가는 성의를 보였다.

당시 방문에서 시 주석은 알시시 대통령과 가진 공동기자회견을 통해 "양측은 전력과 수송, 인프라 분야에서 15개 프로젝트에 착수하기로 합의했다"고 밝히며 "이 프로젝트에 대한 전체 투자 규모는 150억 달러 이상일 것"이라고 강조했다. 그는 또 이날 기자회견을 통해 "중국은 이집트에 10억 달러 상당의 차관을 제공할 것이며, 이는 이집트 경제발전에 새로운 동력이 될 것"이라는 설명도 곁들였다.

시 주석의 이집트 방문에는 중국의 여러 기업들도 동참했다. 이들 중국 경제사절단은 이집트 기업들과 민간 항공, 전력 프로젝트, 새 행정수도 건설 등 12개 분야에서 6천 40만 달러 규모의 계약을 체결했다. 이와 관련 시 주석은 "30여 중국 기업들이 이집트의 수에즈운하 경제특구에 이미 4억 달러가 넘는 투자를 했다"면서 "중국 기업들의 이집트 투자가 더욱 활발해질 것인데, 다음 단계에서는 수에즈 경제특구에 대한 중국의 신규 투자가 100여 개 기업, 25억 달러 규모로 6배 이상 증가할 것"이라고 장담했다.

이와 관련 미국 언론 〈CNN〉 온라인판은 2016년 10월 10일 자에서

'이집트, 중국 덕분에 새로운 수도를 얻다'(Egypt is getting a new capital – courtesy of China)라는 제하의 기사를 게재했다. 언론은 이 기사에서 '중국 개발업체가 대규모 프로젝트에 많은 자금을 지원한다는 발표로 이집트의 새로운 수도 건설이 현실화되는 데 한 걸음 더 다가갔다'면서 '중국의 부동산개발 기업(CFLD)은 이집트 대통령 압델 파타 알시시와의 회동 후, 아직 이름도 정해지지 않은 이 도시에 200억 달러를 제공하기로 합의했다'고 보도했다.

이 언론은 또 '이는 다른 중국 국유기업이 이전에 약속한 150억 달러에 따른 것이며, 이로써 이 프로젝트는 향후 7년 공사 비용 목표치인 450억 달러를 확보하게 될 것으로 보인다'면서 '인도 회사가 거대한 의료 센터와 대학 건립을 계획하고 있고, 사우디아라비아 회사도 12.6ha 규모의 모스크와 이슬람박물관을 건설할 계획을 갖는 등, 이 행정수도 프로젝트에 대한 다른 국가들의 관심도 높다'고 덧붙였다.

이후에도 2019년 8월, 중국은 자국 기업 허치슨포트홀딩스(Hutchison Ports)를 통해 알시시 대통령이 지켜보는 가운데 이집트와 아부끼르(Abu Qir) 지중해 컨테이너 터미널 설립을 위한 양해각서를 체결했는가 하면, 2020년 11월에는 이집트 수에즈운하청이 소유한 아인 소크나(Ain Sokhna) 토지 개발권에 대한 협력 의정서를 교환하는 등 여러 교류 협력을 꾸준히 이행했다.

그 결과 2024년 10월 현재 이집트에는 2,000개가량의 중국 기업이 활동 중인 것으로 알려졌다. 이와 관련 이집트 투자자유구역총국(GAFI)은 "지난 10년간 이집트에 투자했던 중국 기업인들은 간편한 절차와 경쟁력 있는 노동력, 인프라 현대화 등 이집트 시장이 매력적이라고 생각하고 있다"면서 "기술 이전과 수천 개의 일자리 창출, 외화 유입 강화 등에 기여하고 있는 중국 투자자들이 최근 뉴 알라메인(New Alamein)의 토지를 조달해 달라는 요청을 해와 이를 승인했다"고 밝히기도 했다.

사실, 중국의 이 같은 적극적인 행보는 시진핑의 '일대일로(BRI) 프로젝트'와 밀접하게 연관돼 있다. 중국은 이집트의 지리적 입지와 아프리카연합 의장(2019~2020) 등을 지낸 알시시 대통령의 역내 위상을 활용해 아랍 세계와 아프리카 지역의 BRI를 더욱 촉진시키고자 하는 의도가 짙다. 이는 미국과의 패권 경쟁에서도 매우 중요한 대목이다. 알시시 대통령은 미국이 외면했던 시기, 이를 잘 포착해 양국 모두에게 이로운 윈윈전략을 구사했다. 이로써 중국의 이집트 투자가 증가했고, 이는 알시시 대통령의 '새로운 이집트'(New Egypt) 구상에도 매우 중요한 마중물이 됐다.

마침내 미국과도 관계 복원

2016년은 알시시 대통령의 다자외교 전략에 획을 긋는 역사적인 한 해였다. 앞서 소개한 대로 1월엔 시진핑 중국 국가주석의 이집트 방문으로 여러 실질적인 이익을 얻었다. 다음은 미국 차례였다. 그동안 불편했던 오바마 시대가 어느덧 막을 내리고 있었다. 따라서 제45대 미 대선(2016. 11. 8)이 흥미로운 관심사가 됐다. 시진핑과의 카이로 정상회담에 이어, 일본 아베 총리(2월, 도쿄), 한국 박근혜 대통령(3월, 서울), 인도 모디 총리(9월, 뉴델리) 등과 차례로 정상회담을 마친 알시시 대통령은 2016년 9월 18일, 제71차 유엔 총회 일정에 맞춰 뉴욕으로 날아갔다. 그리고 그곳에서 트럼프 공화당 대선 후보와 첫 만남(9.19)을 갖게 된다.

두 사람은 첫 대면부터 서로를 알아봤다. 사업가 기질의 트럼프는 승부사 기질의 알시시가 매력적으로 다가왔다. 이날 회동 직후 트럼프는 기자들의 질문에 "알시시 대통령과의 만남은 아주 생산적이었다. 훌륭한 만남이었으며 꽤 오랜 시간 이어졌다"면서 "우리 사이엔 좋은 화학작용이 있었다. 여러분도 특정한 누군가와 케미를 느낄 때가 있지 않은가. 나는 우리 사이에 좋은 감정이 있었다고 생각한다"는 특유의 입담을 구사했다.

그는 이어 "이집트의 대테러전쟁을 강력히 지지하며, 내가 당선되면 '트럼프 행정부' 하의 미국은 단순한 동맹이 아닌 이집트의 강력한 우방이 되겠다"고 강조했고, 알시시 대통령도 이와 관련 미국 현지 매체들(FOX NEWS, CNN)과의 인터뷰를 통해 "도널드 트럼프가 강력한 지도자가 되리라고 확신한다"면서 "우리는 상당히 많은 공감대를 형성했다"고 화답했다.

이후 트럼프는 알시시의 기대대로 2016년 11월, 제45대 미국 대통령에 당선됐다. 그의 당선이 확정되자 알시시 대통령은 즉각 트럼프에게 축하 전화를 했다. 이와 관련 외신들은 '외국 대통령으로서 가장 먼저 도널드 트럼프 당선인에게 축하 인사를 건넨 건 알시시 이집트 대통령이었다'고 보도했다.

2022년 12월, 이집트와 미국의 외교 수립 100주년을 맞아 워싱턴을 방문한 알시시 대통령이 미국 의회 지도자들과 조찬 간담회를 갖는 모습.

이어 알시시 대통령은 포르투갈 통신 〈LUSA〉와의 인터뷰에서도 "그를 만나 본 결과 트럼프 당선인은 전체적으로 이집트와 중동에서 발생한 일들을 깊이 있게 잘 이해하고 있었다"면서 "나는 그가 중동 현안에 더욱 철저히 관여할 것으로 믿는다"고 강조했다. 미국과의 외교적 관계를 복원하려는 알시시의 집념은 이렇듯 시종일관 트럼프에 대한 존중으로 이어졌다.

이런 인연들이 쌓여 마침내 2017년 4월 3일, 알시시와 트럼프는 미국 백악관에서 공식적인 첫 정상회담을 개최했다. ▲이스라엘-팔레스타인 분쟁 ▲테러 조직 대응 방안 ▲양국 간 협력 강화 등이 회담 의제였다. 이 현안들과 관련 두 사람의 의견은 대부분 일치했다. 따라서 회담은 시종일관 화기애애했고, 이와 관련 외신들은 두 사람이 첫 정상회담부터 브로맨스(bromance)를 과시했다고 보도했다.

트럼프 대통령도 정상회담 직후 기자회견에서 "우리가 알시시 대통령의 매우 강력한 편이라는 데 어떠한 의심도 없음을 모든 이들이 알기를 바란다"면서 "그는 매우 어려운 상황에서 멋진 일을 해냈다"고 강조했다. 그는 또 "우리는 이집트와 이집트 국민의 강력한 편"이라고 선언한 뒤 옆에 있던 알시시 대통령을 바라보며 "당신은 미국과 나의 위대한 친구이자 동맹"이라고 치켜세웠다.

숀 스파이서(Sean Spicer) 백악관 대변인 역시 이날 성명을 통해 "트럼프 대통령은 IS와 맞서 싸우는 데 우선순위를 두면서 군사력을 획기적으로 증강하고 있다"면서 "두 지도자가 그 지역에서 테러를 격퇴하고 평화와 안정을 추구하는 방법을 논의했다"고 언급했다. 또 〈뉴욕타임스〉(NYT)는 '양국 정상이 이번 회담에서 인권 문제는 논의하지 않기로 한 바 있다'고 보도했고, 〈VOA〉(미국의 소리방송)도 '카타 아부 디아브(Khattar Abou Diab) 파리대학교 정치학 교수에 따르면 알시시 대통령의 이번 워싱턴 방문은 아랍 세계에 대한 미국 외교정책의 큰 변화를 의미한다'고 평가했다.

이후 두 사람은 정상회담 한 달여 뒤인 5월 21일, 사우디아라비아에서 열린 '아랍 이슬람-미국 정상회의' 중에 다시 만났고, 9월 열린 제72차 유엔 총회 기간에도 한 차례 더 만나 1년 사이 세 차례 만남을 이어갔다. 그리고 2018년 제73차 유엔 총회 기간(9. 24)과 2019년 두 번째 워싱턴 정상회담(4. 8~10), 같은 해 8월의 프랑스 G7 정상회의(8. 26, 비아리츠) 등의 여러 경로를 통해 3년 연속 브로맨스 관계를 이어갔다.

그 과정에서 미국은 2018년 7월, 인권 문제를 이유로 보류해 왔던 1억 9500만 달러 규모의 군사 원조 비용을 이집트에 제공했다. 이와 관련 〈CNN〉은 2018년 7월 25일 자 보도에서 '국무부 관계자는 지난해 특정 미국 우려에 대응해 취한 조처를 인식하고, 이러한 파트너십을 더욱 강화하려는 우리의 노력 정신에 따라, 행정부는 이집트가 2016 회계연도(외국 군사 자금)에서 남은 1억 9500만 달러를 군사 조달에 사용할 수 있도록 허용했다'고 전했다.

또 양국 무역 규모도 늘어나 2018년 미국의 이집트 상품 수출액은 51억 달러로 2017년 대비 26.7% 증가했고, 이 같은 분위기에 힘입어 2019년 4월, IMF로부터 좋은 소식이 들리기도 했는데, 다음은 그와 관련된 IMF의 2019년 4월 19일 자 보도자료다.

> 오늘 워싱턴에서 압델 파타 알시시 대통령과 회동한 후, 국제통화기금(IMF)의 크리스틴 라가르드(Christine Lagarde) 총재는 다음과 같은 성명을 발표했다. "알시시 대통령과 저는 IMF의 120억 달러 규모의 확장 기금으로 지원되는 이집트의 경제 개혁 프로그램에 대한 진전을 논의했다. 이 프로그램은 순조롭게 진행되었으며 최종 검토는 향후 몇 달 동안 계속될 예정이다. 이집트 경제는 계속해서 강력하게 성장하고 있으며, 실업률은 2011년 이후 가장 낮은 단계이고, 외환보유액은 편안한 수준이며, 공공 부채는 성장 친화적 통합 노력으로 인해 하락 궤도에 있다."
>
> 2019년 4월 19일, IMF 보도자료

이후 조 바이든 시대를 맞아서도 양국 관계는 대체로 양호했다. 다만 트럼프 행정부 때와 달리 민주당 정부가 다시 인권 문제를 이유로 매년

13억씩 지급해오던 지원금의 일부 지급을 미뤄 한때 균열 조짐을 보이기도 했다. 하지만 이 역시 앞서 소개한 대로 이스라엘-하마스 전쟁 와중에서 알시시 대통령의 존재 가치가 부각되며 2024년 9월, 전액 지급 방침으로 선회했다.

또 같은 달, 주이집트 미국대사관은 "2024년 9월 18일, 카이로에서 진행된 미국과 이집트 간의 전략 대화에서 이집트 외무부 장관 바드르 압델라티(Badr Abdelatty)와 국무부 장관 토니 블링컨(Tony Blinken)은 미국 정부가 공동으로 미국-이집트 우선순위를 발전시키려는 미국의 지속적인 공약의 일환으로 1억 2900만 달러를 이집트에 투자한다"는 내용의 반가운 소식을 발표했다. 그러면서 "USAID(미국 국제개발처)를 통한 미국 정부의 이번 투자는 민간 부문 주도의 이집트 경제 개혁을 강화하고, 공교육을 발전시키고, 공공 보건 서비스를 개선하고, 대응력 있는 정부 기관과 투명성을 강화할 것"이라고 덧붙였다.

유럽 각국도 인정한 글로벌 리더십

"당신의 안정과 번영은 이 지역 전체에 필수적입니다."(Your stability and your prosperity are essential for an entire region)

2024년 6월 29일, 카이로에서 열린 '이집트-EU 컨퍼런스' 개회사에서 폰 데어 라이엔(Ursula Gertrud von der Leyen) 유럽연합(EU) 집행위원장은 객석 앞줄의 알시시 대통령을 바라보며 이렇게 외쳤다. 이 행사는 EU가 2027년 말까지 보조금과 대출로 74억 유로(80억 달러)를 이집트에 제공하기로 약속하는 자리였다. 또 그와는 별개로 이집트 기업들이 유럽 기업들과 400억 유로(428억 달러) 규모에 달하는 투자 계약을 체결하는 행사 자리이기도 했다.

이와 관련 미국 매체 〈글로벌 파이낸스 매거진〉(Global Finance Magazine) 2024년 7월 9일 자는 '걸프와 EU 정부가 이집트를 안정시키고자 하는 데에 충분한 이유가 있다'면서 '인구가 1억 1100만 명인 이집트는 한쪽에서 이스라엘-하마스 전쟁이 벌어지고 있고, 다른 한편으로는 지중해를 건너오는 유럽 난민사태 위기의 전략적인 위치를 차지하고 있기 때문'이라고 보도했다. 바로 이 부분이 '당신(이집트를 이끄는 알시시)의 안정과 번영이 이 지역 전체(중동-아프리카)의 필수(지중해 지역 전반의 안정)'라고 강조했던 폰 데어 라이엔 위원장의 개회사와 직결되는 대목이다.

〈로이터통신〉(Reuters) 역시 2024년 6월 30일 자 기사에서 'EU의 이집트 관계 강화에 따라 유럽 기업들, 잇따라 거래 체결'이란 제목 아래 '이집트는 가자지구 및 수단 사태 여파를 최대한 줄이려 노력했고, 유럽 국가들은 지중해를 가로지르는 이주자들의 흐름을 막기 위해 노력해 왔다'면서 '이날 행사에서 연사들은 유럽과 중동, 아프리카 사이에 위치한 이집트의 전략적 위치와 청정에너지 수출국 등의 경제적인 잠재력에 초점을 맞췄다'고 보도했다.

이날 알시시 대통령은 축사를 통해 "이번 컨퍼런스는 이집트의 지난 10년 경제 개혁 조치에 대한 유럽연합의 강력한 신뢰와 지원 메시지가 반영된 행사"라고 화답했다. 그는 인사말을 전하면서 '10년'을 특히 강

2024년 6월 29일, 알시시 대통령이 '이집트-EU 투자 컨퍼런스'에 참석한 우르줄라 폰 데어 라이엔(Ursula von der Leyen) 유럽위원회 위원장 등 EU 집행위원들을 접견하는 모습.

조했다. 그 10년은 이렇듯 편안하게 마주 앉은 유럽 여러 나라들과 사연도 많고, 갈등도 있고, 때론 위기도 표출됐던 시기였다. 미국이 그랬듯, 집권 초기 유럽도 그의 정치적 행보에 여러 불편함을 안겨줬다.

2015년 6월 3일, 알시시 대통령은 취임 뒤 처음으로 베를린을 찾아 앙겔라 메르켈(Angela Merkel) 독일 총리와 첫 정상회담을 했다. 그 과정에서 메르켈 총리는 독일 언론과 인권 단체들을 의식한 듯 알시시 대통령의 면전에서 "독일은 테러 범죄를 포함해 그 어떠한 경우에라도 사형이 선고되는 것을 반대한다"고 못 박았다. 무슬림형제단에 사형선고를 내린 이집트 사법부를 겨냥한 발언이었다. 예상했던 대로였다. 이에 대해 알시시는 "독일적, 유럽적 시각으로 이해한다"면서 "그러나 독일로서도

2019년 2월 24일, 알시시 대통령이 시나이반도 샤름엘셰이크에서 열린 제1회 아랍-유럽 정상회담에서 개막 연설을 하고 있다.

이집트의 시각을 존중할 것으로 본다"는 원론적인 입장으로 응수했다.

그런데 당혹감은 거기서 그치지 않았다. 메르켈 총리와의 기자회견장에서도 또 다른 해프닝이 벌어졌다. 한 아랍계 여성 언론인이 노골적으로 '거친 비난'을 외쳐 알시시에게는 그 말이 평생 상처로 남게 됐다. 또 총리 청사 밖에서는 알시시 대통령을 '장군'으로 호칭하며 그의 독일 방문을 반대한다는 시위가 이어졌다. 다만, 메르켈 총리가 기자들과의 질의응답에서 "이집트는 중동-아프리카 지역 평화 증진을 위한 중추적인 국가"라고 강조한 게 그나마 위안이었다.

비슷한 일은 영국에서도 있었다. 2015년 11월 5일, 런던을 찾은 알시시 대통령은 데이비드 캐머런(David Cameron) 영국 총리와 첫 정상회담을 했다. 이때 런던 정치 중심가 '화이트홀'(Whitehall)로 피켓 시위대가 집결했다. 영국 언론들은 이들 대부분이 이집트에서 이민 온 사람들로, 무슬림형제단의 자유정의당, 이슬람학생연합, 무기 무역을 반대하는 시민단체 회원들이라고 소개했다. 이들은 '독재 타도', '군부정치 반대' 등의 구호를 외치며 캐머런 총리의 초청으로 성사된 양국 첫 정상회담의 분위기를 흐렸다.

이 같은 외교적 결례에는 일부 영국 정치인도 가세했다. 제러미 코빈(Jeremy Corbyn) 영국 노동당 당수가 나서 "캐머런 총리가 알시시 대통령을 초대한 건 인간과 자유 민권에 대한 모독"이라고 강력 비판했다. 그러면서 그는 "중동 국가 간 대화를 지원하고 폭력 사태 해결책을 제안하는 것은 우리에게 매우 중요한 일이지만 군부 쿠데타로 민주주의 정권을 뒤엎은 알시시 대통령을 환영한다는 것은 영국 정부를 웃음거리로 만들 것"이라고 성토했다. 알시시로서는 실로 속상한 일이었다.

이 밖에도 이탈리아와는 카이로 주재 이탈리아 영사관이 폭탄 공격(2015. 7)을 받아 양국이 긴장한 데 이어, 이집트에 유학 와 있던 이탈리아 대학원생이 실종 8일 만에 고문 흔적의 변사체로 발견돼(2016. 2) 양국 간 갈등을 유발했다. 또 프랑스와는 지중해 상공에서 발생한 카이로행 에어프랑스 여객기 실종 사고(2016. 5)로 양국이 긴장한 상태에서, '밝힐 수 없는 보안상의 이유'(이집트 당국 설명)로 카이로 특파원으로 활동하던 프랑스 언론인을 추방해 양국 관계가 한때 냉랭해지기도 했다.

그러나 이 같은 시련들은 시간이 지나며 차차 해결됐다. 유럽 각국은 중동평화와 리비아 사태 해결, 아프리카 대륙의 경제발전 등을 위해 헌신하는 그의 리더십을 점차 인정했다. 그러면서 각국 정상들과 자연스러운 교차 만남이 이어졌고, 그 과정에서 유럽 정상들은 이집트 해안을 거쳐 지중해를 건너는 난민 숫자가 거의 제로에 가깝다는 사실에 고마움을 표했다.

한 발 더 나아가 2019년 2월엔 알시시 대통령을 공동의장으로 추대한 가운데 샤름엘셰이크(Sharm El Sheikh)에서 제1회 아랍-EU 정상회의를 개최하기도 했다.

이와 관련 유럽연합집행위원회는 보도자료를 통해 "아랍국가연맹(LAS)과 유럽연합(EU) 회원국의 지도자들은 2019년 2월 24일부터 25일까지 이집트의 샤름엘셰이크에서 첫 번째 정상회담을 개최했다"면서 "이 정상회담은 이집트아랍공화국의 압델 파타 알시시(Abdel Fattah Al Sisi) 대통령과 유럽연합이사회의 도날드 투스크(Donald Tusk, 전 폴란드 총리) 의장이 공동의장으로 참석해 세계 인구의 12%를 차지하는 두 지역의 공통적이고 현재의 과제를 논의하고, 해결하며, 협력과 조정의 새로운 시대를 열기 위한 것이었다"고 알렸다.

> 오늘 우리는 유럽연합과 아랍연맹의 지도자들 간의 사상 첫 정상회담을 마쳤습니다. 저는 그것이 우리 사이의 새로운 협력 장의 시작이 될 수 있다고 진심으로 믿습니다. 우리는 지정학적 맥락에서 훨씬 더 위험하고 불안정해진 많은 동일한 과제에 직면해 있습니다. 국제 안보 위기와 테러리즘에 대처하고, 기후 변화와 대량 인구 이동에 맞서고, 불확실한 세계 경제에서 지속 가능한 성장과 투자를 보장하는 것 등등, 여러 과제가 있습니다.
> 지도자들은 이번 회의를 통해 여러 가지 안보 및 국경 통제 문제에 대해 협력하

고 조정하기로 합의했습니다. 우리는 테러리즘의 근본 원인을 해결하고 국경을 넘는 외국인 테러리스트의 이동을 퇴치하기 위한 노력을 심화할 것입니다. 폭력적인 극단주의자들은 모든 형태의 지원에서 차단되어야 합니다. 이 정상회담은 시작에 불과하지만, 매우 좋은 시작입니다. 이 정상회담을 가능하게 해준 아랍연맹 파트너들의 훌륭한 협력에 감사드립니다. 또 알시시 대통령과 이집트 국민들의 환대에 진심으로 감사드립니다. 여러 면에서 오늘은 당신의 성공입니다. 알시시 대통령님, 감사합니다.

도날드 투스크(Donald Tusk) 유럽연합이사회 의장의
제1차 아랍연맹-EU 정상회담 폐회사 중

NEW EGYPT①
2015년, 성장 동력의 발판을 깔다

2015년, 세계는 또다시 이집트를 주목했다. 이번엔 경제였다. 2011년 '아랍 대격변' 이후 2014년까지 이집트 경제는 추락했다. 정치·사회사적 혼란으로 외국 투자자들이 빠져나갔고, 관광 수입도 급감했다. 또 대부분의 산업 시스템이 멈춰 실업률도 치솟았다. 알시시 대통령은 2013년 3월, 대선 출사표를 통해 "수백만 명의 청소년이 실업으로 고통받고 있다. 이는 용납할 수 없다"고 했다. "수백만 명의 이집트인이 병들어 있고 치료법을 찾을 수 없다. 이 역시 용납할 수 없다"고 했다. 그만큼 이집트는 절망적이었다.

알시시는 당시 '출마 선언문'에서 "나의 희망은 이집트를 세계 선두로 이끌겠다는 꿈"이라며 "이집트의 힘과 권력, 영향력을 회복함으로써, 예전에 그랬던 것처럼 우리 이집트가 세상의 모범이 되겠다는 꿈을 갖고 있다"고 강조했다. 2014년 6월, 대통령에 취임한 뒤 그는 이 대국민 약속을 가슴에 새기며 각료들을 독려했다. 약속을 지키는 것도 중요하지만 빠른 실행이 더욱 중요했다. 경제 회복만이 '세상의 모범'으로 갈 수 있는 유일한 해법이었다. 그렇기에 총리 등 내각 구성에 많은 신경을 썼다. 그 결과 추진력과 전문성을 갖춘 초대 내각이 구성됐다. 특히 경제전문가들을 대거 발탁했다.

알시시 대통령은 취임 직후 유능한 초대 각료들과 두 가지를 계획했다. 그 하나는 공사 기간을 단축해서 2015년 중반 '신수에즈운하' 개통식을 갖겠다는 목표였다. 그리고 다른 하나는 2015년 초, 대규모 투자 유치(FDI)를 위한 국제 행사를 개최하겠다는 의지였다. 사실상 두 가지 모두 가능한 일이 아니었다. 2014년 8월에 시작한 신수에즈운하 건설의 애초 공기(工期)는 3년이었다. 이를 1년으로 당긴다는 건 거의 불가

2015년 3월 13일 개막한 이집트 경제개발 컨퍼런스(EEDC) 개막식 모습.

능에 가까웠다. 또 FDI 컨퍼런스도 준비 기간이 촉박했다. 미국 등 서방 국가들과의 관계 개선이 불투명한 상황에서 이를 추진하는 건 위험 요소가 많았다.

하지만 길이 없으면 길을 낸다는 심정으로 밤낮없이 머리를 맞댔다. 그리고 결국은 그 둘을 모두 해냈다. 그것도 세계가 놀랄 만한 수준으로 치러냈다. '이집트경제개발컨퍼런스'(EEDC)로 명명한 투자유치 행사가 먼저였다. 2014년 3월, 세계적인 정치지도자들과 기업가들이 샤름엘셰이크로 속속 도착했다. 그리고 같은 해 8월엔 신수에즈운하 개통식도 거행했다. 공사 기간을 무려 2년이나 단축한 결과였다.

382억 달러 투자 유치한 EEDC

"가장 자애로우시고 자비로우신 알라의 이름으로! 오늘 이집트아랍공화국의 국민과 정부를 대신해 여러분을 환영하게 되어 매우 기쁩니다. 인류 번영과 진보를 위해 함께 일해야 한다는 공통된 비전을 갖고 이 자리에 참석하신 모든 이집트 개발 파트너들을 진심으로 환영합니다."

2015년 3월 13일, 마침내 EEDC 행사가 개막됐다. 알시시 대통령은 이날 개막연설에서 이집트의 새로운 변화를 약속했다. 불과 1년 전만 해도 이집트는 암울했다. 당시만 해도 알시시는 경직된 이미지의 국방부 관료였다. 하지만 취임 1년도 안 돼 알시시 대통령은 경제 외교단의 기수가 됐다.

그런 점에서 그는 '을'이었다. 행사장엔 2,000여 명의 '갑'들이 자리했다. 그는 '주식회사 이집트'의 CEO답게 개막식 내내 그들을 온화한 미소로 예우했다. 112개국에서 온 그들 모두가 이집트의 미래를 함께 열어갈 공동운명체들이었다.

청중석 앞줄에는 존 케리(John Kerry) 미 국무장관과 토니 블레어(Tony Blair) 전 영국 총리가 자리했다. 그리고 압둘라 2세(Abdullah II bin Al Hussein) 요르단 국왕과 필립 해먼드(Philip Hammond) 영국 외무장관 등, 수많은 거물급 정치지도자들도 참석했다. 또 GE CEO 제프리 이멜트(Jeffrey Immelt)와 BP(British Petroleum) CEO 밥 더들리(Bob Dudley), 코카콜라 인터내셔널 사장 아흐멧 보조르(Ahmet Bozer) 등, 내로라하는 글로벌 기업 경영자들도 대거 포함됐다.

이 행사에는 한국기업들도 참석했다. 삼성과 LG, 두산중공업, 대우건설 등, 대기업 11개 사 임원들이 이집트로 날아갔다. 산업통상부, 기획재정부, 해양수산부, 주이집트 대한민국대사관 등 정부 관계자들도 참석했다. 또 플랜트산업협회와 수출입은행, KOTRA(Korea Trade-Investment Promotion Agency) 등도 참가해 한국 측 참석 인원만도 40명이었다. 특히 행사에 참여한 삼성전자는 연설 중계용 디스플레이를 협찬해 주최 측의 환심을 샀다.

컨퍼런스 목적은 이집트 정부가 추진 중인 경제개발의 로드맵을 제시하며, 대외적으로 이를 알려 외국인 투자 유치를 확대하자는 것이었다. 그리고 이를 계기로 경제도약의 발판을 마련하고자 하는 게 이 행사의 취지였다. 그런 점에서 행사 타이틀도 '이집트의 미래'(Egypt the

Future)로 내걸었다. 즉, 지금의 이집트를 보지 말고, 미래 투자처로서의 이집트를 바라보라는 당당한 메시지를 제시했다.

결론부터 말하자면, 행사는 기대 이상으로 성공했다. 사우디아라비아, 아랍에미리트 등, 석유 부국들이 먼저 나서 통 큰 투자를 선행(先行)했다. 그러면서 이집트에 대한 투자는 곧 '중동평화 펀드 조성'이란 취지의 논리로 다른 국가들의 투자심리까지 자극했다. 또 알시시 대통령과 급격히 가까워진 중국도 가오후청(Gao Hucheng) 상무장관과 CIC(China Investment Corporation) 투자기업을 보내 대규모 투자를 약속했다.

그 결과 3월 15일, 행사 종료와 함께 집계한 전체 투자유치 규모는 382억 달러로 나타났다. 2014년 이집트 외환보유 총액이 107억 달러였다. 그보다 3배 이상의 달러를 확보한 셈이었다.

외신들은 '사우디아라비아와 아랍에미리트(UAE), 쿠웨이트, 오만 등, 걸프 4개국이 125억 달러를 분담하고, 독일이 60억 유로를 약속했다'고 보도했다.

이 밖에도 주최 측의 분석 결과 ▲영국 석유기업 BP의 '가스전 개발 사업' 120억 달러 ▲이탈리아 ENI의 '원유·가스 개발 사업' 50억 달러 ▲요르단 기업 FAS Energy의 '아스완주 태양열발전소 건설' 35억 달러 ▲중국 국영항공업체 AVIC의 '열차 및 전동차 생산' 10억 달러 등등, 컨퍼런스에 참가한 많은 세계적 기업들이 이집트의 새로운 변화에 힘을 보탠 것으로 나타났다.

이 행사의 성공적인 결과와 관련, 당시 컨퍼런스를 지켜봤던 KOTRA

카이로 무역관은 "중동 및 북아프리카 지역에 대한 IS의 위협이 고조되는 상황에서 ▲이집트의 정치적, 경제적 안정은 미국을 포함한 주변 아랍국가들의 이해관계와 맞물려 중요성이 증가하고, ▲이러한 인식은 이번 행사에서 아랍국의 대규모 투자를 통한 이집트 지원 노력으로 나타난 것으로 분석된다"면서 "알시시 이집트 대통령은 개막식에서 '이집트에 대한 투자는 아랍 전체 지역의 안정화에 기여할 것'이라고 강조했다"는 보고서를 남겼다.

신행정수도 계획과 'Vision 2030' 발표도

KOTRA 보고서대로 투자유치 컨퍼런스가 성공한 배경에는 이집트의 지정학적인 중요성이 한몫했다. 이집트 정치경제의 안정이 중동 및 아랍·아프리카 안보와 직결된다는 논리가 잘 스며든 결과였다. 그러나 꼭 그것만도 아니었다. 치밀하게 준비하고, 논리적으로 잘 설명한 '이집트의 미래 계획'이 행사 참석자들에게 감동을 준 이유도 컸다.

특히 '새로운 이집트'(New Egypt)로 국가 전체를 리모델링하겠다는 계획에 많은 기업들이 고개를 끄덕였다. 투자 대비 이익은 물론, 이집트를 교두보로 중동권과 아프리카 진출의 발판을 만들겠다는 계산이 맞아떨어져 행사 참가자들의 지갑을 열게 했다. 특히 중국과 러시아 기업들의 판단은 그들이 속한 국가 프로젝트와 맞물렸다. 미국이 외면하는 사이 푸틴과 시진핑의 '이집트 사용 설명서'가 한층 두꺼워졌고, 그에 따라

2015년 3월 샤름엘셰이크 EEDC에서 처음 발표된 이집트 신행정수도(NAC) 1단계 공사가 마무리돼 정부 부처 대부분이 새로운 행정수도로 이전해 업무를 보고 있다.

양국 기업가들이 바라보는 이집트의 미래 가치는 더욱 올라갔다.

"이집트의 미래를 보시려면 여기에 주목해 주십시오."

행사 이틀째인 3월 14일, 주최 측이 신행정수도 건설 계획을 발표했다.

"수도 카이로는 이제 인구 과밀화로 도시 기능이 매우 제한적입니다. 따라서 우리는 카이로 동쪽에 새로운 행정수도를 조성하고자 타당성 조사를 완료했습니다. 1단계로 450억 달러를 투입해 490km^2 규모의 면적에 500만 명가량이 거주할 수 있도록 조성하는 이 신도시에는 모든 정부 청사와 외국 공관들이 입주하게 되며, 110만 개가량의 주택과 대학 등의 교육시설은 물론 국제공항까지 들어서게 됩니다."

신행정수도 초창기 건설 모습. 2015년 알시시 대통령은 사막 한복판에 450억 달러를 투입해 490㎢ 규모의 면적에 500만 명가량이 거주할 수 있도록 조성하는 제1단계 행정수도 건설 계획을 발표했다.

모스타파마드불리(Mostafa Madbouly) 주택부 장관(현 총리)의 설명이 이어졌다. 그는 카이로대학에서 도시계획 전공으로 석박사를 마치고 2000년부터 정부에서 일하며, 주택부 도시계획총국 기술실장(2004), 도시계획 총국장(2008), UN-HABITAT(유엔 인간주거계획) 아랍지역 대표(2012) 등을 지낸 이집트 내 이 분야 최고 전문가였다. 또 2001년에는 KOICA 방한 초청 연수에도 참여했던 친한파이기도 했다. 당시 연수 커리큘럼도 '신도시 개발 및 도시 정비 과정'이었다.

이날 마드불리 장관이 처음 공개한 신행정수도 건설 계획은 곧바로 국제 언론들의 높은 관심을 끌며 '새로운 이집트'(New Egypt)의 성장 아이콘으로 부상했다. 이와 관련 아랍 매체 〈알자지라〉는 2014년 3월 14일 자 기사에서 '이 계획은 작년 6월 대통령으로 선출된 압델 파타 알시시 정부가 계획한 최신 대규모 프로젝트'라며 '마드불리 장관에 따르면 이집트 군(軍)이 이미 카이로와 신행정수도의 중심지를 연결하는 도로 건설을 시작했다'고 보도했다.

이 언론은 또 마드불리 장관의 말을 인용해 '새로운 행정수도는 700 km^2로 확장될 예정이며, 도시 대부분이 녹지 공간으로 수에즈운하 구역과 연결될 것'이라며 '이집트 시민의 삶의 질 향상을 위해 계획한 이 프로젝트는 젊은 이집트인들에게 자부심과 영감의 원천이 될 것'이라고 덧붙였다.

이 컨퍼런스에서는 또 '지속가능성장'(Sustainable Development, SDS 2030)을 주제로 한 이집트의 미래비전도 발표됐다. 2014년부터 2030년까지 '경제', '시장경쟁력', '국민행복', '인적자원' 등 4대 분야에서 세

수도 카이로에서 신행정수도까지 시원하게 뚫린 고속도로 모습. 알시시 행정부는 2015년 3월 신행정수도 계획을 발표하기 이전에 군부대의 도움을 받아 이 도로부터 조성했다.

계 'Top 30'으로 성장하겠다는 게 비전 제시의 초점이었다. 그리고 이 4대 분야는 다시 ▲교육 ▲에너지 ▲환경 ▲보건 등 12개 세부 분야로 구분해 구체적인 실행 목표를 제시했다.

그러면서 주최 측은 'SDS 2030'의 주요 달성 목표로 GDP 성장률을 2014년 2%에서 2030년 12%로 끌어올리겠다는 목표치를 제시했다. 또 투자 비율도 2014년 14%에서 2030년 30%로 높이겠다고 발표했다. 그리고 2014년 기준 46%인 전체 GDP 대비 서비스 산업 비율을 2030년까지 70%로 상향 조정하겠다는 계획과 2014년 13%인 실업률을 2030년까지 5%로 낮추겠다는 계획도 발표했다.

컨퍼런스에서 발표된 'SDS 2030' 마스터 플랜에는 '투명성 및 효율적인 정부 운영'에 대한 계획도 포함됐다. ▲2030년까지 '부패 인식 지수' 상위 20개국 ▲'기관 효율성' 상위 30개국 ▲'정부 지출 절감' 상위 40개국으로의 도약이 이집트의 목표였다.

또 '문화강국'으로의 도약을 위해 연간 정부 예산의 1%를 재능 지원에 할당하겠다고 약속했다. 그리고 이를 점진적으로 늘려 3%까지 높이겠다는 계획도 제시했다. 또 문화 콘텐츠 수출 비율을 연간 20%까지 늘리겠다는 목표치와 영화 제작 편수를 지금보다 50% 늘려나가겠다는 의지도 엿보였다.

> 이집트는 7,000년 전부터 존재했고 전 세계에 이집트의 문명을 전파했습니다. 오늘날 위대한 나라가 1962년, 우리에게 배우기 위해 이집트에 대표단을 보냈습니다. 바로 한국이었습니다. 이집트는 국민과 함께 전 세계를 가르쳤고,

앞으로도 다시 한 번 전 세계를 가르칠 것입니다. 이집트가 지금 깨어나고 있다는 것을 저 자신과 이집트인, 그리고 전 세계에 상기시키고 싶습니다.

알시시, 2015. 3. 15, '이집트경제개발컨퍼런스'(EEDC) 폐막 연설 중

신수에즈운하 개통식

"이집트 국민은 오늘 전 세계에 새로운 수에즈운하의 메시지를 알립니다. 즉, 우리는 생명을 건설함으로써 테러리즘을 극복하고, 사랑을 퍼뜨림으로써 증오를 물리칠 것입니다. 이 새로운 운하는 물 위뿐만 아니라 강둑에서도 모든 인류에게 번영의 상징물로 남을 것입니다. 역사는 수에즈운하가 전 세계에 문화적, 문명적 계몽을 위한 발사대 역할을 했다는 사실을 상기시킬 것입니다. 이집트는 역사 전반에 걸쳐 항상 그래왔듯 동서양의 합류점으로 남을 것입니다."

2015년 8월 6일, 이집트 동북부 운하 도시 이스마일리아(Ismailia)에서 '신수에즈운하' 개통식이 거행됐다. 이날 행사 연설을 통해 알시시 대통령은 세계 시민들에게 새롭게 확장된 운하를 통해 동서문명의 교차로 역할에 더욱 충실하겠다고 선언했다. 또 테러리즘과 싸워가며 공사 기간을 단축해 준 이집트 국민과 군에 대한 특별한 감사 인사도 전했다.

"오늘 새로운 운하가 개통됨으로써 여러 국가적 프로젝트가 더욱 탄력을 받게 됐습니다. 오늘의 성과와 가장 관련 있는 프로젝트 중 하나는 수에즈운하 구역 개발 프로젝트입니다. 우리는 곧바로 이스트포트사

2015년 8월 6일, 이집트 동북부 운하 도시 이스마일리아(Ismailia)에서 '신수에즈운하' 개통식이 거행됐다. 이 날 한국에서도 유기준 해양수산부 장관을 단장으로 박대출 의원과 김진태 의원 등이 참석했다.(사진 출처=Al Ahram)

이드(East Port Said) 개발 및 업그레이드 프로젝트를 시행하기 위해 노력할 것입니다. 또 이 프로젝트에 이어 이스마일리아(Ismailia), 꽌트라(Qantra), 아인소크나(Ain Sokhna) 지역이 개발될 예정입니다."

알시시 대통령은 자신에 찬 어조로 이날 행사에 초대된 6,000여 명의 참석자들에게 '새로운 이집트' 프로젝트의 다음 단계에 대해서도 강조했다. 이들 참석자 중에는 프랑수아 올랑드(Francois Hollande) 프랑스 대통령과 알렉시스 치프라스(Alexis Tsipras) 그리스 총리, 드미트리 메드베데프(Dmitry Medvedev) 러시아 총리, 만수르 알하디(Mansur Al Hadi) 예멘 대통령, 마흐무드 압바스(Mahmoud Abbas) 팔레스타인 자치정부 수반 등 세계 정상급 지도자 40여 명이 포함됐다.

한국에서도 유기준 해양수산부 장관을 단장으로 박대출 의원과 김진태 의원이 참석했고, 전기정 해양수산부 부산지방해양수산청장 등이 특사단으로 참석했다. 또 북한에서도 김영남 북한 최고인민회의 상임위원장이 대표로 참석해 모처럼 남북 고위 관계자가 국제무대에서 함께 자리한 뜻깊은 행사가 됐다.

알시시 대통령은 이날 행사 내내 밝은 표정으로 귀빈들과 마주했다. 그러면서 다른 나라 도움 없이 국민 성금과 이집트 자본으로 공사를 마쳤다는 자부심이 넘쳐났다. 또 1년 만에 모든 작업을 마치고 당당하게 개통식을 갖게 됐다는 기쁨이 사뭇 컸다. 5개월 전 성공적으로 치른 '이집트경제개발컨퍼런스'(EEDC)에 이어 또다시 이집트의 새로운 변화상을 국제사회에 널리 알리게 돼 국민들도 기뻐했다.

이 신수에즈운하 프로젝트는 2014년 6월, 대통령 취임 직후 곧바로 시작된 알시시 행정부의 제1호 거대 프로젝트였다. 1869년 개통된 $193km$ 길이의 수에즈운하 중 $35km$ 구간에 새 물길을 내고, $35km$ 구간은 운하 깊이를 $24m$로 확대하며 폭을 넓히는 게 프로젝트의 목표였다.

그 목표는 1년 만에 달성됐다. 그럼으로써 전체 수에즈운하 통과시간이 18시간에서 11시간으로 단축되고, 대기시간도 평균 8~11시간에서 3시간으로 7시간가량 줄어들었다. 또 $35km$ 구간에 기존 물길과 나란히 붙은 새 물길이 생기면서 양방향 통행이 가능해졌다. 수에즈운하청은 기존 49척에서 97척으로 1일 평균 통과 선박 숫자가 크게 늘 것으로 내다봤다.

이는 수입과도 직결된 문제였다. 이집트 정부는 신수에즈운하의 개통으로 연간 53억 달러 규모의 기존 수입이 2023년쯤엔 132억 달러로 증가할 것이라 추산했다.(참고로, 이는 당시 추산 수치로 실제로는 2022/2023 회계연도 94억 달러, 2023/2024 회계연도 72억 달러로 집계됐다. 세계 경제 침체와 러시아-우크라이나 전쟁, 이스라엘-하마스 전쟁 여파로 수에즈운하를 통과하는 선박 수가 예상보다 줄었기 때문이다. 특히 홍해를 지나는 선박에 대한 예멘 후티 반군의 드론 공격이 악영향을 미쳤다.)

이집트 출신의 세계적인 지리학자이자 사상가인 가말함단(Gamal Hamdan, 1928~1993)은 수에즈운하를 '이집트의 맥박'(The Pulse of Egypt)으로 표현했다. '맥박'은 곧 심장 박동이다. 그렇기에 알시시 대통령은 마흘랩 초대 총리와 함께 이집트의 웅장한 심장 박동을 위해 이 프로젝트부터 집중했다. 그 결과 가말함단의 철학적 사유가 반영된 이 국정 프로젝트로, 운하에선 더욱 힘찬 뱃고동이 울렸고, 2030 비전 프로젝트엔 심장 박동이, 그리고 이집트 국민 모두에겐 맥박 진동이 우렁찼던 2015년 한 해였다.

NEW EGYPT②
도시를 세우다, 지도를 바꾸다

"이집트에 오신 여러분을 환영합니다. 특히 이집트의 문화유산과 문명, 발전적 진보가 어우러진 신행정수도에 오신 것을 환영합니다. 이 자리에 참석하신 모든 국가는 각기 고유한 역사와 문명, 문화, 경제적 배경을 갖고 있습니다. 이러한 다양성은 우리 조직을 풍요롭게 하고, 우리 모두의 연대와 통합, 협력 정신을 함양합니다."

2024년 12월 19일, 이집트의 신행정수도에서 제11차 D-8 경제협력기구 정상회의(Organization for Economic Cooperation Summit)가 개최됐다. 의장국을 맡은 알시시 대통령은 이날 개막연설의 모두 발언을 통해 '신행정수도'(NAC, New Administrative Capital)의 자부심부터 드러냈다. 어느덧 고대 피라미드와 함께 이집트의 21세기 랜드마크로 우뚝 선 '나크'(NAC)를 일컬어 알시시 대통령은 '고유 문화유산과 문명, 이집

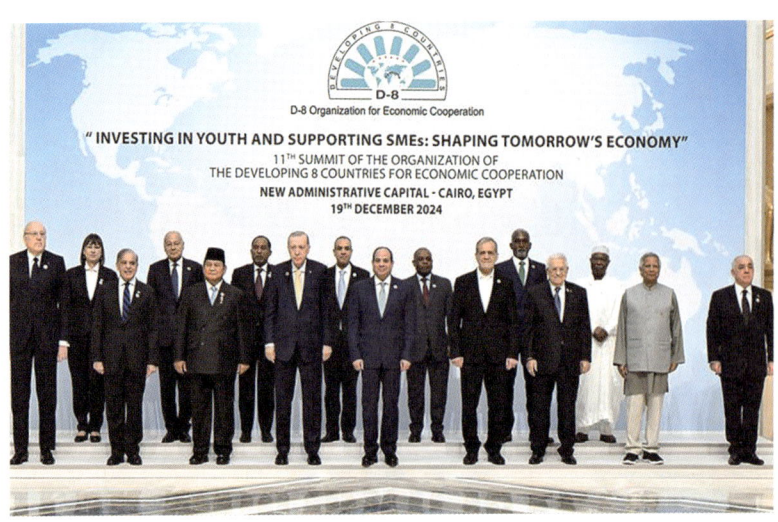

2024년 12월 19일, 이집트 신행정수도 대통령궁에서 개최된 제11차 'D-8 경제협력기구 정상회의' 참석자들이 기념 촬영을 하고 있다.

트의 발전적 진보가 어우러진 도시'라고 정의했다.

'D-8 정상회의'는 이집트, 터키, 이란, 말레이시아, 인도네시아, 방글라데시, 파키스탄, 나이지리아 등 이슬람권 개발도상국들의 개발 협력 기구다. 2024년도 정상회의 의장국을 맡은 이집트는 이번 회의 개최지를 NAC로 결정했다. 이곳에 들어선 대통령궁에서의 역사적인 첫 행사였다. 따라서 이날 행사를 통해 신행정수도의 대통령궁 모습도 처음 공개됐다.

이 회의 참석자 중에는 에르도안(Tayyip Erdogan) 터키 대통령과 마수드 페제시키안(Masoud Pezeshkian) 이란 대통령도 포함됐다. 특히 페제시키안 이란 대통령은 알시시 집권 이후 이집트를 처음 방문한 경우였다. 그런 점에서 에르도안 대통령은 10년 동안 단절했던 사이에 이집트가 크게 변화 발전했다는 사실을 직접 확인한 계기가 됐다. 또 페제시키안 대통령도 이집트의 상전벽해를 바라보며 시리아 내전으로 시야가 막혔던 자신을 탓했으리라 짐작된다.

이 도시는 10년 전만 해도 황량한 사막 지대였다. 그런데 지금은 아프리카 대륙의 스카이라인을 바꾼 초고층 빌딩들이 우뚝 섰고, 아프리카 최대 규모의 모스크도 들어섰다. 또 이집트는 물론 중동 지역에서도 가장 큰 규모를 자랑하는 콥트정교회 성당도 이 도시에 건설됐다.

2036 올림픽 개최, 세계 강국을 향하여

'건설 중인 이집트의 새로운 수도를 보여주는 NASA 이미지'(NASA Images Show Egypt's New Capital Under Construction)

이는 〈뉴스위크〉(News Week) 2024년 8월 30일 자 기사 제목이다. 우주에서도 이집트의 신행정수도 모습이 점차 드러나고 있다는 보도였다. 신문은 톰 하워스(Tom Howarth) 과학 전문 필자가 쓴 이 글을 통해 'NASA 지구자원탐사위성 랜드샛(Landsat)이 이집트 신행정수도의 급속한 개발 모습을 포착했다'고 전했다. 그러면서 신문은 '이는 이집트의 미래를 재편할 것을 약속하는 거대 프로젝트로, 이 새로운 도시는 언젠가 싱가포르 크기의 사막 지대를 덮고 600만 명 이상의 주민을 수용할 것'이라고 덧붙였다.

신문은 또 NASA에서 촬영한 각기 다른 두 장의 사진을 보여주며 흥미로운 기사를 이어갔다. 아래는 그 글의 일부로, 촬영 시기가 다른 위성 사진을 비교해 가며 이 도시의 변화 과정을 소개했다는 점에서 눈길을 끈다.

랜드샛 8의 OLI(Operational Land Imager)가 2017년 8월 촬영한 사진과 랜드샛 9의 OLI-2가 2024년 8월 촬영한 사진은 건설 초기 모습에서 광활한 도심으로 변모해가는 이 도시의 모습을 보여준다. 2017년에 찍은 이전 이미지에서는 새로운 도시의 흔적이 거의 보이지 않는다. 그러나 2024년 촬영한 사진을 보면 신행정수도의 확장이 분명하며, 몇몇 중요한 랜드마크들이 명확하게 보인다.

이 도시의 공원 중 하나인 그린리버 공원(Green River Park)은 건조한 풍경 속을 헤치며 펼쳐진 10km^2 길이의 녹지 공간으로, 이집트 원산 식물 사이로 산책로와 자전거 도로가 조성되어 있다. 그리고 이 공원 동쪽에는 정부 부처 청사들이 밀집되어 있으며, 국방부는 현재 옥타곤(Octagon)이라는 거대한 시설에 들어서 있다.

이집트가 2036년 올림픽 개최를 목표로 하는 남쪽에는 아프리카에서 두 번째로 큰 경기장과 여러 다른 시설을 갖춘 거대한 스포츠 단지가 있다. 2024년 3월 현재 1,500여 가구가 신행정수도로 이주하였으며, 연말까지 그 수가 10,000가구에 달할 것으로 예상된다. 정부 부처는 최근 이곳의 신청사에서 업무를 시작했고, 의회는 최첨단 건물에서 회의를 열었으며, 여러 은행과 기업이 이 현대적인 허브로 본사를 이전할 예정이다.

〈뉴스위크〉(News Week) 2024년 8월 30일 자

〈뉴스위크〉가 소개한 대로 신행정수도의 면적은 싱가포르(734.3km^2)보다 살짝 작고 서울(605.2km^2)보다 다소 큰 714km^2 규모다. 이 공사는 3단계로 나뉘어 진행되고 있으며, 각각의 면적은 162km^2(1단계), 190km^2(2단계), 392km^2(3단계) 등이다. 그중 NASA가 위성 사진으로 관찰한 모습은 1단계 공사 과정이다.

프로젝트 최고 책임자인 칼레드아바스(Khaled Abbas) 도시개발공사 이사회 의장은 2024년 7월 말 언론을 통해 "1단계 공사가 어느 정도 마무리돼 2023년 7월부터는 48,000명가량의 중앙부처 공무원들이 NAC로 출근 중"이라고 밝혔다. 그는 또 "2024년 3월부터는 이집트 의회가 NAC에서 회의를 열기 시작했고, 주택 10만 채가 완공된 가운데, 주요 은행들과 기업 본사들도 이전을 완료했거나 이전 중"이라고 덧붙였다.

이어 그는 2024년 11월 중순, 언론과의 또 다른 인터뷰에서 "이집트 행정수도 2단계 공사가 2025년 2분기에 시작될 것으로 예상된다"고 발표하며 "1단계와 2단계는 각각 150만 명의 주민이 거주할 것으로 예상되며, 2단계 작업은 2027년까지 진행될 예정"이라고 밝혔다.

이렇듯 단계별로 추진되는 이 대형 프로젝트가 완성되면, 이 공간에는 50층 이상의 고층 빌딩 수십 동과 약 2,000여 개의 교육기관, 600개 이상의 병원, 1,250개가량의 모스크와 교회, 400개가량의 호텔, 전기철도 시설, 디즈니랜드 4배 크기의 대형 테마파크 등이 들어서게 된다.

1단계 공사가 마무리 수순에 접어들며 국제 언론들도 이 도시에 대한 관심이 부쩍 커졌다. 〈CNN〉 온라인판은 대형 사진을 곁들인 2024년 3월 20일 자 기사에서 '이 도시에는 건축가 다르알한다사(Dar Al

Handasah)가 설계한 〈아이코닉 타워〉(Iconic Tower)가 있으며, 2023년 완공된 비즈니스 중심 지구의 이 빌딩은 385m 높이(지상 77층)로, 아프리카 최고층 빌딩'이라고 소개했다.

이 매체는 또 '이 도시에는 2019년 1월, 알시시 대통령이 참석한 가운데 개관한 중동 최대 규모의 콥트정교회 성당도 있다면서, 6만m^2 규모의 이 성당은 돔의 너비와 높이가 각각 40m, 36m'라고 설명했다.

〈CNN〉이 소개한 것들 외에도 NAC엔 현재 이집트의 자부심을 높여줄 만한 명소들이 즐비하다. 그중 가장 눈길을 끄는 건 '알파타알알림 모스크'(Al Fattah Al Aleem Mosque)로, 17,000명가량을 수용할 수 있는 초대형 성전이다. 또 도시 내 '이슬람문화센터 대모스크'(The Islamic Cultural Center, Grand Mosque)는 아프리카에서 가장 큰 규모로, 면적만도 25만km^2에 이른다. 동시 예배 가능 숫자는 13만 1,000명가량이며, 중동에서 세 번째로 큰 모스크란 자부심도 갖고 있다.

2023년 하반기에 공사를 마치고 2024년 3월, 이집트와 뉴질랜드 축구팀의 친선 경기 형식으로 공식 개장한 미스르 스타디움(Misr Stadium)은 NAC만의 또 다른 자랑이다. 10만 명가량의 관객을 수용할 수 있는 이 경기장은 규모 면에서도 아프리카 두 번째 크기다. 이 경기장을 포함해 NAC엔 다양한 스포츠 시설들이 들어서며 대규모 올림픽 단지를 이루고 있다. 이를 통해 이집트는 2036년 하계올림픽을 치른다는 야심 찬 계획을 갖고 있다.(참고로, 서울시도 2036년 올림픽 유치 계획을 발표해 두 도시의 경쟁이 예상된다.)

이 도시엔 또 높이 1,000m, 210층 규모의 초고층 빌딩도 들어설 예

이집트 신행정수도 대통령궁 인근에 세워진 이집트 깃대. 기네스북에 따르면 이 구조물은 세계에서 가장 높은 깃대로, 높이가 201.9m에 달한다. (사진 출처=Al Ahram)

정이다. '오블리스코 캐피탈'(Oblisco Capitale)이란 이름으로 명명된 이 빌딩은 2025년부터 시공에 들어가 2030년 완공될 예정이다. 2024년 말 현재 세계에서 가장 높은 빌딩은 아랍에미리트(UAE)의 두바이에 세워진 높이 828m, 163층 규모(첨탑 층까지 포함하면 209층)의 '부르즈 칼리파'(Burj Khalifa) 빌딩이다. 따라서 '오블리스코 캐피탈'이 완공되면 이 기록을 갈아치우며, NAC는 세계 최고층 빌딩을 보유한 명품 도시로 거듭날 예정이다.

이 밖에도 NAC의 가장 큰 자부심 중 하나는 도시 공간 전체가 스마트 기술을 활용한 '탄소 제로 타워'들로 채워지고 있다는 점이다. 태양광 패널을 이용한 발전 시설과 고형 폐기물을 100% 재활용하는 방식 등을 통해 에너지를 절감하고, 탄소 배출을 억제하겠다는 계획이 2015년 신도시 설계 당시부터 적용돼 NAC는 현재 세계 스마트 도시의 표본으로 평가받고 있다.

국토 균형 발전을 위한 총력전

"2015년 3월, 샤름엘셰이크 '이집트경제개발컨퍼런스'(EEDC)에서 발표한 '이집트 비전 2030'의 가장 중요한 것 중 하나가 '도시 개발' 이슈였습니다. 알시시 대통령이 가장 집중하는 이 프로젝트의 구체적인 목표는 도시 지역을 대거 늘리고, 주택을 대량 신축해 삶의 질을 높이는 데 초점을 맞췄습니다. 남쪽 끝자락부터 북서부 지역의 사막 지대 시와(Siwa) 오아시스 마을까지, 알시시 대통령이 지난 10년 동안 국토 균형 발전을 위해 노력한 수많은 업적들은 반드시 역사가 기록할 것입니다."

카이로에서 만난 무스타파하드후드(Mustafa Hadhoud) 전 베헤이라(Beheira) 주지사의 설명이다. 예비역 장성 출신으로, 공학박사인 그는 알시시 대통령의 지난 10년 업적 중 가장 위대한 업적은 국토 균형 발전을 위한 노력이었다고 평가했다. 이를 위해 끊임없이 도로를 확장하고, 교량을 건설하고, 사막을 개간해 경작 농지를 넓힌 그의 국토 개발 의지는 지금도 계속되고 있다고 강조했다.

또 카이로에서 만난 여성 방송인(Radio Misr) 호다아지즈(Hoda Abdel Aziz) 씨도 비슷한 취지의 말로 알시시 대통령의 지난 10년 업적을 평가했다. 자신의 스마트폰에 저장된 전국 각지 농민들의 사진을 보여주며,

이 기록들이 변화하는 이집트의 현재 모습이라고 부연했다.

"전국을 돌며 농민들을 직접 취재하며 느낀 건, 그들 대부분이 예전에는 불가능하다고 생각해 포기했던 일인데 지금은 사막에서도 농작물을 수확할 수 있다는 성취감이 매우 높아졌다는 사실입니다. 시나이반도에서 인터뷰한 이 농민은 대통령이 직접 발로 뛰며 농지 개간을 독려한 결과, 농촌 소득이 많이 올라가 생활 형편이 점점 좋아지고 있다면서 '우리도 해낼 수 있다'는 자신감을 심어 준 게 지금 정부가 가장 잘한 일이라고 말해 멀리까지 취재 간 보람이 있었지요."

이집트 국토면적은 약 100만km^2로, 남북한 전체 면적(223,892km^2)의 약 5배 크기다. 이 가운데 나일강 서쪽의 리비아 사막과 동쪽의 아라비아 사막, 홍해 건너편의 시나이 사막 등 사막 면적 비율이 95%다.

도시는 주로 나일강을 따라 분포한다. 따라서 교통 운송망도 도시를 따라 구축됐다. 말하자면, 단적인 예로 나일강 건너 시나이반도 먼 곳에서 수확한 농산물이 도시 소비자들에게까지 공급되는 데는 어려움이 클 수밖에 없는 구조였다. 바로 그 같은 문제를 해결해 보자는 게 알시시 대통령이 제시한 '비전 2030' 프로젝트 중의 하나였다.

이집트 정부는 2024년 상반기, 지난 10년 성과를 정리해 보고서로 만들었다. 그중 '운송 부문'을 살펴보면 당연히 시나이반도 문제가 중요하게 등장한다. '북부 시나이반도에 새로운 지역을 개발하고 농업 개발 지역에 서비스를 제공하며'가 그 대목인데, 이는 이집트 정부가 지난 10년 동안 국토 균형 발전을 위해 노력하며 가장 공들인 부분이다.

이 '운송 부문' 보고서는 국가 도로 프로젝트와 관련 ▲도로망을 국가의 사회 및 경제개발 계획에 연결하고 ▲동서, 남북을 잇는 주요 축을 따라 이웃 국가와의 경제적 통합 기회를 강화하고 ▲광산 및 관광 지역에 나타난 이집트의 국가적 부를 최적으로 활용하고 ▲좁은 계곡을 벗어나 서부 사막과 북부 시나이반도에 새로운 지역을 개발하고 ▲농업 개발 지역에 서비스를 제공하며 ▲이집트 내 다양한 경제 활동 중심지 간 운송되는 상품의 양을 늘리고 ▲물류 이동 시간을 줄여 운영 비용에 긍정적인 영향을 미치고 ▲교통 체증으로 인해 국가가 부담하는 연료 비용을 연간 80억 달러 절감하고 ▲부정적인 환경 영향을 줄이는 것을 목표로

알시시 대통령은 현장 중심형이다. 2021년 4월, 코로나 팬데믹 상황에서도 신행정수도 건설 현장을 찾아 군 관계자 등 공사 책임자들에게 보고를 받으며 현안을 챙기는 모습.

한다고 정리하고 있다.

보고서에 따르면 이 목표 달성을 위해 지난 10년 동안 지출한 예산 규모는 2조 이집트파운드(£E)에 달했다.(참고로, 2024년 말 현재 1USD=약 50 £E임) 그중 도로·교량 부문에 5300억 £E, 철도 부문에 2250억 £E, 터널 공사 및 전력 공급 부문에 1100억 £E, 항만 부문에 1290억 £E, 육로 및 건조 항구 부문과 물류 부문에 150억 £E, 하천 운송 부문에 40억 £E가 지출된 것으로 집계됐다.

이 가운데 도로 부문만 구체적으로 살펴보면, 1750억 £E 규모의 예산을 투입해 이집트 전역에 전장 7,000km의 신규 도로를 건설하겠다는 계획을 세웠고, 지난 10년 사이 6,300km의 도로 공사가 완료됐다. 또 1300억 £E 규모의 예산으로 10,000km 길이의 기존 도로망을 개선하겠다는 목표 아래 2024년 상반기 기준(이하 '현재'로 표기) 8,400km가 완공됐고, 1,600km는 현재 공사가 진행 중이다.

알시시 대통령은 현장 중심형이다. 여전히 야전 사령관 시절의 전투 태세로 주요 프로젝트 진행 상황들을 꼼꼼하게 보고받고 점검한다. 그리고 그렇게 완공된 기념행사 자리엔 화상으로라도 가급적 참석하려고 노력한다. 관계자들을 격려하기 위해서다. 다음은 그 예시 중 하나로, 이집트 대통령실 웹사이트에서 찾은 알시시 대통령의 2024년 10월 어느 날 행보다. 이는 현재 진행 중인 국토 인프라 사업의 역동성을 보여주는 구체적 사례이기도 하다. 따라서 기록해 둘 가치가 있다는 판단에 그의 이날 일정 대부분을 축약, 정리했다.

국토개발 예시 : 국책사업 화상 참관 기록

압델 파타 알시시 대통령은 2024년 10월 12일, 교통 관련 국책사업 완공식을 화상으로 참관했다. 먼저 알파단-비르알압드(Al Fardan – Bir Al Abd) 철도 노선 개통과 관련, 프로젝트 총괄책임자인 아흐메드이브라힘(Ahmed Ibrahim)은 대통령에게 "이 노선은 알파단에서 비르알압드까지 8개 역으로 이어지는 $100km$ 이상의 여객 노선과 발루자(Balouza)에서 동부 항구까지 이어지는 $44km$의 화물 노선으로 구성된다"고 보고했다.

아흐메드이브라힘은 또 "이집트 국유철도(ENR)는 2023년 6월부터 알아리쉬(Al Arish)와 타바(Taba)를 연결하는 물류 회랑을 설립하기 위해 시나이반도 노선의 재개를 계획해 왔으며, 이를 위해 우선 알파단-비르알압드 노선의 효율성 회복이 필요했다"고 강조했다.(편집자 주 : 한국어판 독자들을 위해 부연하자면, 시나이반도 철도 노선은 중동평화와 향후 팔레스타인 지역 개발을 위해서도 매우 중요하다.)

알시시 대통령은 이날 화상회의를 통해 카프르다우드-엘사다트(Kafr Dawood-El Saddat) 철도 노선의 개통도 지켜봤다. 대통령은 이 프로젝트의 총괄책임자인 와엘마흐디압델파타흐(Wael Mahdy Abdel Fattah)로부터 "이 프로젝트는 메누피야(Menoufiya)의 엘사다트시(El Saddat City)와 전국 철도망을 연결해 승객과 화물을 수송하는 총 길이 $38km$의 철도 노선"이라는 보고를 받았다.

알시시 대통령은 또 이날 화상을 통해 베니수에프-아시우트(Beni Suef-Assiut) 철도 노선의 신호 시스템을 개선하는 프로젝트의 1단계 작업을 지켜봤고, 이 프로젝트의 총괄책임자인 모하메드마그디(Mohamed Magdy)로부터 "이 노선의 길이는 베니수에프에서 아시우트까지 250 km"라는 보고를 받았다.

이어 알시시 대통령은 카이로 지하철 3호선 개통식을 참관했다. 이 프로젝트의 총괄책임자인 아흐메드파우지(Ahmed Fawzy)는 대통령에게 "이번에 개통하는 3호선은 임바바(Imbaba), 로드엘파라그악시스(Rod el Farag Axis), 모한데신(Mohandesin), 카이로대학(Cairo University) 등 15개 역을 운행하는 총 길이 7.1km의 신규 노선"이라고 보고했다.

알시시 대통령은 이어 아스완 저수지 프로젝트(Aswan Reservoir project)를 위한 '대체 축' 개막식도 지켜봤다. 길이 5.4km, 너비 29m의 이 대체 축은 양방향 3차선이며, 동쪽으로는 아스완시와 아스완-베르니체(Aswan-Bernice) 도로를, 서쪽으로는 아스완 서부 사막 공항과 아스완 아부심벨(Abu Simbel) 도로를 연결한다.

대통령은 또 샤르키아주와 다칼리야주(Sharkia-Dakahlia)를 연결하는 길이 40km의 자가지그-센벨라바인(Zagazig-Senbellawein) 고속도로 개통식도 참관했다.

한편, 이날 베헤이라(Beheira)주에서는 대통령이 화상으로 지켜보는 가운데 길이 1,270m, 폭 24m의 고가차도 개통식도 있었다. 이 고가차도는 카이로-알렉산드리아(Cairo-Alexandria) 농업 도로와 아부홈스시

(Abu Homs)를 연결해 교통 체증을 완화하고, 철도 건널목을 이용하는 보행자의 안전을 위해 신설됐다.

이날 대통령은 화상을 통해 베헤이라주 현장 중계로 카이로-알렉산드리아 도로 위를 지나가는 길이 $900m$, 너비 $24m$ 규모의 3차로 고가차도 개통식도 참관했다. 이 프로젝트는 지상 교차로를 제거함으로써 도로 효율성을 개선하고, 교통 체증을 완화하는 것을 목표로 추진됐다.

성장동력의 글로벌 엔진, 경제특구

2024년 5월, 한국의 중견 중소기업들이 이집트를 방문했다. KEDA(한-이집트발전협회)와 중소기업진흥회가 공동으로 추진한 행사였다. '이집트 경제문화개척단'이란 이름으로 현지를 방문한 이들은 수에즈경제특구청 방문, 이집트 상공회의소 방문, 카이로주 경제인연합회 방문, 신행정수도 방문, 이집트의 대기업 중 하나인 엘스웨디(El Sewedy) 그룹 방문 등 여러 일정을 소화했다. 그중 수에즈 경제특구청을 방문한 이유는 이집트의 대표적 경제특구 중 하나인 아인소크나 산업 지구(Ain Sokhna Industrial Zone)에 한국산업단지를 조성하고자 하는 의도에서였다.

"2015년 이후 50여 차례 이곳을 다녀갔습니다만, 저는 이집트에 올 때마다 박정희 대통령이 떠오릅니다."

중소기업들의 이집트 방문을 추진한 강웅식 KEDA 회장은 함께 간

기업인들에게 알시시 대통령과 박정희 대통령의 닮은 점을 강조했다. 강 회장은 앞에서도 언급했듯 군 장교 시절이던 1991년, 알시시 대통령과 영국에서 함께 공부했던 인연이 있다.

"박 대통령이 야당의 심한 반발에도 불구하고 집권 5년 만인 1968년에 경부고속도로를 착공했습니다. 당시 경제 여건상 그건 불가능에 가까운, 상당히 어려운 도전이었습니다. 하지만 이후 그 고속도로는 국가 대동맥으로 기능하며 수출 드라이브 정책의 1등 공신이 됐습니다. 알시시 대통령 역시 일부 국민의 반대에도 불구하고 현재 신행정수도를 비롯한 신도시 건설과 도로, 항만 등의 국가 인프라 구축에 모든 힘을 쏟고 있습니다. 따라서 나는 박정희 대통령이 한강의 기적을 만들었듯, 머지않아 알시시 대통령도 나일강의 기적을 반드시 이루어 낼 것이란 믿음이 있습니다."

그는 '이집트는 기회의 땅'이란 점을 강조하며 한국 중소기업들의 이집트 진출을 독려했다. 그 진출의 전진기지로 아인소크나 경제특구에 '한국산업단지'를 만들고자 하는 게 그의 목표다. 이와 관련, 이집트 방문 행사를 공동 주최한 한국중소기업진흥회는 경제개척단 관계자들에게 다음과 같은 안내문을 배포했다.

'이집트 수에즈경제특구 한국산업단지 입주 혜택 ▲부지 임대비용 : $991m^2$(300평)을 기준으로 50년 임대에 34,650달러(약 4500만 원), 150년 임대조건인 경우는 4년 거치 분할상환도 가능. ▲이집트 현지 자금지원 : EDCF 자금(대외경제협력기금 / 2억 3000달러). 한국에서 사업 설비를 구입할 경우 자금지원(연리 1~5%, 상환기간 25~30년) ▲이집트 시장조사 자금

2024년 9월, 왈리드가말알딘(Waleid Gamal Al Dien) 청장이 수에즈운하경제구역청을 방문한 주이집트 프랑스 대사 등과 프랑스 기업들의 이집트 진출 문제를 논의하고 있다.

지원 : 코트라 수출 바우처(현지 지사화 사업지원 검토 중) ▲인력공급: 소크나 공단에서 인접 도시인 수에즈시티까지 30분 거리임(저렴한 인건비 / 월평균 125달러), Made in Egypt 제품 생산, 전 세계로 수출. ▲입주 요청 산업 분야 : 자동차 부품, 섬유, 완구, 신발, 식품, 의약품, 의료기기 폐기물, 오폐수 처리 등. ▲기타 : 골드만삭스(Goldman Sachs) 보고서에 따르면 이집트가 2050년 세계 15위, 2075년 세계 7위 경제 강국이 될 가능성 있다고 함. 이집트는 또 중동 · 유럽 · 아프리카의 허브 기능을 담당하는 지정학적인 위치와 미국, 유럽 등 105개 국가와 무관세 FTA 계약을 체결한 국가라는 이점이 있음'

이렇듯, 한국 경제인들이 관심 있게 지켜보는 이집트의 수에즈운하경제특구는 다른 외국 기업들의 진출도 활발하게 펼쳐지는 중이다. 앞에서도 소개했듯 중국의 경우는 2020년 11월, 이집트 수에즈운하청과

2024년 12월, 수에즈운하경제구역 중 하나인 콴타라웨스트(Qantara West) 구역에 진출한 중국 기업의 공장 기공식 모습. 이 기업의 이집트 투자 총액은 5000만 달러로 알려졌다.

아인소크나 토지 개발권에 대한 협력의정서를 교환한 바도 있다.

외국 기업들의 이 같은 관심을 예측하며 알시시 대통령은 취임 1년 만인 2015년 8월, 경제 성장 및 고용 창출을 위한 투자유치를 목적으로 수에즈운하 경제특구(SCEZ: Suez Canal Economic Zone) 관련 법을 공포했다.(대통령령)

이스트포트사이드(East Port Said)와 웨스트포트사이드(West Port Said), 아인알소크나(Ain Al Sokhna), 알아리쉬(Al Arish), 알토르(Al Tor), 아다비야(Adabiya) 등 6개 지역을 SCEZ로 지정하고, 이스마일리아(Ismailia) 테크노밸리를 특별 경제구역으로 선포한 알시시 대통령은 경제특구 개발 계획으로 총 500억 달러 규모의 예산을 편성했다. 이 중 도로, 전력, 용수 공급 등 기반시설에 필요한 인프라 구축 자금으로 150억 달러를 편성했고, 항만 확충 사업과 산업단지 개발 사업에 각각 150억 달러와 200억 달러의 예산을 투입했다.

이후 **꽌타라웨스트**(Qantara West) 경제특구가 SCEZ에 포함돼 더욱 활기를 띠는 가운데, 수에즈경제특구청은 현재 이집트 외자 유치의 핵심 창구로 성장했다. 2023년 7월부터 2024년 4월까지 32억 달러 규모의 144개 프로젝트와 계약을 체결한 바 있고, 2024년 12월 한 달만 보더라도 ▲12월 8일, 중국 기업 헤네웨이(Henneway)와 5000만 달러 투자 계약 체결 ▲12월 15일, 터키 기업 사라이홀딩그룹 계열사인 사라이푸드(Saray Food)와 3800만 달러 투자 계약 체결 등, 연이어 좋은 실적을 나타내며 이집트 경제 성장의 한 축으로 자리 잡게 됐다.

> 우리는 이집트의 독특하고 전략적인 지리적 위치의 이점을 극대화하여 전국의 다양한 지역에 교통, 통신 및 항만 시스템을 구축합니다. 아마도 가장 눈에 띄는 이집트 프로젝트 중 하나가 수에즈운하 경제권일 것입니다. 이 프로젝트는 다양한 산업 기반을 제공하고, 전 세계 모든 지역에 수출 이점을 제공한다는 측면에서 큰 투자 기회를 제공합니다. 또한 이집트는 많은 협정과 지역 자유무역 지대에 가입되어 있어 이집트가 유망한 시장, 특히 경제적 및 투자 기회를 갖추고 있고, 인구의 약 65%가 청년층이라는 점에서 미래의 대륙으로 여겨지는 아프리카 대륙에 진출하는 가장 좋은 경로가 될 것입니다.
>
> 알시시 대통령, 2024년 10월 18일,
> 러시아 카잔 브릭스(BRICS) 비즈니스 포럼 연설 중

NEW EGYPT③
투자 신뢰를 얻다, 성장 확신을 더하다

'ADQ, 이집트에 350억 달러 투자 확정'

2024년 2월, 외신들이 긴급 보도한 이 발표로 세계가 놀랐다. 이집트의 2021/2022 회계연도 1년 치 외국인 투자 유치 총액은 221억 9천만 달러였다. 또 2022/2023 회계연도 투자유치 총액 역시 230억 달러 규모였다. 그런 점에서 단일 투자 350억 달러는 세상이 놀랄 만한 '돈다발 횡재'(《CNN》 표현)였다.

ADQ는 아랍에미리트(UAE)에 본부를 둔 국부펀드(Sovereign wealth fund)로, '아부다비개발홀딩스'(Abu Dhabi Developmental Holding Company)의 약칭이다. 이 펀드의 이집트 투자 목적은 지중해 연안의 신도시 건설로, 대상지는 카이로에서 북서쪽으로 약 350㎞ 떨어진 '라스 엘헤크마'(Ras El Hekma)란 지역이다.

이와 관련, 모하메드하산알수와이디(Mohamed Hassan Al suwaidi) ADQ CEO는 언론에 "이번 투자는 이집트의 가장 매력적인 해안 여행지 중 하나로 라스엘헤크마를 개발하려는 우리의 헌신을 강조하는 것으로, 국제적인 여러 개발 기업들과 협력하는 대규모 개발 프로젝트를 통해 이집트의 활기찬 경제에 가치를 제공할 것"이라고 밝혔다.

아랍에미리트는 사우디아라비아와 함께 알시시 대통령의 집권 초기부터 이집트 경제에 힘을 보탠 동맹 관계였다. 무슬림형제단의 이슬람 근본주의에 대한 우려를 같은 시각으로 바라보며 그들의 테러 행위를 한목소리로 비난했고, 이집트 정치의 군부 회귀란 국제적 비난 여론이

2024년 10월, 알시시 대통령이 알나르한(Al Nahyan) 아랍에미리트 대통령 등, 이집트에 350달러를 투자한 ADQ 고위 관계자들과 함께 신도시를 건설할 라스엘헤크마(Ras El Hekma)를 찾아 프로젝트 책임자로부터 신도시 건설 계획을 듣고 있다.

있을 때도 '알시시는 다르다'고 적극 옹호해 준 형제 국가였다. 그런데 이렇듯 또다시 통 큰 투자로 알시시 정부의 어려움을 헤아려 준 아랍에 미리트를 이집트 국민 모두가 고맙게 생각했다.

그런데 사실 냉정한 국제 금융 시장에서 따뜻한 호의만 갖고 그처럼 큰돈을 투자할 수는 없다. 여기에는 투자 환경을 조성한 이집트 정부의 여러 노력이 뒷받침됐다. 신행정수도 건설과 국토 균형 발전을 위한 인프라 구축 등으로 예산 문제에 시달려온 알시시 행정부는 2020년대 들어 외국인 투자 유치에 더욱 집중했다. 그 과정에서 투자 관련법을 정비하고, 투명성 높은 국가를 만들고자 부정부패 척결에도 앞장섰다.

언론들도 그 부분을 높이 샀다. ADQ의 거액 투자와 관련 외신들은 '오랫동안 이집트는 투자자를 보호하는 규정과 과도한 행정절차에 대한 우려 때문에 외국인 직접 투자를 유치하는 데 어려움을 겪어 왔다'면서 '그러나 압델 파타 알시시 대통령이 이 문제 해결을 우선순위로 삼아 국가 경제에서 민간 부문의 역할을 확대해 나가는 과정에서 이 같은 좋은 결과를 얻게 됐다'고 강조했다.

투자유치를 위한 고강도 경제 개혁

언론들의 보도대로 알시시 대통령은 외자 유치만이 국가 경제를 살릴 수 있는 유일한 대안이라고 판단했다. 특히 코로나-19 직후 터진 일련의 사태들(러시아-우크라이나 전쟁, 팔레스타인 문제, 리비아 및 수단 내전 등)이 경제 재건에 안간힘을 쓰는 이집트에 연속적인 시련을 안겼다.

알시시 대통령은 이제 더는 미룰 수 없다는 결론 아래 과감한 경제 개혁을 추진했다. 특히 외자 유치에 방해가 되는 모든 요소들을 제거하기 시작했다. IMF의 고정 환율 정책 폐지 권고에 따라 2024년 3월 6일, 변동 환율 정책을 채택했다. 그리고 달러 환전 시장도 은행으로 단일화해 이중 환율 문제를 완전 차단했다.

이 같은 고강도 개혁정책은 러시아와 우크라이나 전쟁이 한창이던 2023년부터 시작됐다. 우선 그해 3월 장관령 '2019년 3099호'를 개정해 투자자가 부동산이나 은행 예금에 투자하여 거주권을 취득할 수 있도록 허용했다. 또 같은 해 5월 16일, 알시시 대통령은 '대통령령 제141호'에 따라 설립된(2023. 4. 13) 최고 투자 위원회의 첫 회의를 주재하며 기업 및 투자 환경을 개선하기 위한 22가지 권장 사항을 승인했다.

이에 따라 무스타파마드불리(Mostafa Madbouli) 총리는 즉각 투자법(2017년 법률 72호)에 대한 집행 규정 개정안을 승인해 외국인 투자자가 투자 프로젝트 기간 동안 갱신할 수 있는 1년 거주 허가를 취득할 수 있도록 허용했다.

이어 2023년 7월에는 투자법(2017년 법률 72호)을 개정해 골든 라이선스 프로그램 확대와 새로운 투자 인센티브를 창출했다. 또 같은 시기 알시시 대통령은 국유기업(SOE)의 세금 및 수수료 면제를 없애는 '법률 제159호'를 비준했고, 10월에는 1982년 제정된 '수입업자 등록법 121호'를 개정한 '2023년 법률 173호'를 발표했다. 그럼으로써 '최소 이집트 소유권 51%' 요건을 해제하고, 외국 주주가 부분 또는 전액 소유한

회사가 수입업자 등록부에 등록하고 수입 허가를 신청할 수 있도록 허용했다. 이와 관련 알시시 행정부는 이미 2021년 1월, 이집트 내 국제 및 사립 학교에 대한 20% 외국 소유권 상한을 철폐한 바 있었다.

이어 12월에는 투자법(2017-법률 제72호)에 따라 특정 산업 투자 프로젝트에 새로운 우대 세금 처리 및 재정적 인센티브를 부여하는 '2023-법령 제77호'를 발표했고, 2024년 2월에도 '2024년 법률 11호'를 비준함으로써 사막 토지법(1981년 법률 143호)을 개정하고, 외국 투자자와 외국 주주 회사가 시나이반도에서 토지를 소유하는 것을 제한하는 이전의 부문별 투자 제한을 없앴다.

이집트 정부의 이 같은 노력에 즉각 좋은 반응들이 나타났다. 재이집트 미국상공회의소(AmCham)는 웹사이트를 통해 '이집트의 새로운 투자법: 비즈니스를 위한 이집트 개방'(Egypt's New Investment Law: Opening Egypt for Business)이란 공지문을 띄웠다. 그러면서 '이집트는 최근 외국계 기업들이 이집트에 투자하고 운영하는 방식에 대한 장벽을 줄이면서 현대화하는 획기적인 투자법을 비준했다'는 소식을 공유하며 '이 조치는 경제 성장, 국내 생산, 수출 및 외국인 투자를 확대하고, 고용 기회를 늘리고, 이집트의 지역 전체 경쟁력을 높이도록 설계되었다'고 안내했다.

또 이집트 국가정보청(SIS)도 국제적으로 공인된 '예산 투명성' 감시 단체인 국제예산협의체(IBP, International Budget Partnership)의 조사 결과를 인용해 '이집트의 투명성 점수가 2021년 43점에서 49점(100점 만점)으로 상승해 세계 평균 47점을 넘어섰다'고 공지했다. 국가적 자부심을 드러낸 이 안내문은 '이집트가 2023년 오픈 예산 조사(OBS, Open Budget Survey)에서 6단계 상승해 현재 125개국 중 63위를 차지하고 있다'면서 '공공 참여 지수에서도 이집트는 2021년 19점에서 16% 증가한 100점 만점에 35점을 기록하며 세계 8위를 차지했고, 재정 감독 부문에서도 54%의 점수를 달성해 처음으로 세계 평균을 넘어섰다'고 덧붙였다.

3선 취임식 통해 7대 국정 핵심 정책 발표

이처럼 국제사회의 높은 신뢰 속에서 알시시 대통령은 2024년 4월 2일, 세 번째 취임식을 가졌다. 10년 전인 2014년 6월, 첫 임기를 시작했을 때와는 비교가 안 될 만큼 이집트의 위상이 높아진 상태였다. 당시로선, 회복 불가능이란 진단이 나올 만큼 경제가 최악이었고, 이슬람 극단주의 세력들의 테러로 사회불안도 가중됐다. 또 국제사회는 연일 알시시 정부를 향해 군부 정권이란 비난을 쏟아냈다.

하지만 10년이 지난 2024년은 '과거 나세르 대통령 시대의 영광이 재현될 수도 있다'는 평가까지 나오며 이집트 국민들의 자부심이 대단했다. 이를 의식한 듯 알시시 대통령은 취임식을 통해 자신감 넘치는 7대 핵심 정책을 발표했다. ①국가안보 ②민주주의 강화 ③보건 및 교육 ④포괄적 제도 개혁 ⑤지속 가능한 균형적 경제 성장 ⑥사회안전망 구축 ⑦도시 개발 등으로 나눠 발표한 이 국정 목표는 2030년 그가 임기

2024년 4월, 알시시 대통령은 3선 취임식 이후 세일즈 외교에 더욱 박차를 가하고 있다. 사진은 2024년 6월 열린 '이집트-EU 투자 컨퍼런스' 개막식에 참석해 연설하는 모습.

를 마칠 때까지 지속될 핵심 과제였다. 다음은 이와 관련 KOTRA 카이로무역관이 정리한 알시시 대통령의 3선 임기(2024~2030) 중 7대 국정 핵심 정책 요약이다.

①국가 안보 : 불안정한 세계 및 중동 정세 속에서 이집트의 국가 안보를 보호하며 균형 잡힌 국제 관계를 조성.
②민주주의 강화 : 청년의 정치 및 민주적 참여 강화.
③보건 및 교육 : 양질의 교육을 통해 인적자원을 개발하고 공중 보건 강화를 위해 포괄적 건강 보험 등의 프로그램 지속 및 완성.
④포괄적인 제도 개혁 : 공공 지출을 합리화해 공공 수입 증대.
⑤지속 가능한 균형 있는 경제 성장 : 국가 수입 2배를 목표로 민간 부문의

역할을 강화해 농업, 산업, ICT(정보통신기술), 관광 분야 등에서 국내총생산(GDP) 기여도 증대 및 수백만 개의 일자리 기회 창출, 해외 및 현지 투자유치, 수에즈운하의 경제적 역할 극대화, 신재생에너지와 친환경 수소 및 그 파생 상품 등의 국제허브로 성장, 생산 면적을 확대해 농업 수출 촉진 및 외화 창출, 식량안보 달성, 현지 제조업 육성 등.

⑥**사회 안전망 구축** : '타카풀과 카라마'(Takaful & Karama, 존엄과 연대)프로그램 등에 사회 보호 관련 지출을 확대하고 낙후된 시골 지역을 지원하는 '존엄한 삶' 이니셔티브 구현.(참고로, '타카풀'은 이슬람 원칙을 준수하는 상호보험이며, '카라마'는 이집트 정부가 2011년 국제통화기금(IMF)과의 협력하에 진행하는 경제개혁의 일환으로 시작한 이집트 사회의 최하위 취약 계층을 지원하는 프로그램이다.)

⑦**도시 개발** : 4세대 신도시 완공, 도시 개발 전략 계획 실행, 비공식 지역사회의 생활 환경 개선, 청소년과 저소득층 가정을 대상으로 '모든 이집트인을 위한 주거 제공' 프로그램 개발.

KOTRA 카이로무역관은 이 7대 국정 핵심 정책과 관련 "이번 정책의 특징은 사회적 지원과 민간기업의 참여가 강조되었다는 것"이라면서 "우선 사회적 지원에서는 보건 및 교육 등을 통한 공중보건 강화를 위한 건강보험 프로그램 완성, 사회 보호 관련 지출 확대 및 낙후된 지역 개발을 통한 취약계층 지원, 도시개발 및 지역환경 개선을 통한 청소년과 저소득층 주거 제공을 강조하고 있다"고 평가했다.

이어 이 평가보고서는 "경제 분야에서는 그간의 정부 주도의 경제에서 민간 주도로 전환하겠다는 의지가 돋보인다"면서 "특히 ICT 분야에 민간 참여를 권장하고, 해외투자유치, 신재생에너지 및 수소에너지 분야 및 제조업 육성 의지를 밝힌 점과 수에즈운하의 경제적 역할 확대를 강조한 점이 눈에 띄는데, 이는 최근에 추진 중인 수에즈운하를 '그린 운하'로 전환하겠다는 '그린 카넬 프로젝트'와도 연결성이 높아 보인다"고 덧붙였다.

사실 알시시 대통령의 2023년 가을은 매우 힘겨웠다. 9월, 물가상승률이 사상 최고치를 기록했다. 도시 소비자물가가 무려 38%나 치솟았다. IMF의 권장 요건을 채우고자 변동 환율제를 도입하다 보니 이집트 파운드화가 급락했고, 그 충격파가 물가 상승을 자극했다. 또 외환보유고를 위해 달러 유출을 차단하다 보니 수입에 의존하던 생활필수품과 수입 원자재가 바닥났다. 이것이 생산 활동 차질로 나타나 물가 상승을 부채질했다.

게다가 러시아-우크라이나 전쟁 여파로 밀가루값이 폭등했다. 이집트는 세계 최대 밀 수입국으로, 그동안 전쟁 당사국인 러시아와 우크라이나에 대부분의 밀 수입을 의존해 왔다. 이 역시 주식인 빵값의 폭등으로 이어지며 다른 물가 상승에 큰 영향을 미쳤다. 또 수단 내전과 이스라엘-하마스 전쟁으로 난민들이 대거 유입되며 가뜩이나 어려운 이집트 경제에 또 다른 부담으로 작용했다.

하지만 2024년 들어 깊었던 시름들이 하나둘 걷히기 시작했다. 앞서 소개했듯 ADQ의 투자유치가 확정됐고, 기존 30억 달러에서 50억 달러가 증액된 IMF의 80억 달러 차관도 승인됐다. 또 2024년 3월엔 유럽연합이 이집트에 74억 유로 규모의 돈지갑을 풀었고, 같은 달 세계은

2024년 11월 3일, 알시시 대통령이 총리 및 이집트 경제 관료들과 함께 카이로를 방문한 크리스탈리나 게오르기에바(Kristalina Georgieva) 총재 등 국제통화기금(IMF) 고위급 대표단을 접견하고 있다.

행도 이집트에 60억 달러 규모의 지원금을 약속했다. 이로써 이집트는 2024년 1/4분기 중 530억 달러 이상의 유동성 자금이 확보됐다.

그 결과 시장은 곧바로 활기를 되찾았고, 오랫동안 중단됐던 이집트 기업의 대금 결제도 빠르게 진행됐다. 또 이 같은 긍정적인 신호들에 힘입어 2023년 3월 소비자물가는 전월 대비 2.9% 하락한 33.1%를 기록했고, 4월 32.5%, 5월 28.1% 등으로 계속 하향 곡선을 이어갔다.

한국 정부도 이집트의 경제 개혁 높이 평가

김용현 주 이집트 대한민국 대사는 2024년 신년 초, 한국 언론 〈이데일리〉(Edaily) 1월 26일 자에 다음과 같은 글을 기고했다.

현재 이집트 경제는 녹록하지 않은 상황이다. 코로나 팬데믹, 우크라이나 전쟁 등의 영향으로 IMF 금융지원을 받고 있는 가운데, 경제 개혁을 추진하고 있다. 최근에는 예멘 후티의 홍해상 상선 공격으로 촉발된 물류 위기가 수에즈운하에 직격탄을 날리고 있다. 그러나 늘 그렇듯 위기 속에서 더 큰 기회를 찾을 수 있다.(중략)

이집트는 세금 감면, 수출보조금 등 이집트 정부의 투자유인 정책과 양질의 저렴한 노동력 등 매력적인 요소가 많다. 싱가포르 2/3 면적에 조성 중인 수에즈운하 경제특구는 6개의 항구, 4개의 특화된 산업단지를 갖추고 20억 인구의 배후시장을 겨냥하고 있다.(중략)

골드만삭스는 최근 발표한 세계 경제 예측 순위에서 이집트를 2050년 12위, 2075년엔 7위의 경제 대국으로 평가했다. 글로벌 중추 국가를 지향하는 한국이 놓쳐서는 안 될 귀중한 파트너임이 분명하다.

이와 관련 대한민국 외교부도 2024년 상반기에 펴낸 〈이집트 개황 2024〉 책자를 통해 2014년 6월 출범한 알시시 정부는 침체된 경제 회복을 최우선 과제로 보고, 경제 개혁 조치와 외국의 경제 지원 및 투자유치 확보를 위해 활발한 활동을 전개해 왔다고 평가했다.

〈이데일리〉(Edaily) 2024. 1. 26

이 책자는 또 2016년 2월, 경제·에너지·도시 개발·삶의 질·평등·건강·교육 등, 전반적인 국가 발전과 도약의 청사진을 제시하는 'Vision 2030'을 발표하는 한편 ▲해외직접투자 유치를 통한 대규모 국가 프로젝트 추진 ▲국내 산업 보호 및 외환 부족 해결을 위한 수입 억제

조치 ▲각종 보조금 제도의 개선과 세제 개편을 통한 재정건전성 제고 ▲실업률 완화를 위한 중소기업 육성 ▲취약 계층에 대한 사회보장 강화 ▲낙후된 시나이반도 및 남부 이집트 지역 개발 등을 역점 사업으로 추진하고 있다고 강조했다.

대한민국 외교부의 이 같은 긍정적 시선은 KOTRA 카이로무역관의 시각과도 일치한다. 2024년 5월, 이 무역관의 윤수한 과장은 KOTRA가 발간하는 〈글로벌비즈니스 리포트〉 기고문을 통해 '나일강은 쉽게 마르지 않는다 …… 다시 비상을 준비하는 이집트'라는 제목의 장문을 썼다. 다음은 그 글에서 발췌한 내용으로, 글에는 2025년 양국 수교 30주년을 기대하는 마음이 담겨 내가 이 책을 쓰는 이유와도 같은 맥락이라 반갑다.

경제 위기를 돌파하기 위한 이집트의 노력은 거침이 없었다. 우선 수입 규제로 달러 유출을 최소화했다. 이 과정에서 이집트에 제품을 수출하거나 현지에 진출해 공장을 운영하는 한국을 포함한 많은 외국 기업이 어려움을 겪었다. 그러나 이집트는 멈추지 않았다. 달러 확보가 국가 경제의 핵심임을 거듭 천명했다.(중략)

동시에 이집트 정부는 전자제품, 석유화학, 철강, 섬유 등을 중심으로 제조업 육성에 박차를 가했다. 외국인 투자유치를 통한 제조업 육성에도 나섰다. 이를 위해 2021년 12월 압델 파타 알시시 대통령이 직접 발표한 골든 라이선스 제도를 2022년부터 본격 추진했다. 골든 라이선스를 획득한 기업은 공장용 설비 수입 관세 면제, 과세표준 인하, 토지 매입 비용 50% 할인 등 파격적인 혜택을

받는다.(중략)

한국과 이집트의 경제협력은 조용하지만 굳건한 토대 위에 진행되고 있다. 2012년 이집트에 진출한 삼성전자는 현재 TV, 태블릿PC, 휴대폰을 현지에서 생산하고 있으며, LG전자는 1990년대 초부터 TV, 세탁기 등을 생산하고 있다. 2022년 1월 한화에어로스페이스는 K-9 자주포 패키지 수출 및 현지생산 계약을 체결했고, 한국수력원자력은 2022년 8월에 3조 원 규모 엘다바 원전 구조물 건설 프로젝트를 수주했다. 또 현대로템은 이집트에 전동차를 납품하고 있다. 이렇듯 전자제품, 방산, 원자력, 철도 등 부가가치가 높은 이집트 정부의 역점 사업에서 우리 기업이 크게 활약하고 있다.

동트기 전 새벽이 가장 어둡다는 말이 있다. 이집트 경제는 길고 어두운 터널을 지나 사막의 태양처럼 빛나는 아침을 맞이할 준비를 하고 있다. 한국과 이집트의 수교 30주년이 되는 2025년을 기점으로 한강의 기적이 나일강의 기적으로 이어지기를 바란다.

윤수한 KOTRA 이집트 카이로무역관 과장, 〈글로벌비즈니스 리포트〉 2024년 05월호

Happy Together①
인권 국가로 가는 길 : 국민 대화

2024년 연말, 이집트에 반가운 소식이 들려왔다. 12월 20일, 유럽연합(EU) 집행위원회가 이집트와 약속했던 74억 유로 지원금 중, 1차로 10억 유로가 승인됐다는 낭보였다.

유럽연합 집행위원회는 이날 승인 결정 직후 성명을 통해 "이집트가 현재 진행 중인 정책 공약을 이행하고, 환율을 통일하고, 사회보장 조치를 강화하려는 노력에 따른 것"이라고 밝혔다. 성명은 또 "이집트가 효과적인 민주적 메커니즘과 인권 및 법치주의를 존중하는 데 있어 '구체적이고 신뢰할 수 있는 조치'를 취했다"는 내용도 덧붙였다.

외신들은 이와 관련 '알시시 대통령이 그동안 인권 논란에 휘말렸던 재판 전 구금 문제를 〈국민 대화〉로 해소한 게 이번 결정에 좋은 영향을 미친 것 같다'고 분석했다. 그러면서 '이집트가 국가 차원에서 2023년

알시시 대통령이 2023년 5월 3일 열린 '국민 대화' 개막식 행사에서 영상을 통해 이 프로그램의 의의를 설명하고 있다. 이날 개막식 행사에는 주이집트 아랍국가 대사들은 물론, 영국·독일·일본 등 서방 국가 대사들도 대거 참석했다.

5월부터 시작한 〈국민 대화〉에서는 그동안 많은 의견이 쏟아졌고, 이를 알시시 대통령이 국정 운영에 반영해 왔다'면서 '2024년 국민 대화가 채택한 〈재판 전 구금 개혁〉에 대한 권고안을 지난 8월 알시시 대통령이 승인한 바 있다'고 보도했다.

외신들의 이 같은 보도로 국제사회는 '이집트 국가 대화'(The Egyptian National Dialogue)라고 명명한 알시시 대통령의 '국민 대화 정치'를 또다시 주목했다. 이 프로그램은 2023년 시작 당시 국제적인 관심사 중 하나였다. 5월 3일, 개막 행사에는 주이집트 아랍국가 대사들은 물론, 영국·독일·일본 등 서방 국가 대사들도 대거 참석했다.

알시시 대통령은 영상 환영사를 통한 이날 개막식 연설에서 "소통의

장에 모인 여러분 모두에게 존경과 감사를 표한다"며 "국가가 직면한 도전들이 커지면서 국민과의 대화 필요성이 더욱 커졌고, 이 대화 프로그램을 통해 포괄적이면서도 실질적이고, 필수적인 모든 의견이 종합되어 정책 현안에 반영할 수 있는 뛰어난 성과물이 도출되기를 기대한다"고 강조했다.

그의 표현대로 이 프로그램은 2022년 4월, 국민과의 대화 필요성을 느낀 알시시 대통령의 지시로 시작됐다. 이후 1년가량의 준비 과정을 거쳐 출범하게 된 첫 개막 행사에서 〈국민 대화〉 총괄 조정관으로 지명된 디아라슈완(Diaa Rashwan) 이집트 국가정보청장은 "이 대화 프로그램은 1925년 혁명 이후 처음 시도되는 새로운 형태의 소통 방식으로, 오늘 우리가 시작하는 국민 대화에서는 모든 현안들이 예외 없이 토의될 것"이라고 강조했다. 즉, 헌법과 법률을 제외하고는 어떤 제약도 없이 (No red lines) 모든 참가자들이 구체적이며 검토될 만한 대안과 해법을 제시해도 좋다는 게 그의 설명 취지였다.

이날 개막식에는 이례적으로 2014년 대선 후보자로 알시시 대통령과 맞붙었던 함딘사바히(Hamdeen Sabahi)도 참석했다. 그는 사다트와 무바라크 대통령 시절 17차례나 투옥된 바 있는 이집트의 대표적 반체제운동가다. 또 이날 행사에는 '정치범'이란 딱지가 붙은 언론인 출신의 칼레드다우드(Khaled Dawoud) 등 다수의 반정부 성향 인사들도 참석했다. 특히 다우드는 반정부연합체 성격으로 2017년 결성된 '시민민주운동'의 대변인을 맡고 있던 터였다.

이날 개막된 〈국민 대화〉 1라운드는 5월 14일 첫 세션을 시작으로, 6

월 22일까지, 주 3회(일, 화, 목) 대화를 이어갔다. 이 첫 대화의 대주제는 '새로운 공화국으로 가는 길'(The Road to The New Republic)이었다. 그리고 '함께하는 공간(Common Spaces)'이란 부제가 붙었다. 언론들은 이를 '반대 세력과도 상호 작용할 수 있다는 정치적 개방성을 시사한 대목'이라며 호평했다.

이 프로그램은 2024년에도 계속됐다. 이번 주제는 '경제'였다. 2월 26일부터 시작된 〈국민 대화〉 2라운드에서는 초반부터 물가 상승과 고공 행진 중인 인플레이션 문제가 언급됐다. 또 통화 정책과 달러 부족 문제도 대화 소재로 등장했다. 이후 4월 초, 알시시 대통령의 3선 취임식으로 잠시 중단됐던 〈국민 대화〉(3라운드)는 6월 1일 재개돼 국가 안보와 외교 정책 문제를 주요 의제로 또다시 깊은 대화를 이어갔다.

국민이 직접 입법 개혁에 참여

무스타파 마드불리(Mostafa Madbouly) 총리는 2024년 4월 9일, "얼마 전 끝난 국민 대화 2라운드 권고안 135건을 접수했다"고 밝혔다. "1라운드 권고안이 정치 개혁 중심이었다면 2차 대화에서 통과된 권고안은 경제 개혁에 집중돼 있다"는 게 총리의 설명이었다. 그러면서 그는 "2023년 1차 대화 권고안 90건 중 일부는 이미 이행을 시작했다"며 "우리는 정치 관련 권고안 37건 중 6건을 이미 이행했으며, 사회 관련 권고안 64건 중 21건과 경제 개혁 관련 권고안 34건 중 20건도 이미 이행했다"고 밝혀 국민들로부터 좋은 평가를 받았다.

총리의 이 같은 언급대로 〈국민 대화〉 결과는 알시시 대통령의 엄명에 따라 후속 처리가 신속했다. 한 세션이 끝날 때마다 소위원회를 거쳐 통과된 권고안은 알시시 대통령에게 직접 회부됐다. 그리고 입법 개정이 필요한 권고안은 하원과 상원에 전달됐고, 행정 단계가 필요한 권고안은 정부로 이송됐다.

그 과정에서 1차 국민 대화 권고안으로 채택된 '차별금지위원회'가 설립됐고, 〈정치적 권리 행사법〉 개정과 정당 설립 절차의 간소화를 위한 〈정당법 개정〉 논의도 급물살을 탔다. 또 인구 성장을 반영한 하원과 상원의원 의석수 상향 조정 문제도 국민 대화 결과로 검토되기 시작했고, 2024년 1월엔 국민 대화 1차 권고안을 기초로 최저임금과 연금 인상이 확정돼 수혜자들이 환호했다.

특히 2023년 1차 대화와 관련, 정치범 2,000여 명이 석방돼 알시시 정부에 좋은 인상을 남겼다. 7월, 저명한 이집트-이탈리아 연구원 패트릭 조지(Patrick George)와 인권 변호사 모하메드알바케르(Mohamed Al Baqer)가 사면된 데 이어, 8월엔 정치 활동가 아흐메드두마(Ahmed Douma)를 포함한 30명의 구금자가 사면됐다. 또 같은 달 검찰은 정치 활동가 유세프만수르(Youssef Mansour)와 아메드하사네인(Ahmed Hassanein), 경제학자 오마르알셰네티(Omar Al Shenety) 등 재판 전 구금자 33명을 모두 석방하기도 했다.

이와 관련, 이집트 국가인권위원회(NCHR)는 공식 논평을 통해 "형을 선고받았든, 미결 구금 상태든, 인권 활동가들이 잇따라 석방된다는 점은 알시시 정부가 모든 정치 세력과 함께 새로운 장을 열겠다는 진정한 의지가 있다는 것을 확인시켜 준다"면서 "이 같은 조치들은 모든 시민의 자유와 정치적 권리에 대한 존중에 기반한 인권 활동의 붐을 일으킬 것"이라고 긍정적인 평가를 했다.

이처럼 좋은 평가를 받은 사례는 2024년에도 계속됐다. 이집트 국영 언론 〈알아흐람〉(Al Ahram Online)은 2024년 11월 24일, '이집트 국민 대화위원회가 검찰의 요청에 따라 716명의 테러 단체 및 개인 이름을 형사법원 목록에서 삭제하기로 결정한 것에 깊은 감사를 표했다'고 보도했다. 그러면서 '이번 조치는 이집트의 인권 증진을 위한 지속적인 노력을 반영하며, 정치 지도부가 신속하고 공정한 정의를 위해 헌신한다는 것을 보여주는 것'이라고 논평했다.

이 신문은 또 '이집트 형사법원은 국가와 기관에 대한 모든 불법 활동을 중단한 716명을 테러리스트 명단에서 삭제해 달라는 검찰의 요청을 승인했다'면서 '국가대화위원회는 국가가 테러 단체 목록에 있는 개인의 지위를 철저히 검토하고, 그 결과 테러리즘을 영구히 포기한 것으로 증명된 개인의 이름을 이 목록에서 삭제한 것은 매우 바람직한 일로, 이는 2년 전 출범 이래 줄곧 인권 문제에 초점을 맞춰 온 국민 대화의 원칙과 목표에 대한 건설적인 대응을 반영한다'고 덧붙였다.

〈국민 대화〉는 이집트의 국가 이미지를 업그레이드시켰다는 평가 속에서 앞으로도 지속될 전망이다. 특히 인권 개선과 국민 통합, 정치적 갈등 해소란 측면에서 국제사회가 이를 계속 주목하고 있어 매년 대화 수준 역시 높아질 것이라는 기대감이 크다.

이와 관련 이집트 야당인 아랍민주나세르당(Arab Democratic Nasserist Party)의 모하메드아부알엘라(Mohamed Abou Al Ela) 당수는 이집트 언론과의 인터뷰에서 "국민 대화가 다양한 국가 세력을 더욱 긴밀하게 모아 궁극적으로 새로운 공화국을 형성하는 데 도움이 되고 있다"면서 "국민 대화는 인권을 포함한 국가 문제에 대한 합의를 이루는 중요한 도구"라고 강조했다. 그는 또 "알시시 대통령이 인권 문제에 특별한 주의를 기울이고 있다"고 평가하며 "국민 대화가 재판 전 구금 문제를 논의할 수 있었던 건, 모든 정치 및 사회 세력을 입법 개혁에 참여시켜 최상의 해결책을 도출하려는 알시시 대통령의 인권 정책이 반영된 것"이라고 덧붙였다.

여성 인권의 주춧돌을 놓다

알시시 대통령의 인권 정책은 여성 문제로 시작됐다. 2012년 모르시 정권이 들어서자 사회가 급격히 경직됐다. 여성들에게 은근히 히잡이 강요됐다. 그 전만 해도 히잡은 여성들의 선택 사항으로, 부모조차 강요하지 않는 종교문화이자 전통문화였다. 하지만 모르시 집권 이후 텔레비전 뉴스를 진행하는 여성 앵커의 머리에 히잡이 착용됐다. 또 국영항공사 여승무원도 히잡을 쓰고 나타났다.

"훗날, 역사가 알시시 대통령의 업적을 기록한다면, 아마도 여성 인권에 대한 업적을 첫손가락으로 꼽을 겁니다. 모르시 정권 때 완전히 무너

2024년 3월 21일, 여성의 날을 맞아 알시시 대통령이 국가와 사회에 헌신한 자랑스러운 이집트 여성들에게 감사를 표하고 있다. 2014년 알시시 대통령 취임 이후 이집트 여성들의 사회 진출이 더욱 활발해졌다는 평가다.

졌던 여성 인권이 알시시 대통령 시대를 맞아 크게 향상됐습니다. 여성들의 삶의 질 향상을 위한 알시시 대통령의 노력은 지금도 계속되고 있습니다."

카이로에서 만난 아야트알하다드(Ayat Al Haddad) 박사의 평가다. 이집트 여성 의원(알렉산드리아 지역구)인 그는 알시시 대통령이 가장 존경했던 인물이 자신의 어머니라고 했다. 대통령은 신앙심 깊은 어머니로부터 많은 것을 배웠고, 대가족 살림을 맡아 평생 희생한 어머니를 바라보며 어릴 때부터 여성 인권 문제를 깊이 생각한 것으로 안다고 했다.

"알시시 대통령이 여성들에게 많은 기회를 주고자 노력한 점이 이집트의 국격을 높였습니다. 여성 장관을 대거 임명해 이집트 여성들에게 큰 자부심을 안겼고, 그 결과 여성들의 사회 진출이 크게 활발해졌습니다. 의회 역시 여성 의석수가 늘면서 입법 과정에서도 여성 인권 문제를 현실적인 눈높이에서 깊이 다룰 수 있게 됐습니다."

그의 말대로 이집트 의회는 현재 25%를 여성 의석에 배정하도록 법으로 규정하고 있다. 2024년 현재 여성 장관은 6명이다. 많을 때는 8명인 경우도 있었다. 이렇듯 입법부와 행정부에 여성 인사 비율이 크게 늘면서 사법부에도 변화 바람이 일었다. 2021년 10월, 이집트 최고 행정법원에 사상 처음으로 여성 판사들이 임용됐다.

외신들은 알시시 대통령의 이 같은 조치를 놀라운 눈으로 바라봤다. 여성 판사 98명의 임용 소식을 전한 외신들은 그동안 관행처럼 여겨왔던 이집트 사법부의 남성 중심 판결에 변화가 있을 것으로 전망했다. 그렇지 않아도 이 역사적인 여성 판사 임용 직전 이집트는 여성 부당 판결로 국제사회의 웃음거리가 된 바 있다. 틱톡에서 벨리댄스를 춘 여성에게 음란과 부도덕을 부추긴 혐의를 적용해 징역 3년과 벌금 30만£E(약 6,000달러 / 2024년 말 환율 기준)를 선고했기 때문이다.

알시시 대통령은 2014년 취임 뒤 곧바로 여성 인권 문제를 고민했다. 모르시 정권에서 무슬림형제단으로부터 가장 크게 고통받은 두 계층이 콥트교 신자들과 여성들이었다. 새 시대를 맞아 이들에게 희망의 빛을 제공하는 게 대통령의 과제였다. 2017년을 '여성의 해'로 정해 이집트의 모든 여성들을 국가 차원에서 위로하고, 그들에게 비전을 제공하고자 한 조치 역시 그런 고민의 결과였다.

"존경하는 이집트 국민 여러분! 나는 오늘 여러분께 우리가 살아남고, 우리 국가가 영원히 살아남을 수 있도록 아들과 남편, 가족을 위해 희생한 어머니이자 아내이자, 자매이자 딸인 이집트의 모든 여성들에게 감사와 존경의 마음을 표해 주시기를 부탁드립니다."

2017년 3월 22일, 알시시 대통령은 '여성의 날' 기념 연설을 통해 여성에 대한 존경심을 강조했다. '여성의 해'에 치르는 '여성의 날' 행사라 대통령의 연설엔 인구 절반의, 오랜 희생자들에게 바치는 헌사가 더욱 진지하게 묻어났다.

"역사를 통틀어 이집트 여성은 이 위대한 국가의 영광을 목격하고 만들어 온 주역들이었습니다. 이 국가의 위대함의 주요 부분은 부드러운 어머니와 충성스러운 아내와 모든 곳에 행복과 즐거움을 퍼뜨리는 딸로서의 놀라운 이집트 여성들로부터 나왔다고 해도 과장이 아닐 것입니다. 따라서 여성은 항상 국가 방정식에서 가장 중요한 인물이었고, 이집트 국가의 놀라운 그림에서 가장 밝은색이었습니다."

알시시 대통령은 이날 기념 연설을 통해 여성의 중요성을 재차 강조하며, 이집트의 모든 국가 기관에 〈2030 여성 역량 강화 전략〉을 행동 문서로 만들어 그 전략에 언급된 계획과 프로젝트를 활성화하도록 지시하겠다고 약속했다. 또 사회연대부가 모든 국가 기관과 협력해 생계를 책임져야 하는 저소득층 여성들을 지원하는 국가적 이니셔티브를 시작할 것이라고 강조했다. 이 밖에도 이집트 여성들이 일할 수 있도록 영유아 보육 서비스를 제공하고, 학교 영양 프로그램을 확대할 수 있도록 정부가 예산 편성을 하겠다는 약속도 이날 연설에 포함됐다.

대통령의 이 같은 의지는 곧바로 이집트의 국정 운영에 반영됐다. 그리고 그 결과는 곧바로 통계로 나타났다. 2023년 말, 할라알사이드(Hala

Al Said) 이집트 계획 및 경제개발부 장관은 "지난 8년 동안 중소기업에 할당된 예산의 거의 절반가량이 경제적으로 취약한 어퍼 이집트(상 이집트) 여성에게 사용되었다"고 보고했다.

그는 또 "삶의 질 향상을 위한 대통령의 이니셔티브인 '하야 카리마'(Haya Karima) 1단계에서만 이집트 여성 800만 명의 삶을 개선하는 데 기여했으며, 지난해 이집트의 모든 주에서 14,000명의 여성이 다양한 분야에서 역량을 키우고 강화하도록 훈련을 받았다"고 보고했다. 알 사이드 장관은 또 "이집트 여성들이 85개 기관의 재건 훈련에 참여했으며, 모든 부문에서 1등 상 중 절반이 여성 수상자였다"고 강조했다.

소수를 품다, 콥트정교회 미사 참석

이집트의 크리스마스는 1월 7일이다. 로마제국이 채택했던 율리우스력을 따르기 때문이다. 따라서 그레고리력을 따르는 서구 크리스마스보다 18일쯤 늦다. 알시시 대통령은 2025년 새해에도 이날에 맞춰 콥트정교회 기념 미사에 참석했다. 신행정수도(NAC)에 들어선 '그리스도 탄생 대성당'(Cathedral of the Nativity of Christ)을 찾은 알시시 대통령은 이날 콥트정교회 신자들과 반갑게 인사했다.

"콥트 형제자매 여러분! 축복받은 콥트 크리스마스를 맞아 여러분께 진심 어린 인사를 전하게 되어 기쁩니다. 예수 그리스도의 탄생을 함께 축하하는 것은 관용과 형제애, 그리고 국가적인 통합 가치의 표현이며,

이는 항상 우리나라 역사의 필수적인 부분이었습니다. 이집트는 모든 국민이 소중한 국가에 속한다는 명예 아래, 다양한 종교를 가진 국민들 사이에서 공존과 통합, 그리고 사랑의 등대로 남을 것입니다."

이날 신행정수도 교회에서 이집트의 모든 기독교인들에게 성탄 축하 메시지를 전한 알시시 대통령은 취임 이후 꾸준히 콥트정교회를 챙겨왔다. 비록 이집트 국민의 10%가량이 믿는 소수 종교지만 콥트정교회 신자들과의 만남은 사회 통합의 일환이라는 게 그의 국정철학 중 하나였다.

이는 몸의 기억이기도 했다. 앞서도 언급했듯, 그의 어릴 적 고향인 알가말레야(Al Gamaleya)에는 1,000년 역사의 알아즈하르 모스크(Al Azhar Mosque)와 10세기쯤 건립됐다고 추정하는 하렛주웨일라 성모마리아교회(The Church of the Virgin Mary in Haret Zuweila)가 한 공간에 공존했다. 그는 그 모습을 보면서 일찍부터 자연스럽게 종교 간 화합이 익숙했다.

이집트 대통령실은 그의 크리스마스 기념 미사 참석과 관련하여 웹사이트를 통해 "알시시 대통령은 도착하자마자 알렉산드리아의 교황 타와드로스 2세(Pope Tawadros II of Alexandria)이자 성 마르코 교구의 총대주교로부터 환영을 받았으며, 여러 고위 공무원과 장관, 주지사, 국회의원 등 저명인사들이 이 행사에 함께 참석했다"고 전했다. 웹사이트는 또 "압델 파타 알시시 대통령은 타와드로스 2세 교황에게 크리스마스를 축하하는 흰색 꽃다발을 선물하며, 콥트 기독교도들에게 즐거운 크리스마스가 되기를 기원한다는 메시지를 남겼다"고 덧붙였다.

이날 이집트 전역의 콥트교인들은 2015년 크리스마스를 떠올렸다. 놀랍게도 이집트 역사상 최초로 대통령이 콥트교회를 방문한 크리스마스였다. 그 주인공이 알시시였다. 모르시 정권 내내 무슬림형제단으로부터 무참히 핍박을 받았던 콥트교인들로서는 새 정부의 등장이 더없이 고마웠다. 특히 신심 깊은 이슬람 신자이면서도 이종교인 콥트교회를 이집트 전통 종교문화의 한 축으로 인정해 준 알시시 대통령의 폭넓은 종교관이 감명깊게 다가왔다.

알시시 대통령의 2015년 이집트 콥트교회 방문은 서방세계에도 깊은 인상을 줬다. 많은 서방 언론들은 '역사적인 순간'이라고 전하면서 '나세르와 사다트와 무바라크도 못 했던 일을 알시시가 해냈다'고 보도했다.

이와 관련 영국 매체 〈가디언〉(The Guardian)은 2015년 1월 7일 자 기사에서 '압델 파타 알시시는 콥트교 크리스마스이브 미사를 위해 카이로 대성당에 나타난 최초의 이집트 지도자가 되었으며, 이는 이집트에서 종종 소외되는 기독교 소수자와의 상징적인 단결을 보여준 것'이라고 논평했다. 이 언론은 또 '순니파 무슬림인 알시시는 성당에 도착한 후 환호하는 신도들에게 "우리는 모두 이집트인"이라고 강조했다'면서 '대다수의 이집트 기독교인들은 알시시 대통령이 2013년 7월 무슬림형제단의 모하메드 모르시를 대통령직에서 축출한 이래로 그를 구세주로 여겨왔다'고 덧붙였다.

이후 알시시 대통령은 지속적으로 콥트정교회를 챙기며 2018년에는 최초로 여성 콥트교도를 주지사로 임명했다. 또 2022년에는 콥트정

2025년 1월 6일, 알시시 대통령이 콥트교 크리스마스 미사에 참석해 타와드로스 2세(Pope Tawadros II) 교황과 기념 촬영을 하고 있다.

이집트 신행정수도에 조성된 '그리스도 탄생 대성당'(Nativity of Christ Cathedral) 미사에 참석한 알시시 대통령을 콥트교 신자들이 반갑게 맞이하고 있다.

교회 신자를 최고헌법재판소장에 임명했다. 그리고 콥트교회 신축 제한을 전면 해제함으로써 룩소르(Luxor)의 '위대한 순교자 성 조지 교회'(Church of the Great Martyr St. George in Luxor) 등, 테러리스트들에 의해 파괴된 교회를 복원하고, 더 많은 교회를 신축할 수 있게 해주었다.

한편, 알시시 행정부는 2020년, 알렉산드리아 지역의 중세 유적인 '엘리야후하나비'(Eliyahu Hanavi)를 복원해 좋은 평가를 받기도 했다. 이는 콥트보다도 더 소수인 유대교의 상징적 아이콘으로, 1354년 건축된 이 회당(Synagogue)은 이집트 유대인 사회의 붕괴로 제 기능을 못 하다 건물 일부가 파손돼 2016년부터 잠정 폐쇄된 상태였다.

회당이 폐쇄되자 이집트 유대인들은 속이 탔다. 이 회당은 1798년 이집트를 침공한 나폴레옹 군대의 폭격으로 한 차례 진통을 겪었던 자신들의 심리적 위안처였다. 프랑스 침공 당시만 해도 이집트 유대인 사회는 규모가 컸다. 따라서 자신들의 힘으로 1850년 재건 과정을 거쳐 제 모습을 찾을 수 있었다. 그런데 또다시 역사가 단절됐다. 하지만 지금은 이집트 유대인 규모가 50만 명 안팎으로 줄어든 형편이라 자체 복원이 어려웠다.

이 같은 속사정을 이해한 알시시 행정부는 2017년 이 회당 복원 예산으로 600만 달러를 배정했다. 종교를 떠나 이 회당은 콥트교회와 마찬가지로 이집트 역사의 일부라는 게 알시시 대통령의 인식이었다. 이 소식에 이집트 유대인 사회는 물론 이스라엘 정부도 기뻐했다. 2020년 복원 당시 이스라엘 외무부는 대변인 논평을 통해 "우리는 2,000년 이상 존재해 온 유대인 유적지를 유지하려는 이집트의 노력을 진심으로 환영한다"는 감사 인사를 전했다.

이에 이집트 정부는 "수 세기 동안 여러 문명이 평화롭게 공존했던 이집트는 독특한 문화적 다양성을 갖고 있다. 알렉산드리아 시나고그(Synagogue)의 복원 및 재개관은 이집트 정부가 모든 종교의 유산을 소중히 여긴다는 것을 세계에 알리는 신호"라고 화답했다.

Happy Together②
복지 국가로 가는 길 : '하야 카리마'(Haya Karima)

'새마을에 빠진 이집트 엘리트.'

이는 한국 매체 〈시사IN〉의 2013년 11월 28일 자 기사 제목이다. 카이로와 알렉산드리아 현지 취재 형식을 띤 이 기사의 첫 문장은 '무바라크 30년 독재를 끝내고 3년째. 이집트는 어디로 가고 있는가. 이집트를 찾았다. 대학·정당·언론 등에 속한 이집트 엘리트층을 사로잡고 있는 것은 "정상 국가 이집트"를 만들겠다는 욕망이었다'로 시작된다.

기사는 또 '이집트 미래대학(Future University in Egypt)의 압둘알마스하트(Abdul Al Mashat) 정치경제학과 교수의 책상에는 낯익은 주제를 다룬 논문이 세 편 있었다. 〈한국의 새마을운동〉, 〈새마을운동과 농촌 발전〉, 〈새마을운동은 오늘날의 발전국가에도 모델이 될까?〉 마사하트 교수는 우리가 도착하기 직전까지도 새마을운동을 다룬 논문을 읽고 있었

어퍼 이집트(Upper Egypt) 서부 사막 고속도로 2단계 개통 모습. 이집트 정부는 국토 균형 발전을 통해 모든 이집트 국민들이 행복한 삶을 누릴 수 있도록 적극 노력하는 중이다.

다고 했다'로 이어진다.

이 주간 매체 기자가 이집트를 찾았던 시기는 아들리 만수르(Adly Mansour) 임시 대통령 때였다. 아직 알시시가 등장하기 이전이었다. 그런데 이 시기 이집트의 저명한 경제학자 책상 위에는 왜 새마을운동 관련 논문이 세 편이나 올라와 있었을까? 그 점을 이해하려면 앞서 소개했던 2015년 3월의 샤름엘셰이크 경제개발 컨퍼런스(EEDC)를 다시 소환해야 한다.

알시시 대통령은 당시 컨퍼런스를 통해 '하야 카리마'(Haya Karima) 이니셔티브를 발표했다. '인간다운 삶'을 뜻하는 아랍어 '하야 카미라'는 일종의 '이집트판 새마을운동'이다. 물론 우연의 일치일 수도 있겠다. 압둘 교수가 경제학자로서의 개인사적 관심사로 새마을운동을 연구할 수도 있었겠다. 하지만 새로운 국가 디자인에 들어간 당시 군부가 알시시의 등장 이전부터 이미 한국의 새마을운동을 비롯, '잘 사는 나라 이집트', '인간다운 삶을 누리는 이집트'를 만들기 위해 대단히 많은 연구를 하고 있었다는 추측도 가능하다.

어쨌든, 2014년 6월 집권한 알시시 대통령은 10개월 만의 산고 끝에 2015년 3월, '이집트의 미래'(Egypt the Future)를 주제로 연 컨퍼런스를 통해 이집트 국민과 국제사회에 2023년까지의 국정 운영 목표를 제시했다. 앞에서도 소개했듯, '지속 가능 성장(Sustainable Development 2030, SDS 2030) 비전'이라는 이름으로 발표한 이 문서에는 '2014년부터 2030년까지 경제(Economy), 시장경쟁력(Competitive Market), 국민행복(Happy Citizen), 인적자원(Human Capital) 등 4대 분야에서 세계 Top 30으로 성장한다'는 목표치를 담아냈다.

이 문서에서 이집트 국민들은 '국민행복'(Happy Citizen)을 주목했다. 이때 처음 접한 슬로건이 '하야 카리마'였다. 일부 국민은 이 말을 정치적 수사로 폄훼했다. '인간다운 삶'이라니……. 끼니만 거르지 않아도 좋겠다는 비아냥이 쏟아졌다. '행복'이라는 단어조차 낯설던 시기였다. 하루에도 몇 차례씩 테러가 준동하고, 정치는 여전히 불안정했고, 국제사회의 시선도 아직은 싸늘하던 암울한 시기였다.

하지만 알시시 대통령의 의지는 확고했다. 그는 '하야 카리마'의 목표치에 ▲3년마다 1%씩 도시 비율 확대 ▲750만 호 주택 건설 ▲빈민가 문제 해결 ▲문맹률 7%로 감소 ▲이집트 대학의 상위 500대 세계 대학 진입 ▲산모 사망률 60% 감소 ▲신생아, 영아 및 5세 미만 사망률 50%

감소 ▲국가 예방 접종 확대 ▲예방 접종에 대한 100% 국가 예산 보장 ▲필수 건강 개입의 80%에 대한 공평한 접근 달성 ▲정규직 여성 숫자 30% 증가 ▲도시-지방 간 고용, 건강 및 교육 격차 감소 등을 담아 당당하게 공표했다.

그로부터 10년. 이 목표치의 성과는 현재 어떤 상태일까? 그 같은 궁금증을 풀어주기 위해 알시시 행정부는 2024년 12월 9일, 라니아알마스하트(Rania Al Mashat) 기획·경제개발 및 국제협력부 장관의 입을 통해 다음과 같은 내용을 발표했다.

'하야 카리마', 1단계 85.5% 이행

- 이집트 최대 규모의 농촌 개발 사업인 '하야 카리마' 프로젝트는 다차원적 빈곤을 줄이고 행정구역 간 개발 격차를 해소하는 것을 목표로 시작했다.
- 이 프로젝트는 그동안 국제적으로 인정을 받았다. '17가지 지속 가능한 개발 목표(SDG) 달성'에 기여한 공로를 인정받아 유엔의 '지속 가능한 개발 목표 가속화 및 모범 사례 플랫폼'에 등재됐다.
- 이 프로젝트에 할당된 재정 자원은 2955억 이집트파운드(£E)에 달해 총예산의 84.4%를 차지했다. 개발된 100개 마을에서 총 16,812개의 프로젝트가 완료되었으며, 비용은 210억 £E로, 120만 명의 시민에게 혜택이 돌아갔다.

5,200개의 일자리를 제공하게 될 아인수크나(Ain Sukhna) 지역의 석영 생산 공장 단지 프로젝트 전개도. 이 같은 지역 공장 활성화로 중앙-지방 간 소득격차를 줄이겠다는 게 알시시 행정부의 목표다.

- 1단계만으로도 1,500개 마을에 걸쳐 1800만 명의 시민이 혜택을 받았다. 23,000개 프로젝트를 포함하는 이 단계의 총비용은 3500억 £E 이상이다.
- 1단계 예산의 68%가 취약 계층이 많은 어퍼 이집트(상 이집트)에 할당됐다.
- 1단계 투자의 70% 이상이 이집트의 국가 인권 전략에 맞춰 인간 개발에 집중됐다.
- 이 이니셔티브에 의해 교실 15,000개가 신설 및 개선됐다. 또 1,300개 학교가 개조됐다.
- 문맹 퇴치 노력으로 51만 명이 혜택을 입었으며, 문맹률은 2021년부터 2024년까지 7% 감소했다.
- 수도 및 위생 부문은 1단계 예산의 절반가량을 차지했다. 주요 성과로

는 폐수 처리 시설 21개, 하수 프로젝트 937개, 가구 연결 140만 개 등이 있다. 이로 인해 대상 마을의 위생 서비스 가입자가 45% 증가했다. 이 프로젝트가 끝날 때까지 이들 마을의 위생 시설 보급률을 90%로 끌어올리는 게 목표치다. 이는 2013/2014 회계연도의 경우 12%에 불과했다.

- 식수의 경우, 248개 시설과 1,380개 프로젝트가 개발돼 물 공급이 14% 증가했다.
- 506개 마을을 가스 네트워크로 확장해 2021년에서 2024년 사이 가스 가입자가 299% 증가했다.
- 통신 분야에서는 766개 마을에 광섬유망을 설치하고, 1,277개의 이동통신 타워를 추가한 결과 서비스가 개선되고 통신 가입이 41% 증가했다.
- 금융지원 노력을 통해 중소기업과 초소규모 기업에 656억£E의 대출을 제공함으로써 290만 명 이상에게 혜택이 돌아갔다.
- 은행 인프라 확장으로 137개의 신규 은행 지점과 1,254개의 ATM, 160,000개의 인터넷 뱅킹 서비스가 제공됐다. 또 선불카드 34만 장, 모바일 지갑 7만 8,000개, QR 코드가 있는 판매점 8,325개가 개설되어 금융포용지수가 11% 상승했다.
- 전체 투자 비용의 30%를 이집트의 '국가 기후 변화 전략 2050'과 일치하도록 했다. 3개 마을이 Green Village 이니셔티브에 따라 '합리화' 인증을 받기 위해 재건되었으며, 이는 지역 최초다.
- 진행 중인 프로젝트 및 미래 프로젝트로는 국가적 여러 이니셔티브와

통합된 종합 건강보험 프로젝트와 관련, 1단계에서는 1,102개의 지역 보건시설과 24개의 중앙병원 개발에 중점을 둘 예정이다.

이 대목에서 한 가지 주목할 점은 이날 '하야 카리마' 1단계 이행 결과를 발표한 라니아알마스하트 장관이 2013년 한국 언론 〈시사IN〉과 만났던 압둘알마스하트 이집트 미래대학 교수의 딸이라는 사실이다. 그녀는 1995년, 카이로아메리칸대학(AUC) 경제학부를 나온 뒤 주미이집트 대사관 참사관으로 발탁된 아버지를 따라 미국으로 건너갔다. 그리고 그곳 메릴랜드대학에서 국제경제학 전공으로 석박사 학위를 받았다. 이후 '25세 최연소 입사'라는 신기록을 세우며 IMF에 들어가 그곳에서 다년간 국제통화정책 전문가로 근무했다.

2023년 6월, 막타르 디옵(Makhtar Diop) 국제금융공사(IFC) 상무이사 등 국제부흥개발은행(IBRD) 그룹 관계자들이 이집트를 방문해 알시시 대통령과 기념사진을 촬영하고 있다. 알시시 대통령 오른쪽이 이집트의 '하야 카리마'(Haya Karima) 프로젝트를 이끌고 있는 라니아알마스하트(Rania Al Mashat) 기획·경제개발 및 국제협력부 장관이다.

2013년 11월, 한국 언론이 찾았을 때 '새마을운동' 논문을 열심히 찾아 읽던 경제학자의 딸이 '이집트판 새마을운동'으로 불리는 '하야 카리마'를 주도하고 있다는 사실이 (두 사람의 가족 관계는 널리 알려졌겠지만, 이 점은 이번 책을 통해 처음 알려지는 사실이다) 한국 작가로서 흥미롭다. 참고로, 알마스하트 장관은 1975년생으로 2018년 입각해 그동안 관광부 장관(2018~2019)과 국제협력부 장관(2020~2024)을 지내다 2024년 7월 3일 기획·경제개발부와 국제협력부가 통합되면서 이 부처를 총괄하는 기획·경제개발 및 국제협력부 장관으로 승진 임명됐다.

복지 사각지대를 없애라

"장애인 돌봄 정책에 대한 알시시 대통령의 특별한 관심으로 정부가 2018년을 '장애인의 해'(2018 year of Persons with disabilities)로 정했습니다. 그 한 해 동안 정부는 '장애인 권리 법률'을 발표하는 등, 수많은 장애인 보호 정책을 시행했습니다. 한 가지 놀라운 건 그때부터 장애인들에 대한 사회적 편견이 많이 사라졌습니다. 예전에는 장애인 가족들이 크게 위축돼 있었는데, 지금은 그렇지 않습니다. 알시시 대통령이 참 잘하는 것 중 하나가 지속적으로 복지 사각지대가 없는지 꼼꼼하게 살핀다는 점입니다."

이집트 관영 매체 〈알곰후리아〉(Al Gomhuria)의 편집장을 지낸 압델라직타우픽(Abdel Razik Tawfik) 박사의 설명이다. 카이로에서 인터뷰한 이집트 인사들 모두가 알시시 대통령의 부지런함에 감탄했다. 애초부터 술·담배를 안 했고, 체력 관리에도 철저했던 사람이라 70세 나이에도 청년처럼 활력이 넘친다는 얘기였다. 그 왕성한 활동 중의 하나가 사회복지 구현이다. 특히 그중에서도 복지 사각지대가 없는지 꼼꼼히 살펴 모든 국민이 이집트인으로서의 자부심을 느끼도록 하겠다는 게 그의 기본적인 인식이다.

2017년을 '여성의 해'로 정해 한 해 동안 여성들의 인권 향상과 삶의 질적 발전을 위해 노력한 뒤 알시시 대통령은 곧바로 2018년을 '장애인의 해'로 선포했다. 이집트의 전체 장애인 숫자는 1000만 명에서 1400만 명가량으로 추산된다. 1억 인구 중 10%~14%가 장애를 갖고 태어났거나 후천적 장애인인 셈이다.

특히 후천성 장애인에는 테러 피해자들도 많았다. 이는 이집트의 영원한 상처였다. 가장이 다친 집은 생계가 곤란했다. 아이가 아픈 집의 고통은 더욱 컸다. 테러 피해 장애 가족들은 공사장 충격파에도 놀랄 만큼 평생 트라우마에 시달린다. 몸은 멀쩡해도 정신 장애자다. 테러를 당한 집은 가족 모두가 장애를 앓는 셈이었다. 이들을 정부가 나서 보살피겠다는 게 '장애인의 해'를 만든 취지 중 하나였다.

이집트 정부는 2018년 한 해 동안 장애인들의 복지 문제와 건강 지원 정책에 많은 공을 들였다. 알시시 대통령은 우선 '장애인의 해' 기념 연설을 통해 "장애인의 사회 참여를 강화하려는 노력의 틀에서 정부가 장애가 있는 소녀와 아들들에게 더 많은 지원과 보살핌을 제공하는 일련의 행정절차를 시행할 것을 지시한다"고 명령했다. 그리고 "주택 및

이집트는 정부 차원에서 2018년을 '장애인의 해'로 정해 장애인 복지 정책을 대대적으로 추진했다. 사진은 한 시각장애인이 아랍 국제 장애인 축제를 준비하며 자신의 특기를 선보이는 모습이다.(사진 출처=Daily News Eygpt)

건강 수준에서는 모든 시설과 아파트에 엔지니어링 접근성 코드를 적용해 장애인의 어려움을 덜어주고, 전국적으로 모든 장애인에게 포괄적 건강보험을 제공하겠다"는 이행 방안도 약속했다.

또 "지방자치단체의 가족건강센터는 장애를 조기에 발견하고 치료할 수 있도록 모든 노력을 기울일 것"을 당부하며 "정부 관련 부처는 장애인에 대한 포괄적인 통계 보고서를 작성할 것이며, 여기에는 실제 장애인 수와 장애 유형, 장애인의 전문 분야와 국가에 대한 가장 중요한 요구 사항 등을 포함할 것"을 지시했다.

이로써 2018년부터 이집트는 정부 예산으로 장애인 60,000명에 대한 컴퓨터 교육을 시작했고, 시각 장애인을 위한 화면 판독 프로그램과 프린터, 스마트 보드, 비디오 장비, 그룹 보청기 등도 제공하게 됐다. 또

1년 만에 12개의 진료소가 3개 주에 개설돼 원격진료가 가능하게 됐고, 점차 이를 늘려 3년 안에 20개 주에 100개의 원격진료 진료소를 구축한다는 계획도 수립했다.

또 장애 학생을 일반 교육 학교에 통합하기 위한 전략적 계획을 시행해 그들에게 평등한 교육 기회를 제공하고, 뛰어난 교육적 질을 보장한다는 목표가 설정됐고, 장애인들의 장애 상태 및 장애 등급에 따라 적합한 일자리를 제공하고, 자격증 제도를 통해 전체 직원의 5% 이내에서 장애인을 고용할 수 있도록 하는 법적 제도도 마련했다.

그 밖에도 장애인 신분증 제도를 통해 장애인들이 다양한 시설을 이용하는 데 불편하지 않도록 조치했고, 수화 통역사 제도와 지적 장애인에 대한 사회적 재활 서비스도 도입됐다. 그리고 장애인들이 이집트의 모든 스포츠 시설을 편히 이용할 수 있도록 공학적인 접근성을 확대한다는 정책도 마련됐고, 예술, 문화, 스포츠 분야에 대한 국제적 참여를 확대하겠다는 정책도 입안됐다.

지난 10년 시기, 중증 장애인과 일반 중환자들의 의료 서비스 확대를 위한 대형병원이 늘어났다는 점도 이집트 복지 발전의 한 사례다. 특히 대학 병원 숫자가 늘어 2014년, 88개 병원 28만 9,000개이던 병상 수가 2023년에는 125개 병원, 36만 9,000개로 늘어났다. 이를 위해 이집트 정부는 275억 £E 규모의 예산을 투입했다.

대학 병원의 이 같은 증가에는 이집트 교육부가 수립한 고등교육 정책의 변화와도 직결됐다. 알시시 대통령은 2015년 샤름엘셰이크 컨퍼런스를 통해 2030년까지 이집트의 대학을 세계 500대 대학에 진입시

2023년 9월 이집트 정부의 국가 프로젝트 차원에서 설립한 베니수에프 국립대학교(Beni Suef National University). 이 소식을 대통령실 웹사이트에 올려놓을 만큼 알시시 대통령의 교육 시설 현대화 노력이 대단하다.

키겠다는 청사진을 발표했다. 이에 따라 이집트의 고등교육 정책에는 질적·양적 변화가 동시에 추진됐다.

우선 질적 변화로는 지역사회 및 민간부문과의 협력을 통해 교수 인력의 역량 강화와 교육 인프라 확대 등이 추진됐고, 양적 변화로는 2015년 대학 입학 비율 31%를 2030년까지 45%로 확대한다는 목표 아래 대학 수를 늘려나가기 시작했다. 이로써 대한민국 KOICA가 538만 달러 규모의 자금을 지원해 설립된 베니수에프기술대학(BeniSuef Technological University, BST)과 신행정수도(NAC)에 신설된 캐나다대학(Canadian Univeity) 등 신규 대학들이 대거 늘어났다. 2014년, 50개교에서 10년 사이 90여 개교로 늘어난 이 대학들 가운데 의과대학도 상당수 포함돼 이들이 대학 병원의 증가를 견인했다.

이 과정에서 이집트 대학의 세계 500대 대학 진입 결과도 나타났다. 국립카이로대학이 두각을 나타내며 2022년 US News & World Report 세계대학평가에서 363위를 차지했다. 카이로대학은 또 상하이 교통대학이 매년 발표하는 '세계대학학술순위(ARWU) 평가'에서 400대 대학에 포함됐고, 스페인 학술·연구성과분석기관 '스키마고 랩(SCImago Lab)' 평가에서도 세계 상위 25% 대학에 포함됐다.

이 밖에도 카이로 북쪽 바드르주에 있는 신설 사립대학 BUC는 개교 10년도 안 돼 2022년, WURI(World's Universities with Real Impact) 세계혁신대학 순위에 이름을 올려 화제가 됐다. BUC가 이 평가에서 윤리적 가치 부문 8위에 랭크되며, 프랑스의 IT 교육기관인 에꼴42(Ecole 42, 1위), 미국 하버드대(Harvard University, 4위), 영국 런던대(University of London, 6위) 등과 어깨를 나란히 한 것이다.

> 2015년 'Vision 2030'을 통해서도 밝혔듯, 알시시 대통령은 대학의 질을 높이는 데 많은 신경을 쓰고 있습니다. 또 보다 많은 젊은이들이 고등교육 서비스를 받을 수 있도록 대학교 숫자를 늘리는 데도 높은 관심을 갖고 있습니다. 2014년 알시시 대통령이 취임한 이후 대학교가 40개가량 늘었습니다. 우리 대학도 2014년에 공식적으로 문을 열었습니다. 한국의 국립인천대학교와 협력 관계를 맺는 등 외국 대학들과도 적극적인 교류를 하고 있는데, 이 역시 알시시 대통령의 적극적인 격려에 힘입은 바 큽니다.
>
> 하산알칼라(Hassan Al kalla) BUC(Badr University in Cairo) 이사장

Happy Together③
사회 안정을 위한 길 : 테러와의 전쟁

"저런 모습 너무 흉하죠?"

K가 말했다. 한국계 미국인 사업가인 그는 카이로에 온 지 8년쯤 됐다고 했다.

"저 꼴 보기 싫어서 다운타운에 잘 안 나오게 돼요."

시위 진압대에 둘러싸인 경찰버스를 가리키며 그가 불만을 터뜨렸다.

"얼마 전에는 미국에서 아내 친구들이 왔는데, 무서워서 다신 못 올 것 같다는 거예요. 시내 한복판에 저 경찰기동대가 있는 것도 무섭고, 호텔 들어갈 때도 검색하고, 지하철 드나들 때도 검색당하다 보니 몹시 불쾌했던 모양이에요. 에휴~, 저 꼴 언제나 안 보게 될는지 끝이 안 보여요."

K는 공포감을 주는 거리 무장 경찰과 일상화된 검색 문화가 이집트의 관광산업에 큰 피해를 주고 있다고 불평했다.

카이로 등 대도시에는 늘 테러 위험이 시민들을 위협하고 있다. 따라서 사람들이 많이 오가는 다중시설의 경계는 항상 엄격할 수밖에 없다. 사진은 카이로 중앙역 내부 모습.

"요즘은 테러도 별로 없는 것 같은데, 아직도 저러는 걸 보면 여기서 사업을 계속해도 되나, 고민이 많습니다."

초면치고는 말이 많은 K였다. 나는 그에게 한국도 1980년대에 그랬다고 대꾸하려다 그만뒀다. 자칫 얘기가 길어질 것 같았기 때문이다.

그와 헤어져 돌아오는 길, 타흐리르(Tahrir) 광장 앞에 앉았다. 광장 전체가 한눈에 바라다보이는 '와디엘나일'(Wadi El Nile) 카페가 내 단골집이었다. 그곳에 앉아 바라보는 해질녘의 광장 풍광이 아름다웠다. 광장 건너가 리츠칼튼 호텔이고, 바로 그 너머가 이집트의 젖줄 나일강이었다. 12£E(한화 350원쯤)짜리 홍차(shai) 한 잔을 시켜놓고 창가 의자에 앉아 1시간쯤 넉넉하게 카이로의 저녁 활력을 눈요기할 수 있는 그곳이 좋았다. 그래서 카이로 체류 내내 저녁이면 종종 그 카페를 찾곤 했다.

자리에 앉은 지 얼마나 지났을까. 어느 순간, 1980년대의 서울시청 앞 광장과 타흐리르 광장이 겹쳐졌다. 타흐리르 광장은 2011년 아랍 격변 당시 이집트 민주주의의 성지였다. 또 2013년 모르시 축출 때는 이슬람 세력의 폭정을 막은 시민 사회 해방구였다. 서울시청 앞 광장 역시 1980년대 한국 민주주의의 메카였고, 폭압 정권에 항거하는 시민 사회의 정치적 항전 터였다.

당시 서울은 1년 내내 최루탄 가스로 매캐했다. 전투경찰의 군홧발 소리가 요란했고, 시위대의 화염병이 그들을 위협했다. 도심 구석구석엔 무장 경찰이 배치됐고, 차 벽을 이룬 경찰버스가 시위 군중을 막아섰다. 또 거리를 걷다 보면 하루에도 몇 차례씩 검문 검색에 시달렸다. 가방이 있으면 어김없이 열어보라 겁박했고, 때론 이유도 모른 채 연행되기도 했다.

당시 서울에는 많은 외국인이 머물렀다. 일부는 여행객일 테고, 일부는 상사 주재원들이었다. 또는 외교관들과 선교사들과 비즈니스로 일시 방문한 사업가들도 상당수 체류했다. 그들은 종종 서울 한복판인 시청 광장을 거닐었다. 그러면서 시위 행렬이 지나가면 걱정스러운 눈으로 그들을 바라봤다. 또 시시각각 터지는 최루탄에 그들 역시 시위 공화국의 공동체로서 눈물 콧물을 훔쳐댔다.

'그 친구가 미국 살다 보니, 한국 힘들었던 시절을 모르는 것 같군.'

나는 당시 대학생이었다. 어림잡아, K는 10대였을 것 같다. 그렇더라도 부모님이나 방송을 통해 알았어야 마땅했다. 어쨌든, 1980년대 자신의 모국이 겪었던 일을 모르고 카이로의 현재를 타박하는 그가 언짢았다.

국제사회가 알다시피 한반도는 반영구적 이데올로기 대치 전선이다. 카이로 역시 언제 터질지 모르는 테러 세력 대 평화 세력의 끝 모를 대치 전선이다. 그나마 한반도엔 비무장지대(DMZ)라도 있다. 하지만 카이로의 대치 전선엔 그런 것도 없다. 언제든 이슬람 무장 세력의 공격으로 시민이 희생될 수 있는 상시 위험지구다. 그런 이유로 시내 곳곳에 경계 인력이 투입되고, 다중 시설의 보안 검색이 철저할 수밖에 없다. 안타깝지만 어쩔 수 없다. 그게 이집트의 현실적 난제이자 국제사회가 이 지역을 주목하는 이유다.

콥트교회 연쇄 테러로 비상사태 선포

2017년 봄, 카이로발 뉴스로 세계가 요동쳤다. 4월 9일, 이집트에서 하루 동안 두 차례의 연쇄 폭발 테러 사건이 발생했다. 이날 오전 10시경 나일 델타 가르비야주의 주도 탄타(Tanta, Gharbia) 시내에 있는 마르기르기스(Mar Girgis) 콥트교회에서 폭탄 폭발이 일어나 29명이 숨지고 71명이 다쳤다. 또 같은 날 몇 시간 후에는 알렉산드리아(Alexandria)의 세인트마크(Saint Mark) 콥트교회에서 자살폭탄 공격이 발생해 18명이 목숨을 잃고 40여 명이 부상했다.

사건 발생 직후 순니파 무장 조직 이슬람국가(IS)는 콥트교회 연쇄 테러 사건이 자신들의 소행이라고 주장했다. 알시시 대통령은 즉각 전국 주요 국가 시설과 콥트교회 주변에 군 병력과 경찰 배치를 명령했다. 이

이집트 콥트교회 폭탄 테러 사건을 보도한 외국 언론들. 보안 당국의 철저한 대처로 지금은 안정을 찾았지만 2016년과 2017년 이집트는 무장 세력들의 콥트교회 연쇄 폭탄 테러 사건으로 심각한 사회 불안을 겪었다.(이미지=구글 캡쳐)

와 관련 전 세계 주요 국가들은 일제히 IS를 규탄하며 콥트교회 희생자들을 위로했다. 4월 말 이집트 방문이 예정돼 있던 프란치스코 교황도 "콥트교인과 이집트 국민께 깊은 애도를 표한다"면서 "사망자와 부상자들을 위해 기도드리겠다"는 긴급 성명을 발표했다.

콥트교회에 대한 테러 폭발 사건은 그보다 4개월 전인 2016년 연말에도 발생했다. 12월 11일 오전 10시, 카이로 시내의 성베드로(Saint Peter) 콥트교회에서 자살폭탄 테러가 일어나 25명이 숨지고 49명이 다쳤다. 이 사건 역시 IS는 자신들이 일으킨 테러라고 주장했다. IS는 자신들의 성전(聖戰) 전사가 예배 중인 콥트교인 속으로 들어가 허리에 찬 폭탄을 터뜨렸다며 "이집트를 포함해 모든 곳의 이교도와 배교자들을 계속 공격하겠다"고 위협했다.

이집트 당국은 곧바로 자폭한 테러범의 DNA 분석을 통해 범인을 특정했고, 그가 카타르에 있는 무슬림형제단으로부터 물자와 자금을 지원

제4장 타히야 마스르(Tahya Masr) **329**

받았다는 수사 결과를 발표했다. 이로써 이집트 국민들은 또다시 한목소리로 무슬림형제단의 극악무도한 테러 행위를 규탄했고, 정부는 경계태세를 더욱 강화했다.

하지만 이집트 정부를 비웃기라도 하듯 2017년 4월, 또다시 폭탄 테러 사건이 발생하자 알시시 대통령은 전격적인 '테러와의 전쟁'을 선포했다. 사건 발발 당일 밤 알시시 대통령은 이집트 국영 TV로 생중계된 연설을 통해 "이집트 전역에 3개월간 비상사태를 선포하며, 이 비상사태는 법적, 헌법적 조치들이 끝나는 즉시 발효될 것"이라고 밝혔다.

이 같은 엄중한 상황에서 2017년 5월, 또다시 콥트교인들에 대한 테러 사건이 발생했다. 이번엔 이집트의 남부 도시 민야(Minya)에서였다. 수도원으로 향하던 콥트교 신자들의 버스를 향해 무장 괴한 10여 명이 무차별 총격을 난사해 29명이 사망하고, 23명이 중상을 입었다. 그리고 곧바로 이에 대한 이집트 군의 보복 공격도 이어졌다.

이와 관련 이집트 영자지 〈이집선가제트〉(Egyptian Gazette)는 2017년 5월 28일 자 기사에서 '이집트군의 성명에 따르면 이집트 전투기들이 지난 26일과 27일 밤 리비아 동부에 있는 테러리스트 훈련캠프 여러 곳을 타격해 파괴했다'고 보도했다. 신문은 또 '알시시 대통령이 버스 테러가 발생한 26일 밤 대국민 TV 연설을 통해 지하디스트가 훈련받는 리비아 캠프 중 하나를 공격했다면서 이 공격은 자신이 직접 내린 공격 명령이었으며, 오늘 이집트에서 벌어진 일을 그냥 묵과하고 넘어가지 않을 것이라고 선언했다'는 내용도 덧붙였다.

이 같은 악화일로 상황 속에서 비상사태는 3개월 단위로 연장됐다.

무슬림형제단과 연계된 이슬람 무장 조직들의 준동이 계속될 것이란 정보에 따라 거리 경계는 더욱 강화됐고, 그와 비례해 관광산업도 위축됐다. 그 과정에서 알시시 대통령은 또다시 대국민 연설을 통해 "이집트 국민의 단결과 응집력을 약화시키려는 테러리스트 집단은 계속해서 외국인 관광객들을 공격하거나 교회를 불태우려는 음모를 꾸미고 있다"면서 "모든 이집트인들이 조국의 안정을 흔드는 테러 시도에 굳건하게 맞서기를 촉구한다"고 강조했다.

그는 또 이날 연설을 통해 "국제사회가 테러리즘을 지원하고 테러 조직에 자금을 지원하는 국가에 책임을 물어야 할 것"이라면서 "우리 정부도 저들의 테러 행위가 근절되고, 테러 조직의 뿌리를 완전히 뽑아낼 때까지 비상사태를 연장하며 모든 조치를 취해 나갈 것인 바, 언론도 신뢰성과 책임감 있는 인식 아래 저들의 테러 사건에 대처해 주기 바란다"고 촉구했다.

폭탄 테러로 검찰총장 사망도

2013년 7월, 모르시 축출 이후 이집트 전역에서는 테러가 빈발했다. 그때만 해도 민간인보다는 군경을 향한 테러였다. 2014년 10월, 시나이반도에선 대규모 테러로 군경 30명이 사망했다. 이를 계기로 북시나이주 및 가자(Gaza) 접경에는 일찍부터 비상사태가 선포됐다. 가자지구와 연결된 라파 국경 관문도 봉쇄한 뒤 일정 기간만 개방했다.

이후 2015년 6월엔 히샴바라캇(Hisham Barakat) 검찰총장이 폭탄 테러로 사망해 이집트 국민 모두가 경악했다. 이집트 정부는 이 사태로 반테러법(Anti-Terrorism Law)을 제정했다. 동시에 테러범에 대한 신속 재판 절차를 진행할 수 있는 특수법원을 설치했고, 테러에 대한 정의도 '무력을 동원해 공중도덕을 저해하려는 행위'로 폭넓게 해석하며 형벌을 강화했다. 또 언론인이 테러 사태와 관련, 정부 발표와 다른 사실을 보도할 경우 징역 2년을 부과한다는 법 조항도 신설됐다.

외신 역시 엄격하게 정부의 조치를 따라야 했다. 이에 따라 모르시 대통령 축출을 쿠데타라고 보도하며 무슬림형제단을 옹호한 〈알자지라방송〉에 위성 송출 금지 명령이 내려졌다. 또 해당 기자들을 허위사실 유포죄로 체포해 징역형을 선고했다. 이로써 한동안 〈알자지라〉를 운영하는 카타르 정부와 냉랭한 관계를 유지하다 결국엔 외교 단교로 이어졌다.

이런 강경 조치에도 불구하고 테러 사태는 계속됐다. 앞서 언급한 콥트교회 연쇄 폭탄 테러의 상처가 아물기도 전에 시나이반도 북부에서는 IS 추종 조직 '윌라얏 시나이'(Wilayat Sinai) 등이 빈번하게 폭탄 테러를 자행했다. 이에 2018년 2월, 이집트 정부는 군경 합동 대테러 작전을 통해 이들을 궤멸했다.

"이집트는 위대한 국민과 충성스러운 사람들 덕분에 이 지역의 안보와 안정의 오아시스가 되었습니다. 그래서 저는 수년 만에 처음으로 비상사태를 전국으로 확대하지 않기로 결정했습니다."

2021년 10월 25일, 알시시 대통령은 자신의 공식 페이스북을 통해 비상사태 해제를 선언했다.

대통령의 이 같은 선언에 국민들은 비로소 안심했다.

"이 같은 결정을 내리기까지 지난 몇 년 동안 테러와의 전쟁과 관련해 정부를 믿고 모든 개발 노력에 정직하고 적극적으로 참여해 주신 국민께 감사드립니다. 이 결정을 발표하며 저는 테러로 숨진 우리의 영웅적 순교자들을 존경과 감사의 마음으로 기억합니다. 그들이 없었다면 우리는 안정과 안보를 이룰 수 없었을 것입니다. 우리는 함께 신의 도움으로 새로운 공화국을 건설하기 위해 꾸준히 나아갑니다."

2017년 4월, 콥트교회 연쇄 테러로 시작된 비상사태가 4년 6개월 만에 해제되자 각국 정부도 환영하며 이집트가 안정 국면을 찾기 시작했다는 안도의 메시지를 쏟아냈다. 이와 관련 대한민국 외교부도 이집트의 안정 국면을 공식화하며 여행 자제 권고를 완화했다.

한국 외교부가 발간한 〈이집트 개황 2024년〉 판을 보면 '2020년 이후에는 이집트에 주목할 만한 반정부 시위나 테러 사건이 발생하지 않고 국내 정국의 안정을 회복했다'고 적혀 있다. 그러면서 '2020년 이후에는 콥트교도를 대상으로 한 테러도 발생하지 않았다'며 '알시시 대통령은 국내적으로 정권에 대한 최대 위협이었던 무슬림형제단 진압에 성공하자 2017년 4월부터 3개월마다 연장해 오던 국가비상사태를 4년여 만에 종료한다고 선언했다'는 내용도 포함했다.

이처럼 여러 아픈 과정을 거쳐 비상사태는 해제됐지만, 이집트 치안 당국은 여전히 경계를 늦추지 못하고 있다. '성전'(聖戰)이라는 이름으로 자신들의 종교적 신념을 이루고자 자살 폭탄 테러까지 서슴지 않는 이슬람 무장 세력들의 비인간적 속성 때문이다. 따라서 언제든 또다시 무기를 들고 도심 한복판으로 뛰어들지 모른다는 극도의 경계심을 갖고 늘 비상 대기 중인 상황이다. 그런 점에서 외국 관광객들의 불편함과 국격 손상을 알면서도 대형 호텔 입구에까지 검색대를 설치할 수밖에 없고, 무장 경찰들이 무리를 지어 다운타운 경계 근무를 이어갈 수밖에 없는 이 불행한 현실이 조기 종료되기는 어려울 것 같다.

테러 진정과 함께 관광산업 호조세

2025년 1월 초 셰리프파티(Sherif Fathy) 이집트 관광 및 유물부 장관은 2024년 외국인 관광객 숫자가 1490만 명을 기록했다고 발표했다. 이는 사상 최대치로, 2023년 최고 기록 1490만 명을 또다시 갱신한 수치였다.

관광산업은 이집트의 3대 수입원 중 하나다. 제조업이 미약하다 보니 수에즈운하 선박 통과 수입과 외국 근로자 국내 송금 수입, 그리고 관광 수입이 정부 예산의 상당 비중을 차지한다. 그중 관광 수입은 이집트 경제의 약 15%를 차지하는 주요 산업이다. 그러나 한동안 테러 여파로 이 효자 수입원이 급감해 가뜩이나 할 일 많은 알시시 대통령의 애를 태웠다.

이집트 관광객 숫자는 2005년 824만 명 규모였다. 그리고 그 숫자는 아랍 격변기 직전인 2010년에는 1410만 명에 달했다. 하지만 2011년부터 이집트의 사회불안으로 점점 줄어들어 2016년엔 526만 명으로 줄어들었다. 이후 점차 회복세를 보여 2017년 800만 명, 2018년 980

사회가 안정되며 이집트를 찾는 관광객들이 크게 늘고 있다. 2025년 1월 초, 셰리프파티(Sherif Fathy) 이집트 관광 및 유물부 장관은 2024년 외국인 관광객 숫자가 1490만 명을 기록했다고 발표했다.

만 명, 2019년 1310만 명까지 증가했으나 2020년엔 코로나-19 여파로 또다시 350만 명 수준으로 낮아졌다.

이어 테러 사태가 진정되며 비상사태가 해제된 2021년엔 코로나-19 여진 속에서도 800만 명을 기록했고, 2022년 1170만 명, 2023년 1490만 명, 2024년 1570만 명으로 계속 상승세를 타고 있다.

이집트 정부는 정치적인 안정과 테러 사태의 진정 국면에 따라 2018년, 자신감을 갖고 관광 정책을 새롭게 다듬었다. 그해 11월 27일 이집트 정부가 발표한 '관광 개혁 프로그램'에는 ▲제도 개혁 : 정부 기능 개편, 종사자 역량 개발, 민간 분야 인센티브 제공 ▲입법 개혁 : 시대에 뒤처진 관광산업 관련법 개정 ▲홍보 마케팅 : 최신 마케팅 기법을 활용, 관광객 유치 ▲인프라 개발 : 국제 기준에 따른 호텔 분류 기준 마련 및 호텔 개발 펀드 조성 ▲글로벌 추세 부응 : 녹색관광(Green Tourism) 등 국

2024년 말 현재 공식 오픈을 기다리고 있는 이집트 국립대박물관(Grand Egyptian Museum) 모습. 2024년 10월 부분 개장한 이 박물관은 프랑스 루브르 박물관보다 두 배 이상 큰 규모다. (사진=Al Ahram 영문 온라인 판)

제 추세에 맞춰 관광산업 개편 등, 관광산업 촉진을 위한 여러 노력이 포함됐다.

이에 따라 이집트 관광 및 유물부는 일본 정부의 재정 지원으로 기자 피라미드 지역에 건설 중인 세계 최대 규모의 '이집트 대박물관'(Grand Egyptian Museum)의 개장을 서둘러 2024년 10월에 부분 개장했고, 2025년 중으로 공식 개장할 예정이다. 이 박물관은 프랑스 루브르 박물관보다 두 배 이상 큰 규모다. 1902년 개관한 '카이로 이집트국립박물관'(The Egyptian Museum in Cairo)의 낡은 시설을 대체하기 위해 10년 이상 준비해 온 노력의 결실로, 2025년 공식 개장되면 이집트의 새로운 관광 랜드마크로 급부상할 전망이다.

이집트 정부는 또 2018년 발표한 '관광 개혁 프로그램'에 따라 신규 발굴한 유물들을 잇따라 공개하며 관광산업 활성화의 새로운 동력으로 삼았다. 2018년 9월에 공개한 카이로 남부 사까라 유적지(Saqqara Necropolis)의 4,300년 전 무덤과 같은 해 11월에 공개한 룩소르(Luxor) 왕가의 3,000년 전 고대 무덤, 2021년 11월에 공개한 룩소르의 스핑크스 거리(Avenue of the Sphinxes), 2022년 5월에 공개한 사까라 유적지의 청동상 150개와 목관 250개, 그리고 2023년 5월에 공개한 카이로 남부 사까라 유적지의 미라 작업장 등이 그런 사례들이다.

또 2021년 4월엔 알시시 대통령이 참석한 가운데 국립이집트문명박물관(The National Museum of Egyptian Civilization)의 개관식도 있었다. 49만km^2 규모의 대형 크기로, 구 카이로에 위치한 이 박물관은 선사시대부터 현대까지 이집트 문명을 보여주는 5만 점의 유물이 전시돼 있다.

메인 갤러리에 펼쳐진 유물들은 파라오 이전 시기인 35,000년 전을 시작으로, 파라오 시대와 그리스, 콥트, 이슬람 시대, 근현대 모습 등을 생생한 유물들로 보여주며 이집트의 유구한 문명 변천사를 자세히 안내한다. 또 이곳에서는 이집트인들이 물려받은 대중 유산도 살펴볼 수 있어 향후 그랜드박물관이 개장되면, 카이로 이집트국립박물관과 함께 수도 카이로 권역의 3대 박물관 중 하나로 기능하게 된다.

알시시 대통령은 2014년 6월 8일, 첫 번째 대통령 취임식을 통해 이집트 문명사에 대한 자부심을 이렇게 드러낸 바 있다.

"문명적 요람인 이집트는 알라로부터 큰 은혜와 엄청난 이점을 부여받았습니다. 이 점이 바로 이집트의 지리적 위치가 움직이는 역사로 발전한 이유입니다. 출생과 문명으로 인한 파라오 이집트, 언어와 문화로 인한 아랍 이집트, 뿌리와 존재로 인한 아프리카 이집트, 자연과 정신으로 인한 지중해 이집트, 이 네 가지는 지구 어디에서도 보기 드문 독특한 혼합물입니다."

알시시 대통령은 이 독특한 문명사를 관광산업의 최대 이점으로 살리고자 우선 사회 안정부터 꾀했다. 그는 2014년 취임 연설을 통해서도 "모든 형태와 다양한 측면에서 포괄적인 개발을 달성하려면 자본의 신뢰를 얻고 관광과 투자를 유치하며 산업 프로젝트에 유리한 분위기를 보장하는 보안 맥락이 필요하다"고 강조하며 "테러리즘을 근절하고 보안을 확립하는 것은 다가올 단계에서 주요 우선순위 중 하나"라고 못 박은 바 있다.

그의 이 같은 일관된 국정 운영은 마침내 2024년 이스라엘-하마스 전쟁, 인접 국가인 수단과 리비아의 내전 사태 속에서도 관광객 유치 1500만 시대를 열게 했다. 이 같은 성과를 내기까지엔 '테러와의 전쟁'이 중요했다. 외국인 투자유치를 위해서도 사회 안정이 필요했고, 관광산업을 위해서도 불안 요인의 완전 제거가 절실했다. 이제 그 목표가 어느 정도 이루어진 듯싶다. 앞으로의 과제는 관광객 2000만 시대를 열고, 그런 동력들을 바탕으로 산업 전 분야에서 좋은 성과를 내며 세계 30대 강국으로 부상하는 '타히야 마스르'(Tahya Masr, 이집트 만세) 그랜드 프로젝트일 것이다.

그의 임기는 2030년까지다. 부디 그 시기까지 좋은 결과들이 속속 이어지길 바라는 마음이다. 그리고 2030년, 유능한 후임자에게 정권을 물려주고 그때부터라도 마음 편히 쉬면 좋겠다는 생각이다. 2030년이

카이로 람세스힐튼(Ramses Hilton) 호텔에서 바라본 도심 광고판들. 이집트 경제 발전의 역동성을 상징하는 모습으로, 하루가 다르게 변화하는 이집트를 국제사회가 주목하고 있다.

면 그의 나이 76세다. 그때로 따지자면 제복 생활 45년을 포함해 60년이 넘도록 개인적인 삶보다는 국가에 충성한 삶이었다. 따라서 퇴임 이후부터라도 부디 남은 여생 내내 지구촌 모든 사람들로부터 존경받는 축복된 삶 속에서 손주, 증손주들과 그가 만든 신행정수도도 마음 편히 둘러보고, 그랜드박물관도 찾아보고, 또 세계적인 지도자로서 영구적인 중동평화와 아프리카 대륙 발전의 큰 어른으로 남길 바라는 한국 작가의 마음을 전하며, 그의 건강과 평안을 기원한다.

2016년 3월, 한국을 공식 방문한 알시시 대통령과 박근혜 대통령이 기념사진을 촬영한 모습.

2022년 1월, 이집트를 공식 방문한 문재인 대통령과 알시시 대통령의 공동 기자회견 모습.

제 5 장

KOR-EGYPT 30년

■ Since 1995

남북관계 개선에 힘 보탠 이집트

- '이집트 무바라크 대통령, 4월 9일 공식 방한'(〈MBC〉, 1999. 3. 27)
- '무바라크 대통령, 남북관계 중재 역할 가능성'(〈연합뉴스〉, 1999. 4. 3)
- '[무바라크 이집트 대통령 방한 의미] 남북관계 개선 역할 기대'(〈매일경제〉, 1999. 4. 9)

　1999년 4월 9일, 무바라크(Hosni Mubarak) 이집트 대통령이 김대중 대통령의 초청으로 한국을 공식 방문했다. 이는 이집트 정상의 첫 한국 방문이었고, 1995년 수교 이후 4년 만에 이뤄진 양국 간 첫 정상회담이었다. 따라서 한국 언론들의 관심도 컸다. 언론들은 특히 무바라크가 김일성 시절부터 북한 정권과 가까웠던 사이라는 점에 주목했다. 그러면서 그가 김대중 대통령의 '햇볕정책'을 지지하며 남북정상회담의 중재자 역할을 해주기를 기대했다.

　〈연합뉴스〉 1999년 4월 3일 자는 '오는 9일 방한하는 모하메드 호스니 무바라크 이집트 대통령이 수개월 후 북한을 방문할 예정으로 알려져 정상회담을 포함한 남북 당국 간 회담 등 남북관계 개선 문제에서 무바라크 대통령의 역할 가능성이 주목된다'면서 '외교 소식통 역시 무바라크 대통령의 방한 교섭 과정에서 한국 측은 무바라크 대통령이 지난 1994년 사망한 북한 김일성 주석과 맺은 특수관계를 통해 김정일 국방위원장 등 북한 지도부와 대화가 가능한 거의 세계 유일의 현역 국가원수라는 점을 강조한 것으로 안다며 지난 1973년 중동전 때 북한이 전투기와 조종사를 이집트에 직접 지원한 것을 계기로 맺어진 북한과 이집트 간의 특수관계를 지적했다'고 보도했다.

또 〈매일경제〉 1999년 4월 9일 자도 '무바라크 대통령은 1981년 사다트가 암살된 후 대통령에 당선된 이래 18년째 이집트를 이끌고 있는, 대외 관계 면에서 중동 및 아프리카 지역 국가들에 대해 강력한 영향력을 행사하고 있는 제3세계 정치 중심인물'이라면서 '지난 2월 김종필 국무총리가 이집트를 방문했을 당시 김정일 총비서에게 지난해 남북한 평화공존의 필요성을 강조하는 편지를 보냈다며 "앞으로 북한 측에 한국의 포용 정책을 설명해 주겠다"고 말한 바 있다'고 보도했다.

기자(Giza) 피라미드 지구의 메리어트 메나하우스호텔(Marriott Mena House)에 세워진 카이로선언 기념비.

언론의 이 같은 보도로 한국인들은 남북 간 화해 분위기를 위한 이집트의 중요성을 새삼 인식하게 됐다. 1943년 '카이로 선언'이 대한민국 독립의 마중물이 됐다면, 남북 간 균형 외교를 통한 이집트의 역할이 한반도 통일의 또 다른 마중물이 될지도 모른다는 기대감에 많은 사람들은 무바라크 대통령의 한국 방문을 환영했다.

그 뒤 2000년 6월, 실제로 첫 남북정상회담이 성사됐다. 무바라크 대통령의 역할이 어느 정도 반영됐는지는 몰라도 김대중 대통령의 평양 방문으로 이뤄진 사상 첫 남북 정상 간 만남은 국제적으로도 큰 화제가 됐다. 그리고 이 역사적인 사건을 계기로 김대중 대통령은 2000년도 노벨평화상 수상자가 됐다.

사실 무바라크 대통령의 남북 간 중재 역할은 양국 수교 전이던 1983년에도 급물살을 탄 바 있다. 외교문서(북한-미국 관계, 1983년 생산)의 비밀 해제로 2014년 처음 공개된 자료에 따르면, 1983년 4월 4일 무바라크와 김일성의 평양 정상회담에서 '남북미 3자 회담' 이야기가 등장한다.

당시 단독 회담에서 무바라크는 미국과의 관계 개선을 중재해달라고 요청하는 김일성에게 미국 측의 일관된 입장은 "한국 참여가 없는 북한과의 대화는 있을 수 없다. 남북미 3자 회담이라면 응할 수 있다"는 답을 받았다며 "남북한 화해가 중요하다. 한반도 긴장 완화를 위해 남북미 3자회담에 북한이 응하는 것이 어떻겠느냐"고 제안했다. 그런데 이 제안을 김일성은 거절했다. 만약 당시 김일성이 이를 수락했다면 남북미 3자 정상회담이 열려 이집트는 중동평화 중재자에 이어 동북아 평화를 위해서도 큰 역할을 한 국가로 기록됐을 터이다.

김일성 사망 후 1995년 공식 수교

2020년 양국 수교 25주년을 기념해 피라미드를 배경으로 레이저쇼가 펼쳐지고 있다.

1995년 4월 13일, 한국과 이집트가 공식 수교했다. 1994년 김일성 주석이 사망하자 무바라크 대통령은 한국과 수교를 맺기로 결단을 내렸다. 무바라크는 한국과의 수교가 필요하다는 것을 잘 알았지만 1973년 이스라엘과의 전쟁 당시 북한의 지원을 받았던 인연으로 어쩔 수 없이 친북 노선을 택해야 했다. 1980년 부통령 시절을 포함해 1983년, 1985년, 1990년 등 네 차례나 북한을 방문했을 정도로 김일성과 무바라크는 오랫동안 혈맹 관계를 유지했다.

'한-이집트 정식 수교 ; 영사 관계 34년 만에 이집트 친북 일변도 탈피'

국내 3대 일간지 중 하나인 〈동아일보〉는 양국 수교 소식을 1995년 4월 14일 자 1면 톱으로 보도했다. 양국 수교는 그만큼 비중 있는 외교사적 쾌거였다. 언론들은 특히 김일성 사망(1994. 7. 8) 1년도 안 돼 양국 관계가 대사급 정상 외교 수준으로 격상된 점을 조명하며 무바라크 대통령의 신속한 결단을 높이 평가했다.

〈동아일보〉는 이날 자 기사에서 '외무부가 발표문을 통해 대한민국 정부와 이집트 정부는 양국 간 우호 협력관계의 증진과 확대를 희망하며 4월 13일부로 대사급 외교관계를 수립하기로 합의했다고 밝혔다'면서 '정부 당국자는 한-이집트 두 나라는 북한의 방해를 우려해 그동안 수교 교섭을 비밀리에 진행시켜 왔다. 정식수교는 수교 의정서에 서명함으로써 이루어지는 통상적인 외교 관례를 벗어나 우선 수교하기로 한 것도 북한의 방해를 우려한 때문이라고 말했다'고 보도했다.

또 〈한겨레신문〉도 '한-이집트 수교 의미'라는 제목의 같은 날 기사에서 '이번 이집트와의 수교로 이제 세계 주요 국가와의 외교관계 수립이 마무리 됐다'고 보도했다. 그러면서 이 신문은 '이집트와의 수교는 그동안 우리 외교의 최대 과제 중의 하나였으나 이집트와 북한 사이의 각별한 관계로 수교 노력이 빛을 보지 못했다'고 전하면서 '이번 수교로 우리나라는 아프리카 대륙 53개국 모두와 수교를 하게 된 셈'이라고 덧붙였다.

신문은 또 '이집트는 중동전 이후 북한에 "김일성 생존 시에는 한국과 수교하지 않는다"는 약속을 한 것으로 알려졌다'면서 '이번에 이집트가 한국과 수교를 한 것은 바로 김일성 주석이 지난해 사망함으로써 이런 외교적 약속으로부터 자유롭게 됐기 때문이며, 우리나라도 김 주석 사망 이후 이집트와의 정식수교 분위기가 조성됐다고 판단, 지난해부터 수교 교섭에 박차를 가해 왔다'고 분석했다.

당시 언론들은 대체로 양국 간 수교 의미를 ▲양국관계 증진 토대 마련 ▲중동·아프리카 외교관계의 확고한 기반 확충 ▲이집트가 비동맹권의 지도적 국가라는 점을 활용한 국제 외교무대에서 우리의 지지기반 확대 ▲중동 및 아프리카 지역에서 막강한 영향력을 갖는 이집트를 기반으로 하는 한국의 중동·아프리카 진출 교두보 확보 등으로 나눠 짚었다.

1995년 당시, 한국은 10월 유엔 총회를 통해 유엔안전보장이사회 비상임이사국 진출을 모색 중이었다. 따라서 언론들은 이집트와의 수교로 안보리 진출에 유리한 조건을 조성했다며 이를 반겼다. 특히 1991년 유엔에 늦깎이로 진출한 한국으로서는 외교적 지평을 넓히는 매우 중요한 시험대에 올라 있는 중이었다. 그런데 중동 아랍권과 아프리카 지역의 수많은 나라들과 밀접한 관계를 맺고 있는 이집트를 외교적으로 끌어안게 됐다는 점은 한국의 유엔 안보리 진출에 더없이 좋은 청신호였다.

이 같은 밝은 징조대로 한국은 1995년 11월 8일 열린 안보리 비상임이사국 선출 투표에서 177개 참가국 중 156표를 얻어 당당하게 유엔 가입 4년 만에 안보리 비상임이사국에 피선됐다. 한 가지 더욱 반가운 것은 같은 해 4월 수교 관계를 맺은 이집트도 159표를 얻어 폴란드(128표), 칠레(168표) 등과 함께 안보리 비상임이사국에 동반 진출했다는 점이다. 이로써 한국과 이집트는 1996년부터 1997년까지 2년 동안 유엔

무대에서 만나 세계평화와 안전을 다루는 막강한 영향력을 행사하며 수교 초반부터 좋은 인연을 이어가게 됐다.

수교로 활발해진 양국 간 교류

1995년 수교와 함께 양국 교류는 급물살을 탔다. 반면 북한과 이집트의 관계는 상대적으로 위축됐다. 북한과 이집트의 공식 수교 역사는 2024년 현재 60년째다. 나세르 대통령 시절이던 1958년 주카이로 무역대표부가 개설됐고, 1961년 주카이로 총영사관이 개설된 데 이어 1964년 12월 대사급 외교관계가 수립됐다. 그리고 1970년 주이집트 문화원이 개설됐으나, 한국과 이집트의 수교 직후인 1998년 문화원이 폐쇄돼 그 빈자리를 한국이 메웠다.

1998년 카이로 광역권인 나스르시티(Nasr City) 국제공원 내에 조성한 서울공원.

사실, 한국과 이집트의 외교관계도 역사는 길다. 1961년 12월 영사관계를 수립한 뒤 1962년 주카이로 영사관이 개설됐다. 하지만 이후 대사급 외교관계를 맺는 데까지는 33년이 소요됐다. 앞서 소개한 대로 나세르-사다트-무바라크 대통령으로 이어지는 동안 이집트 정부의 친북 외교 정책 기조가 그대로 유지됐기 때문이다.

이처럼 오랜 서먹함을 조금이라도 빨리 풀기 위해 양국 외교관들은 바삐 움직였다. 정태익 초대 이집트 대사는 1995년 5월 3일 자 〈경향신문〉과의 인터뷰를 통해 "수교가 되자 벌써 가시적 효과들이 나타나고 있다"면서 "우리 정부는 우선 이집트가 추진 중인 폴리에스테르 공장 건설계획에 경제개발협력기금(EDCF) 1천5백만 달러를 제공키로 했으며 지난달 중순에는 이집트 투자청 장관이 방한, 민간 기업들을 대상으로 투자설명회를 가졌다"고 밝혔다.

2024년 8월 15일, 한인회 주최로 서울공원에서 광복절 기념행사를 마치고 단체 기념사진을 촬영한 교민들 모습.

정 대사는 또 이 신문과의 인터뷰에서 "상반기로 예상되는 아무르무사 이집트 외무장관의 방한과 초청 의사가 전달된 무바라크 이집트 대통령의 방한도 가시적인 효과의 한 사례"라고 덧붙였다. 참고로, 정태익 초대 대사는 카이로 총영사 자격으로 우리 외교의 큰 숙제였던 한-이집트 수교 문제를 성사시킨 양국 우호 관계의 산증인이다. 이후 이탈리아 대사(2000~2002), 러시아 대사(2002~2004) 등을 지냈고, 2014년엔 제20대 한국외교협회 회장을 지내기도 했다.

양국 수교는 곧바로 지자체 간 교류로도 확대되며 카이로에 한국정원까지 들어섰다. 1997년 4월, 이집트를 방문한 조순 서울시장은 카이로시와 자매결연을 맺고, 1998년 카이로 광역권인 나스르시티(Nasr City) 국제공원 내에 서울공원을 조성했다. 그리고 그 공원 내에 한국식 대문과 연못, 정자, 담장 등을 꾸밈으로써 지금까지도 한국의 전통문화를 소개하는 장으로 기능하고 있다.

300평 규모의 이 공원에서는 주이집트 한국대사관과 한국문화원이 주최하는 '한복 맵시 뽐내기 대회' 등 다양한 행사가 펼쳐진다. 또 현지 한인회의 8.15 광복절 행사 등 여러 모임의 단골 개최지로도 쓰이고, 오랫동안 고향을 찾지 못한 이집트 교민들의 향수를 달래주는 공간 역할도 한다. 특히 한국어와 한국문화를 배우는 현지 젊은이들에게는 이국 문화를 체험할 수 있는 교육의 장으로도 활용돼 매우 유용하다는 평가다.

이어 1999년 10월에는 고건 서울시장이 또다시 이집트를 방문해 서울시와 카이로주 간의 교류협력의정서를 체결했다. 이 문건에는 양 도시 간 문화교류와 유물전시회 교환 개최, 지방행정 및 교통 분야 공무원

상호 파견 등의 내용을 담았고, 두 도시 자매결연 3주년을 기념하기 위해 서울시가 문화 행사단을 카이로에 파견하는 한편 카이로주는 이집트 민속공연단을 서울에 보내기로 약속했다.

또 2000년 5월에는 인천시와 이집트의 지중해 도시 알렉산드리아의 자매결연도 추진됐다. 당시 이집트를 방문한 최기선 인천시장은 마흐굽(Mahgoub) 알렉산드리아 주지사와 만나 두 도시 간 문화·경제의 이해 증진을 위해 공동 노력할 것을 다짐하는 자매결연서에 서명했다. 이 문건에는 양 도시가 평등·호혜의 정신으로 상호교류와 우호 관계 증진에 노력하고 무역·투자·과학기술·교육·문화관광·항공 항만·교통 문제를 긴밀히 협조해 나가기로 하는 내용이 담겼다.

인천시와 이집트의 이 같은 오랜 인연은 2016년 한국을 찾은 알시시 대통령의 인천 송도국제도시 및 인천신항 방문으로 이어졌다. 당시 방문에서 알시시 대통령은 유정복 인천시장과 만나 수에즈운하경제구역 개발에 대한 사항을 언급하며 인천시가 성공적으로 추진한 경제구역개발에 대한 관심을 나타냈다. 또 이를 계기로 인천경제청과 이집트 수에즈운하경제구역총괄청 간 이집트 수에즈운하경제구역 개발을 위한 양해각서가 체결되기도 했다.

■ 정상 교류

한국 대통령의 사상 첫 이집트 방문

　1999년 4월에 있었던 무바라크 대통령의 한국 방문에 이어 2006년 3월에는 노무현 대통령이 한국 정상으로서는 최초로 이집트를 공식 방문했다. 반기문 외교통상부 장관과 정세균 산업자원부 장관, 진대제 정보통신부 장관, 송민순 안보정책실장 등이 수행한 사상 첫 카이로 한-이집트 정상회담에서 노무현 대통령은 무바라크 대통령과 양국 간 실질 협력관계와 한반도 평화를 위한 국제무대에서의 협력, 한반도 및 중동 정세 등에 대한 의견을 교환했다.

　3월 7일 오전, 정상회담 직후 열린 공동기자회견에서 노무현 대통령은 "양국은 앞으로 교역과 투자, IT(정보기술), 에너지 플랜트 분야 등에서 협력을 더욱 강화해 나가기로 했다"면서 "특히 양국은 초고속 인터넷, 이동통신, 디지털 멀티미디어 방송기술(DMB) 및 휴대인터넷(WiBro) 등 IT 분야에서 긴밀히 협력하기로 했다"고 강조했다.

　이에 무바라크 대통령은 "한국의 반기문 외교통상부 장관이 유엔 사무총장 후보로 나서려는 것을 잘 알고 있다"면서 "이집트는 반 장관을 적극 지지하고 협력할 것"이라고 화답해 양국 우호 관계의 친밀도를 한

2006년 한국 정상으로선 처음 이집트를 방문한 노무현 대통령이 무바라크 대통령과 정상회담을 하고 있다.

층 끌어올렸다. 무바라크 대통령은 또 "한국의 대이집트 무상원조 제공에 대해 사의를 표한다"면서 "북핵 문제의 평화적 해결을 위한 한국 정부의 노력을 높이 평가하며 한반도의 평화와 안정을 위해 가능한 협조와 지원을 아끼지 않겠다"고 밝혀 한국 외교 당국자들로부터도 좋은 반응을 얻었다.

노무현 대통령은 3월 8일에 열린 한-이집트 경제인 오찬 간담회를 통해서도 "이집트는 알면 알수록 정말 대단한 나라"라며 "이처럼 협력 가능성이 많은 나라에 '왜 아직까지 한국 대통령이 다녀가지 않았을까' 하는 의문이 들었다"고 말해 이집트 경제인들로부터 큰 호평을 받았다. 노 대통령은 또 "글로 보고 들었던 것보다 훨씬 잠재력이 크고, 함께 협력하면 큰 성공을 이뤄낼 수 있는 나라라고 생각한다"면서 "휴대폰 소리가 그치지 않는 거리 모습은 중동 아프리카 지역의 IT 허브로 부상하는 이집트의 위상을 잘 보여주고 있다"고 말해 양국 간 경협 확대 가능성을 한껏 높였다.

실제로, 양국 경제인들의 오찬 간담회 직후 언론들은 'LG전자의 이집트 투자가 급진전되고 있다'면서 '그 규모는 8000만~1억 달러에 이른 다'고 보도했다. 언론들은 또 '노 대통령이 무바라크 이집트 대통령과 정상회담에서 지금 진행 중인 LG전자의 투자 사업이 원만하게 이뤄지도록 이집트 측이 환경조성을 해줄 것을 당부했으며, 이에 대해 이집트 측은 한국 전용공단 신설추진 등 투자환경 개선을 약속했다'며 '이집트 측의 투자 여건 개선 노력에 따라 LG전자의 투자가 상반기 중 성사될 가능성이 높아졌다'고 덧붙였다. 참고로, LG전자는 당시 1990년 1월부터 이집트 동부 이스마일리아 공단에 700만 달러를 투자해 합작 생산법인을 설립해 가동 중이었다.

정부 또한 노무현 대통령의 이집트 방문 기간 중 대 이집트 교역과 투자 규모를 2005년 9억 1000만 달러와 1억 9000만 달러에서 2010년까지 각각 두 배로 확대하기로 했다고 발표해 양국 정상회담의 의의를 키웠다. 또 ▲한국전력과 이집트 전력공사 및 신재생에너지청 간의 '전력 IT사업 협력 양해각서(MOU) 체결' 및 '신재생에너지 협력 MOU 체결' ▲KOTRA와 이집트 투자유치청 간의 '투자협력 MOU 체결' ▲한국산업기술재단과 이집트 국립연구센터 간의 '산업기술 협력 MOU 체결' ▲중소기업진흥공단과 이집트 사회개발기금공사 간의 '중소기업 협력 약정 체결' ▲수출보험공사와 이집트 수출신용보증공사 간의 '수출보험 협력 MOU 체결' 등 여러 실질적인 경협 확대가 이뤄져 양국 수교 11년 이래 최대 결실이란 평가를 받았다.

한편 노무현 대통령은 당시 이집트 방문에서 카이로에 본부를 둔 아랍연맹을 찾아 아므르무사(Amr Moussa) 사무총장 및 회원국 상주대표단과 상호 관심사에 대한 의견을 나누기도 했다. 노 대통령은 이 만남을 통해 "한국과 아랍은 지리적으로 멀리 떨어져 있으나 세계평화와 안정 유지에 매우 중요한 지역"이라면서 "한국은 동북아시아에서의 평화와 안정을 위해, 아랍연맹은 중동지역의 평화와 번영을 위해 중요한 역할을 수행하고 있다"고 강조했다. 이 자리는 또한 이집트, 사우디아라비아, 쿠웨이트 등 아랍연맹 22개 회원국에 반기문 유엔 사무총장 후보의 지원을 요청하는 자리이자 한국과 아랍국가 간의 교역과 투자 등 경제협력의 중요성을 공유한 자리이기도 했다.

2016년, 알시시 대통령의 공식 방한

2016년 3월 2일, 알시시 대통령이 한국을 공식 방문했다. 그의 첫 내한이자 이집트 대통령으로서는 17년 만의 방한이었다. 2014년 6월, 대통령에 취임한 뒤 꾸준히 외교적 지평을 넓혀온 알시시 대통령의 방한에 국내 언론들의 관심이 컸다. 방한 첫날 그는 숙소인 서울 롯데호텔에서 한국 언론들과 기자회견을 하는 것으로 공식 일정을 시작했다. 다음은 당시 기자들과 나눴던 주요 1문 1답으로, 〈연합뉴스〉 2016년 3월 2일 자 기사 요약이다.

- 이번 한국 방문에서 무엇을 얻고자 하는가?

"모든 분야에서 한국의 협력을 원한다. 한국이 이집트의 다양한 제조업 분야에 적극 투자하기를 바란다. 이집트는 제2의 수에즈운하라는 거대 프로젝트가 있고, '이집트 비전 2030' 계획도 수립했다. 이집트는 아프리카의 관문이다. 또 걸프 지역 국가들과 자유무역협정(FTA)를 맺고 있어 한국기업들이 이런 FTA 협정의 수혜자가 될 수 있을 것이다."

- 한국과 협력할 분야는?

"에너지, 해수 담수화, 제조업 등이다. 이집트에 물류 창고를 만드는 것도 좋은 기회가 될 것이다. 이집트에는 한국기업이 상품을 만들고 보관할 이점이 많다. 특히 기반시설이 훌륭하다. 이집트에 물류 창고를 건설하면 아프리카, 걸프, 유럽 지역으로 수출하는 데 여러 이점이 있을 것이다."

- '아랍의 봄' 이후 5년간 이집트에 많은 변화가 있었다. 서방 등 외부 세계에서는 다양한 평가가 나온다. 어떻게 생각하나?

"두 차례 정권이 바뀌었다. 큰 변화라고 할 수 있다. 국민의 희망을 실현하기 위해 일어난 대표적 변화다. 2014년 대선 등 모든 선거에서는 외부의 개입 없이 국민들의 자유로운 참정권이 보장됐다. 이는 대단히 중요한 변화다. 어느 대통령도 국민의 의사에 반해 자기 자리를 유지할 수 없게 됐다. 아랍의 봄을 통해 굉장히 긍정적인 결과가 많이 나타났다. 국민의 의지로 두 차례나 정권이 바뀌지 않았는가. 문제가 있는 것은 자연스러운 현상이다. '아랍의 봄' 이후 고작 5년이다. 역사적으로 짧은 기간이다. '아랍의 봄' 발생 이후의 결과를 평가하기에는 기간이 짧다."

2016년 3월, 한국을 방문한 알시시 대통령과 박근혜 대통령이 확대 정상 회담하는 모습.

- 이슬람국가(IS) 문제, 이란 · 사우디아라비아 갈등, 난민 문제 등, 중동의 여러 문제에 대해 어떤 계획과 대안을 갖고 있나?

"이집트는 항상 평화와 안정을 위협하는 모든 것에 함께 대처하는 것이 중요하다고 강조해왔다. 테러의 위험성을 IS라는 단체에 국한하는데, 이들은 전 세계에서 일어나는 테러의 일부분일 뿐이다. 보코하람(나이지리아 극단주의 무장단체)이 있고, 소말리아에도 무장 조직이 있으며 이집트에도 있다. IS가 테러의 유일한 형태는 아니다. 국제사회가 모두 단결해 종합적인 전략을 세우는 것이 중요하다. 전 세계 국가들이 테러 퇴치를 위한 정보를 교류할 필요가 있다. 많은 청년들이 일자리가 없고 미래에 대한 희망을 잃어 극단주의에 동조하고 잘못된 길로 나아가는 경향이 있다. 이를 해결하기 위해 경제를 활성화하는 것이 중요하다. 그런 측면에서 한국기업들이 이집트 청년들에게 일자리를 주면 '선순환'이 될 것이다."

알시시 대통령은 방한 이튿날인 3월 3일, 박근혜 대통령과 정상회담을 했다. 둘의 만남은 구면이었다. 2014년 9월, 제69차 유엔 총회를 계기로 뉴욕에서 처음 만나 한국기업들의 이집트 투자와 원전 분야 협력 방안 등을 논의한 바 있었다.

이날 청와대 정상회담을 통해 양국 정상은 ▲대외경제협력기금(EDCF) 차관에 관한 기본협정 ▲철도신호시스템 현대화 EDCF 차관 약정 ▲통상·산업 협력 양해각서 ▲금융협력 양해각서 ▲항만개발 협력 양해각서 ▲법무협력 양해각서 ▲고등교육 협력 양해각서 ▲기술대학 설립 약정 등 9개의 업무협약을 체결했다. 이로써 30억 달러 금융협력 패키지(EDCF 7억 달러, 수출 금융 23억 달러)를 활용한 프로젝트 수주 지원이 급물살을 탔다.

양국 정상은 이 밖에도 '통상·산업 협력 MOU' 체결을 토대로 전자와 섬유, 자동차부품, 정보통신 등 다양한 분야에서의 실질적인 협력 강화도 논의했다. 특히 2008년 이후 20~30억 달러 규모로 정체돼 있는 교역규모를 더욱 확대하기로 했다. 또 이집트 진출 한국기업들의 사업 편의를 위해 ▲달러 환전·송금 ▲노동 허가 취득 ▲의약품·의료기기 수출 제한 등의 규제 완화를 협의하자는 데도 합의했다.

이와 관련 청와대는 "박근혜 대통령은 3일 압델 파타 알시시 이집트 대통령과 정상회담을 갖고 이집트의 철도, 메트로, 해수 담수화 사업 등 약 34억 달러(약 4조 1300억 원) 규모의 이집트 인프라 구축사업에 한국기업들의 참여를 추진하기로 합의했다"고 발표했다. 청와대는 또 "이집트는 지난 2014년 5월 신정부가 출범한 이후 경제가 안정화 국면에 접어들면서 제2수에즈 운하 건설 등 대형 인프라 사업을 확대하고 있다"며 "플랜트, 메트로, 철도 등 사회기반시설 전반에 대한 대규모 프로젝트가 진행되고 있다"는 설명도 덧붙였다.

알시시 대통령의 방한을 계기로 전경련과 이집트기업인연합회(EBA)가 공동 주최한 제9차 한·이집트 경제협력위원회 회의도 있었다. 당시 회의에서 한국 측 위원장인 허명수 GS건설 부회장은 개회사를 통해 "1995년 국교 수립 이후 20년 사이에 양국은 교역액 5배, 투자 8배가 각각 증가했다"면서 "이집트 정부가 추진 중인 대규모 인프라 구축사업에 필요한 기술력과 개발 경험을 한국기업들이 갖추고 있다는 점에서 한국은 이집트의 좋은 파트너"라고 강조했다.

이후 회의를 마친 뒤에는 알시시 대통령이 참석한 가운데 양국 경제계 간 협력을 구체화하는 서명식도 열렸다. ▲두산중공업과 이집트 전력신재생에너지부 및 수에즈운하경제지구의 '석탄화력발전플랜트 및 담수플랜트 사업에 대한 양해각서 체결' ▲대우인터내셔널 및 현대중공업과 이집트 전력재생부 및 Sewedy 전력시스템의 '전력송전네트워크 분야 협력에 대한 양해각서 체결' ▲대한상의와 이집트상의의 '경제협력 확대를 위한 양해각서 체결' 등이 진행돼 양국 수교 21년의 우의를 더욱 굳건하게 했다.

2022년, 문재인 대통령의 이집트 방문

2022년 1월 20일, 문재인 대통령이 이집트를 방문했다. 주이집트 대한민국대사관은 주카이로 영사관 개설 60주년을 맞이한 뜻 깊은 이집트 방문이라고 논평했다. 사실 원래의 방문 계획은 한 해 전인 2021년이었는데 코로나 팬데믹으로 그 일정이 연기됐던 것이다. 그런데 2022년이 양국 영사 업무 개시 60주년이라 오히려 더 의미 있는 방문이 되었다.

카이로 도착 당일인 1월 20일, 이집트 대통령궁에서 개최된 정상회담에서 알시시 대통령은 공동기자회견 모두 발언을 통해 "문 대통령의 이번 방문은 다양한 공통 관심사에 대한 협의와 의견 교환, 그리고 이집트와 한국 간의 협력관계를 강화하여 공통 관심사를 달성하고, 우리 국

2022년 1월, 카이로를 찾은 문재인 대통령 내외가 알시시 대통령 내외와 기념사진을 촬영한 모습.

민의 개발과 번영에 기여하는 방식으로 노력하는 데 대한 우리의 공통 관심사의 틀 안에서 이루어졌으며, 2016년 한국 방문의 결과를 후속 조치하는 데에도 기여했다"고 강조했다.

이어 그는 "한국기업의 투자를 이집트로 유치하고자 하는 우리의 열망을 전달했으며, 한국 투자를 육성하기 위한 투자환경을 조성하고 주요 개발 프로젝트와 인프라 프로젝트에 대한 한국 투자 증가를 장려하기 위해 필요한 모든 시설을 제공할 준비가 되어 있음을 강조했다"고 전하면서 "이는 이집트가 수행한 경제 개혁 과정, 이집트의 경제적 미래에 대한 긍정적 지표와 함께 제공되는 에너지, 광산, 운송, 통신 및 정보 기술 분야의 프로젝트에 대한 투자에 더한 것"이라고 덧붙였다.

또 "우리는 4차 산업 혁명에 착수하려는 이집트의 비전을 지원하고 이러한 맥락에서 조정을 강화하기 위한 공동 협력의 중요성에 동의했다"면서 "이는 이집트에 한국과학기술원(KAIST)을 설립하거나 정부의 AI 분야 통신 및 정보기술부 간 협력을 통해 이루어질 것이며 특히 신행정수도로의 이전 날짜가 다가옴에 따라 더욱 중요하다"고 강조했다.

문재인 대통령도 이날 공동기자회견 인사말을 통해 "나의 아프리카 국가 첫 순방이자, 한국 대통령으로서는 16년 만의 이집트 방문인 점에서 매우 뜻 깊다"면서 "이집트는 고대 문명의 발상지이자 아프리카 · 중동 지역의 중심 국가로서 과거와 현재, 미래가 공존하는 역사적 장점과 세 대륙을 잇는 지리적 이점을 지니고 있으며, 광범위한 FTA 네트워크와 젊은 인구구조, 풍부한 자원까지 갖춰 발전 가능성이 무궁무진하다"고 강조했다.

문 대통령은 또 "우리 두 정상은 지금 논의되고 있는 K-9 자주포 계약이 양국 간 상호 신뢰에 기반한 방산협력의 성과로서 K-9 자주포가 이집트군 전력 증강에 크게 기여함과 동시에 기술 협력, 현지 생산을 통한 한-이집트 간 상생 협력의 대표적 성공 사례가 될 것이라는 데에 의견을 같이하고, 최종 타결을 위해 함께 노력해 나가기로 했다"고 말해 K-9 자주포의 이집트 수출 프로젝트가 보다 구체화 됐음을 시사했다.

이날 양국 정상은 ▲호혜적 협력 확대 ▲지속가능개발 파트너십 강화 ▲기후 위기 극복에 대한 협력 강화 ▲인적·문화적 교류 활성화 등의 구체적인 성과를 도출해냈다. 이로써 양국은 친환경 모빌리티 사업과 해양 및 우주개발 등의 미래 분야(해양, 우주개발 등)에 대한 경제협력의 기틀을 마련했고(호혜적 협력 확대), 이집트에 대한 10억 달러 규모의 EDCF 차관 한도를 추가로 설정하는 것은 물론 한국의 개발 경험을 통해 이집트의 교통·수자원 인프라 확충에 힘을 보탤 것이라는 점도 분명히 했다. 또 국가균형발전과 공공혁신 분야의 정책 교류를 통해 양국 국민의 삶의 질 개선에도 함께 노력할 것이라는 점에도 합의했다.(이상 지속 가능 개발 파트너십 강화)

특히 2022년은 이집트가 유엔기후변화협약 당사국총회(COP27) 의장국이라는 점에서 국제사회의 기후 대응 의지를 성공적으로 결집할 수 있도록 한국이 적극 협력할 것이라는 점과 양국 정상이 재생에너지와 친환경 인프라 분야 협력을 강화해 나가기로 한 점도 외신들의 주목을 받았다.(이상 기후 위기 협력 강화) 그 밖에도 양국 국민이 서로의 문화를 향유하기 위한 다양성과 편의성을 확대하고, 안전한 여행을 할 수 있도록 노력하기로 한 점과 양국이 보유한 찬란한 문화유산을 후손에게 온전히 물려주기 위해 문화유산 발굴과 보존에도 협력해 나가기로 한 점(이상 인적·문화적 교류 활성화) 등, 양국관계의 지평을 넓히는 의미 있는 성과를 거둔 정상회담이었다.

문재인 대통령의 카이로 방문은 이집트 언론들의 높은 관심을 끌었다. 문 대통령의 이집트 방문 4일 전에 열린 주이집트 한국대사의 기자회견에는 현지 신문과 방송 등 30개 주요 매체들이 참석했다. 이집트 언론들은 '주이집트 대한민국대사관에서 진행한 기자회견을 통해 홍진욱 대사가 문 대통령의 이번 방문이 성공하면 이집트의 다양한 프로젝트에 10억 달러 규모의 연리 대출을 제공할 것이라고 말했다'는 점을 중점 보도했다.

언론들은 또 '홍 대사가 이집트는 한국과 교통 인프라, 해수 담수화, 전기차, 그린 수소, 우주, 해양, 원전 분야에서 협력을 원하고 있다고 말했다'면서 '양국 간 문화 및 인적 교류 강화 방안과 이집트 내 급속한 한국어 교육 수요 확대에 대한 대응 방안을 묻는 기자들의 질문에 홍 대사는 카이로 세종학당 수용 인원이 1천 명 미만인데 올해 1월 수강 신청자만 5천 명이 넘어 더 많은 사람이 한국어를 배울 수 있도록 세종학당을 다른 지역에 추가로 설치하는 방안도 검토 협의하고 있다고 말했다'는 내용까지 자세히 보도했다.

그러면서 이집트 언론들은 '중앙대중통계청에 따르면, 이집트와 한국 간의 무역 규모는 2021년 1월~10월 동안 23.6% 증가해 19억 달러를 기록했으며, 이는 2020년 동기 대비 16억 달러보다 증가한 수치'

라고 강조하며 '2019/2020 회계연도에 이집트에 대한 한국의 투자는 1970만 달러에 달했으며, 이는 2018/2019년 동기 대비 1210만 달러 증가한 수치'라고 덧붙이는 등, 양국 경제협력의 발전상을 흡족한 눈길로 바라봤다.

이처럼 수교 이후 네 차례의 양국 정상 간 만남을 통해 이집트는 경제적인 성과를 냈고, 한국은 외교적인 성과를 얻었다.

대한민국 외교부는 〈이집트 개황 2024년〉 판을 통해 "이집트의 대(對) 한반도 정책 기조는 한반도 문제에 대해 중립적 입장을 취하면서 한반도 문제의 평화적 해결을 지지한다는 것이 기본 입장"이라고 명시했다. 그리고 구체적인 사례로 "북한의 제4차 핵실험(2016. 1) 및 제5차 핵실험(2016. 9), 제6차 핵실험(2017. 9) 때와 2017년 12월의 장거리 탄도미사일 발사 당시 이집트가 규탄 성명을 발표했다"고 적시했다.

대한민국 외교부는 또 "2018년 남북정상회담(4. 28)과 북미정상회담(6. 12) 당시 이집트가 환영 성명을 발표했고, 2018년 9월 유엔 총회를 계기로 만난 한·이집트 정상회담에서 알시시 대통령이 남북 대화 진전과 한반도의 항구적 평화 정착 지지를 표명했다"고 강조했다.

■ 기회의 땅

카이로 지하철과 현대로템

카이로에 머물며 지하철을 자주 이용했다. 그때마다 역대 대통령들의 이름을 딴 지하철역과 만났다. 나세르역(Nasser)은 시내 중심가에 있다.(2호선) 또 초대 대통령의 이름을 딴 나기브역(Naguib)과 사다트역(El Sadat)도 시내 중심가에 있다. 나기브역은 1호선에 위치하고, 사다트역은 1호선과 2호선의 환승역이다.

이쯤만 알아도 일단 1952년 왕정 축출 이후 1981년 사다트 시대까지의 약 30년 흔적들이 읽혀진다. 하지만 다음 30년을 이어간 무바라크(Mubarak) 대통령의 이름을 딴 역은 없다. 정확히 말하자면 있었는데 없어졌다. 그는 2011년 시민혁명으로 축출됐다. 이후 그의 이름을 따 명명됐던 지하철 역명까지 '순교자'란 뜻의 '알슈하다'(Al Shohadaa)로 교체됐다.(1호선과 2호선의 또 다른 환승역)

카이로 지하철은 현재 1987년 개통한 1호선과 1996년 개통한 2호선, 그리고 2012년 개통한 3호선이 운행 중이다. 이 중 3호선은 카이로 공항까지 연장공사 중이고, 기존 노선들에 대한 연장도 진행되고 있다. 또 신규 4~6호선 건립 계획도 속속 발표되고 있어 언젠가는 카이로 지

카이로 지하철 3호선을 달리고 있는 현대로템 전동차 모습.

하철 노선도에 알시시(Al Sisi)역도 등장하지 않을까하는 호기심 속에서 2016년 한국을 방문한 그의 여정을 되짚었다.

한국의 현대로템이 제작한 전동열차가 카이로 지하철의 전 구간을 달리게 된 연원은 알시시 대통령의 2016년 한국 방문이 그 시작이다. 박근혜 대통령과의 정상회담에서 한국으로부터 30억 달러 규모의 금융 협력 패키지를 받은 알시시 대통령은 그중 4억 6000만 달러를 카이로 지하철 전동차 개선사업에 투입했다.

이로써 2012년 카이로 지하철 1호선의 180량을 발주 받아 2016년 납품을 완료한 현대로템은 2017년과 2019년 연이어 각각 256량(3호선)과 48량(2호선) 등 총 324량의 납품 계약을 추가로 확보했다. 그리고 이 계약에 따라 2023년, 176량을 한국에서 제작해 납품한 데 이어 2024년 6월에는 이집트 현지 기업(NRIC)과 공동 제작한 80량을 납품

함으로써 3호선에서 운행할 전동차 256량 전량을 납품 완료했다.

현대로템이 제작한 전동차는 1일 평균 400만 명가량이 이용하는데 카이로 승객들에게 좋은 평가를 받고 있다. 한여름이면 50도를 웃도는 폭염 속에서도 안정적인 운행이 가능하도록 최적화된 각종 부품과 에어컨이 장착됐기 때문이고, 탑승객들의 편의를 위한 각종 장비는 물론, 카이로 전동차 최초로 '갱웨이'(차량 간 연결 통로)를 도입해 이용자들이 열차 사이를 자유롭게 이동할 수 있다는 편리함 때문이다.

이를 통해 현대로템은 아프리카 다른 국가로의 진출도 적극 모색하게 됐다. 현재 아프리카 55개국 중 지하철을 운행 중인 나라는 이집트와 알제리, 모로코, 튀니지, 남아프리카공화국 정도다. 아프리카 대륙의 도시화 진전이 빨라 지하철 수요가 증가할 것으로 예상되는 가운데, 현대로템은 카이로 지하철을 선점한 경륜을 기반으로 다른 국가들로 진출할 좋은 여건을 마련했다. 말하자면 '기회의 땅-이집트'에서 실력을 입증한 사례로, 현대로템은 카이로 지하철 신규 노선에서도 향후 좋은 성과를 낼 것으로 전망된다.

삼성, LG 이어 '현대' 브랜드도 이집트 진출

삼성전자 역시 이집트를 기회의 땅으로 적극 활용하고 있다. 2024년 8월 하산알카팁(Hassan Al Khatib) 이집트 투자무역부 장관과 면담한 정준수 삼성전자 이집트 생산법인(SEEG-P) 법인장(상무)은 "삼성전자 이집트 공장은 TV 생산량의 85%를 55개국 이상으로 수출하며 2015년부터 지금까지 엔지니어링 부문 수출 1위를 차지하고 있다"면서 "삼성전자는 이집트를 중동, 유럽, 아프리카 지역의 생산 및 수출 중심지로 만들 것"이라고 강조했다.

이에 카팁 장관은 "정부는 이집트 시장에서 활동하는 현지 및 외국인 투자에 대해 적극적으로 지원해 대내외적으로 생산성과 경쟁력을 높일 것"이라면서 "전자제품은 국내 시장의 수요를 충족시키고 해외 시장으로 수출하는 데 기여할 국가 경제에서 가장 중요한 생산 부문 중 하나"라고 화답했다.

삼성전자는 2012년 베니수에프주의 콤 아부라디 공단(Kom Abu Radi Industrial Zone, Beni Suef)에 이집트 공장을 설립했다. 베니수에프주가 공장 부지를 무상으로 제공하고 삼성전자가 3억 달러를 투자해 건립한 이 공장은 2013년부터 TV와 모니터 생산시설을 가동했다. 당시 이집트 정부는 삼성전자 공장 설립으로 4,800개의 일자리가 창출되고, 생산단지 외에도 연구개발(R&D) 센터 건설 등, 삼성전자의 이집트 투자는 계속될 것으로 전망했다.

이집트 정부의 이 같은 예상대로 삼성전자는 2017년까지 1억 8300만 달러를 투자한 데 이어 2021년에도 3000만 달러를 추가 투자해 태블릿PC 생산라인을 구축했다. 이를 통해 연간 TV 200만 대와 태블릿PC 70만 대를 생산 중인 가운데 삼성전자는 또 2023년 6월, 베니수에프주에 6,000㎡ 규모의 연간 500만 대를 생산할 수 있는 휴대폰 공장을 확충하겠다는 계획을 발표해 이집트 정부로부터 큰 호감을 샀다. 이로써

2023년 10월, 삼성전자 이집트 공장을 방문한 이재용 회장이 현지 직원들과 기념사진을 촬영한 모습. (사진= 삼성전자)

삼성전자가 이집트에 투자한 누적 총액은 7억 달러 이상을 기록했다.

한편 이집트 정부는 이러닝(E-learning) 정책에 따라 태블릿PC를 전국의 공립학교에 배정하기로 결정하며 삼성전자 제품을 택했다. 이에 따라 삼성은 2021년부터 2026년까지 순차적으로 총 420만 대의 태블릿PC를 납품하게 되었다. 이 가운데 2022년 9월부터 납품한 모든 태블릿PC는 이집트 공장에서 생산하고 있다.

국내 가전사 중 이집트에 가장 먼저 진출한 기업은 LG전자다. 수교 전인 1990년 이집트에 처음 진출한 LG전자는 동북부 항구도시 이스마일리아(Ismailia)에 TV 완제품과 부품을 생산하는 공장을 설립했다. 이후 2014년 텐스오브라마단(10th of Ramadan)으로 공장을 이전했고, 2017년부터는 세탁기 생산도 시작했다. 또 2023년 4월에는 냉장고 생산공장 건설을 위한 2억 달러 투자 계획도 발표했다.

이어 2024년 7월에는 이집트 가전업체 라야 일렉트릭(Raya Electric)과 생산 계약을 체결해 LG 브랜드를 단 '메이드 인 이집트 에어컨'도 출시했다. LG전자는 이를 통해 이집트 시장을 공략하고 일부는 이집트 인근의 중동 지역과 아프리카 국가들에 수출할 예정이다. 현지 제조 방식을 확대 적용함으로써 인건비와 운송비를 절감하고 공급망 리스크를 최소화한다는 전략으로, '기회의 땅'을 적극 활용해 수익을 극대화하겠다는 발상이다.

이와 관련 김태훈 LG전자 이집트법인 법인장(상무)은 라야 일렉트릭과의 생산 계약 체결 당시 한국 언론과의 인터뷰를 통해 "LG 브랜드의 최고 품질 표준과 호환되는 이집트 시장 및 지역 시장의 요구를 충족시키기 위한 LG전자와 라야 간 협력의 첫 번째 단계"라면서 "이번 협력은 이집트 정부의 가전제품 현지 생산 발전 방향에 부합하며, LG전자가 30년 이상 이집트 시장에 진출해 이집트 경제발전에 선구적인 역할을 했음을 증명했다"고 강조한 바 있다.

이집트를 기반으로 한 삼성전자와 LG전자의 이 같은 아프리카 시장 공략에 이어 현대코퍼레이션도 이집트 진출에 적극적인 상황이다. 국내 뉴스 통신사 〈뉴시스〉는 2024년 12월 11일 자 기사에서 '범현대가 오너 2세 경영인인 정몽혁 현대코퍼레이션 회장이 이집트 현지에서 직접 가전 사업을 챙겨 눈길을 끈다'고 보도했다. 통신은 또 '현대코퍼레이션은 옛 현대전자의 해외 브랜드를 사용해 다양한 전자제품을 유통하고 있다'면서 '현대코퍼레이션은 이집트 시장 진출을 계기로 중동과 아프리카는 물론 유럽 등에서 가전 유통 사업을 더 확장할 계획'이라고 덧붙였다.

그러면서 통신은 '현대코퍼레이션은 지난 8월 이집트 현지 업체인 일

레븐 트레이드 코퍼레이션(ETC)과 가전 독점 유통 계약을 체결해 현재 TV와 분리형 에어컨, 전기 히터 같은 제품을 공급 중이며, 업계에 따르면 정몽혁 회장이 최근 이집트를 방문해 현지 가전 유통 사업을 점검하고, 파트너사와 사업 협력 방안을 논의했다'면서 '현대코퍼레이션은 이집트 가전 시장 개척을 계기로 중동과 아프리카는 물론 유럽 지역 가전 시장 공략을 강화할 전망'이라고 분석했다.

원전 공사 수주와 방산 협력

한국수력원자력(KHNP)은 2022년 8월, 러시아 국영 원전 기업(Rosatom) 자회사인 ASE로부터 3조 원 규모의 엘다바(El Dabaa) 원전 2차측 구조물 건설 프로젝트를 수주했다. 이에 따라 한수원은 2029년까지 원전 터빈 건물과 수처리, 냉방시설 등 총 82개의 구조물을 건설하고 발전기를 설치하게 된다. 한국수력원자력의 이집트 원전 계약은 이 공기업이 주도한 최초의 해외 원전 건설사업으로, 아랍에미리트(UAE) 원전 수주 이후 13년 만의 대규모 공사라는 점에서 의의가 크다.

엘다바 원전 사업은 이집트 원자력청(NPPA)이 2017년 러시아 국영 원전 기업(Rosatom) 자회사인 ASE와 300억 달러 규모의 계약을 체결하며 시작됐다. 1,200㎿ 원자로 4기(총 4,800㎿)를 짓는 이집트 최초의 이 원자력 발전소 건설 프로젝트는 총공사비 중 85%를 러시아가 장기 상환방식으로 차관을 제공함으로써 구체화 됐다.

2024년 1월, 푸틴 러시아 대통령과 알시시 대통령이 화상으로 참석한 가운데 열린 엘다바(El Dabaa) 원전 4호기 콘크리트 타설식 행사 모습.

    2022년 7월 착공해 2030년 2월 준공을 목표로 추진 중인 이 원전 프로젝트에서 한국수력원자력은 두산에너빌리티를 시공사로 참여시켜, 이 기업의 해외 원전 건설 진출을 도왔다. 두산에너빌리티 역시 원자로와 증기발생기 등 주기기 공급 이외의 해외 원전 사업을 수주한 것은 이 프로젝트가 처음이다.

    2022년 문재인 대통령의 이집트 방문 이후 양국 간 방산협력도 진일보했다. 문재인 대통령과 알시시 대통령의 카이로 정상회담 직후인 2022년 2월, 한화에어로스페이스는 이집트 정부와 'K-9 자주포 및 K-10 탄약 운반 장갑차' 등 2조 원 규모의 역대 최대 K-9 패키지 수출계약을 체결했다. 또 같은 해 8월엔 한화와 풍산 등이 150억 원 규모의 155mm 탄약 원자재 수출계약을 체결했다. 참고로, K-9은 한화에어로스페이스와 국방과학연구소 등이 공동 개발한 국산 자주포로, 한화는 자주포 수출 이후 이집트와 기술 이전에 대한 협력도 강화하게 된다.

이와 관련 KOTRA는 2024년 말 펴낸 자료집을 통해 "K-9 패키지 수출계약에 이어 한국항공우주산업(KAI)은 이집트 국방부와 KAI가 만든 고등훈련기(FA-50) 100대에 대한 공급 협상을 진행 중이며, 이집트 측에서 36대 우선 주문 의사를 표명해 왔다"고 밝혔다. 또한 "한국항공우주산업의 고등훈련기 FA-50은 이집트 공군 주력 전투기인 FA-16과 호환성이 높으며, 2022년 2월 K-패키지 수출, 2022년 8월 한국 공군의 이집트 피라미드 에어쇼 참가 이후 이집트 내 한국 국방기술 인지도가 빠르게 높아지고 있다"고 덧붙였다.

이 자료집은 또 "이집트는 한국의 자주국방 실현에 대한 관심이 높아 계약 체결 시 현지 생산 기술 및 노하우 전수 등을 강력하게 희망하고 있으므로 지속적인 협력관계 구축을 위해서는 사후 기술 교육 등 관리 체계의 수립이 필요하다"면서 "이집트의 경우 전차, 전투기 등 주요 방산물자 대부분이 1980년대 전후 도입해 노후화되었으므로 해당 관련 제품에 대한 수요가 향후 꾸준히 증가할 것"으로 전망했다.

이 밖에도 SK에코플랜트는 중국 국영건설사(CSCEC)와 공동으로 태양광·풍력으로 연 25만 톤 규모의 그린암모니아를 생산하는 프로젝트에 진출했다. 총사업비가 2조 6000억 원가량인 이 사업은 ▲태양광 500MW, 육상 풍력 278MW 등 총 778MW 규모의 재생에너지 발전소를 구축한 뒤 ▲생산된 재생에너지로 블룸에너지의 SOEC(고체 산화물 전해조) 및 250MW 규모의 전해조를 이용해 그린수소를 추출하고 ▲이 그린수소를 저장·운송이 용이한 그린암모니아로 변환해 연간 25만 톤의 암모니아를 생산, 수출하는 프로젝트다.

또 현대·기아차도 2024/2025 이집트 회계연도 상반기(2024. 7~12)에만 4,417대를 판매하는 등 꾸준한 성장세를 이어가고 있다. 특히 이 기간, 기아차는 3,147대를 판매해 MG(6,142대)와 토요타(5,226대)에 이어 판매고 3위를 기록했다. 현대차 역시 전년 대비 7.1배 성장한 1,270대를 판매해 이집트 내 현대·기아의 시장 점유율 13.36%를 기록하는 데 힘을 보탰다. 참고로, 이집트자동차시장정보위원회(AMIC)와 이집트 차량보험협회 등이 집계한 해당 기간의 이집트 수입 자동차 시장 규모는 3만 3,059대로, 전년(3만 604대) 대비 8.02% 상승한 수치다.

ODA 중점협력국

이집트는 대한민국의 ODA 중점협력국이다. 한정된 ODA 예산을 효율적으로 집행하기 위해 대외정책 및 개발 수요를 종합적으로 검토해서 선정하는 ODA 중점협력국은 전체 27개국으로, 이에 선정된 국가에는 양자 ODA 예산의 70%를 지원받는 혜택이 돌아간다. 대한민국 외교부는 〈이집트 개황 2024년〉 판을 통해 "이집트는 유럽-중동-아프리카를 잇는 거점국으로서, 최근의 FDI(외국인직접투자) 및 교역규모 증대 등의 협력 중요성을 고려해 2021년~2025년간 ODA 중점협력국으로 선정됐다"고 그 사유를 설명했다.

이에 따라 한국국제협력단(KOICA)이 추진 중인 무상원조 사업들을

2019년 한국국제협력단(KOICA)의 지원으로 설립된 이집트 베니수에프기술대학(BST) 전경

보면, 우선 2024년부터 30년까지 1000만 달러를 지원하는 '이집트 직업훈련원 친환경 자동차 정비기술 고도화 사업'이 신규 프로젝트로 이름을 올렸다. 그리고 계속되는 사업으로는 ▲한-이집트 기술대학 교육역량 및 산학협력 강화사업(2023~2026, 800만 달러) ▲이집트 여성 경제역량 강화사업(2021~2024, 250만 달러) ▲ 이집트 젠더 폭력 예방 및 대응 사업(2021~2024, 400만 달러) ▲이집트 정부서비스청 공공전자조달 시스템 개선사업(2022~2026, 790만 달러) 등이 진행되고 있다.

카이로 남부 베니수에프주(Beni Suef)에 위치한 베니수에프기술대학(Beni Suef Technological University, BST)은 이들 무상원조 프로젝트 중

'한-이집트 기술대학 교육역량 및 산학협력 강화사업'에 근거해 2019년 개교한 4년제 대학이다. KOICA는 이 대학 설립을 위해 2016년부터 583만 달러를 지원했고, 2023년 100명가량의 첫 졸업생을 배출했다.

KOICA는 또 학생들의 취업 지원을 위해 현지 기업과 적극적으로 협력관계를 맺는 노력도 병행해 2020년, 코이카-삼성전자-기술대학 간 3자 업무협약을 체결했다. 이로써 재학생 20명이 베니수에프 지역에 설립된 삼성전자 공장에서 실무를 익힐 수 있는 길을 열어줬고, 이 인턴십 프로그램은 인근 기업으로도 확장돼 많은 학생들이 현재 실무연수에 참여 중이다. 그 결과 취업률이 높아져 개교 5년 만에 명문 대학으로 급부상하며, 이집트 청소년들이 가고 싶어 하는 대학 중 하나로 꼽히고 있다.

KOICA는 2024년, 이집트 국가여성위원회와 함께 이집트 여성들과 중소기업 창업자들을 대상으로 '여성 취·창업 및 중소기업 지원 역량 강화' 사업 신규 프로젝트도 시작했다. 또 ▲이집트 공무원 역량 강화(2022~2025) ▲환경 계획 및 관리를 위한 지리 정보 시스템(GIS) 활용 역량 강화(2023~2025) ▲이집트 난민 및 호스트 커뮤니티 내 복원력 강화 및 지속가능한 생계 지원을 통한 사회 결속력 및 안정성 향상 사업(2023~2025) 등도 KOICA가 이집트에서 추진 중인 무상원조 프로그램들이다.

이 밖에도 이집트 정부 부처 공무원들을 대상으로 3개년 동안 매년 2주 단기 한국 초청 연수를 실시해 공무원들의 정책수립 및 이행 역량을 강화하고, 현업 적용을 통해 경제·사회발전에 기여하는 프로그램도 진행 중이며, 이집트 공무원들이 석·박사 학위 과정을 이수할 수 있도록 함으로써 보다 심화된 인적자원을 개발하는 것도 KOICA의 노력의 결과이다. 또 이집트 정부와 공공기관에 한국어와 컴퓨터, 사서, 체육교육 등 여러 분야의 봉사단을 파견해 한국의 관련 노하우와 기술을 전수함으로써 이집트의 지역사회 발전에 기여하는 프로그램도 운영하고 있다.

■ 민간 교류

이집트 한인회

2024년 8월 15일, 광복절 기념행사에서 박재현 이집트 한인회장이 인사말을 하는 모습.

"이집트 교민들은 모두 건강하고, 성실하게 살아가는 환경 속에 있습니다. 음주를 금지하는 문화가 있는 나라다 보니 술을 자제하게 되고, 대신에 운동으로 스트레스를 풀고, 다양한 레저 문화를 즐기다 보니 건강한 삶을 이어가게 되는 것 같습니다."

카이로에서 만난 박재원 이집트 한인회장은 친절하고, 유쾌하고, 활달했다. 유튜브 채널 '세계 속 한국인'을 통해 대략 짐작은 하고 나간 자리였다. 직접 만나보니 그보다도 훨씬 친근한 느낌이라 첫 대면인데도 마음이 편했다.

"이집트 자랑을 세 가지로 꼽자면, 미국 캘리포니아 못지않게 좋은 날씨가 첫 번째입니다. 한여름 폭염 때도 그늘로 들어가면 시원하니까요. 그리고 두 번째는 이집트 사람들이 참 순수하다는 점입니다. 그들의 관대함에서 배울 게 많습니다. 그리고 세 번째는 농산물이 대부분 유기농이라 음식 자체가 건강식이라는 점입니다."

박 회장은 이런 점들이 좋아 카이로에 정착한 지 어느덧 20년째다. 현대건설 직원으로 이집트에 파견 나왔다가 37세에 퇴사해 기자 피라미드 인근에 '드림하우스'라는 이름의 민박집을 차려 자기 사업을 시작했다. 그리고 이집트 한인회 재무국장과 부회장 등을 거쳐 2024년 1월부터 한인회장으로서 또 다른 공익근무(?)를 시작했다.

이집트에는 현재 1,000명가량의 교민이 산다. 대부분 카이로에 거주하는 이들은 매년 한인회 주최로 광복절 등 주요 국경일에 맞춰 기념식을 치르고, 봄철 한인 체육대회와 가을 한가위 행사로 끈끈한 유대감을 이어간다. 또 1979년 개교한 카이로 한국학교를 지원하고, 테러 사태 등 사회불안 요인이 발생할 때는 현지 한국대사관과 공조해 교민 보호를 위한 역할에도 나선다.

특히 2011년 아랍 격변기 당시(회장 이진영)에는 교민사회 안전은 물론 한국에서 온 관광객들의 신변 안전까지 고려한 초비상 사태를 경험했고, 폭발 테러가 빈발했던 2014년~2017년 시기(회장 남진석)에도 교민 보호를 위한 이집트 한인회의 역할은 막중했다. 또 2020년~2021년 코로나 팬데믹 시기(회장 조찬호) 역시 대사관과의 긴밀한 공조로 그 위기를 잘 넘겼다.

이와 관련 조찬호 전 회장은 2022년 10월, 인천 송도국제도시에서 열린 세계한인회장대회에서 '비상 상황 속에 빛난 공관과의 협력'이란 한인회 운영 사례를 발표해 참석자들로부터 큰 공감을 얻었다. 조 전 회장은 당시 발표에서 "코로나-19가 닥쳤을 때 대사관과의 협력을 통해 본국에서도 백신 공급이 부족하던 시기였음에도 불구하고, 의료환경이 상대적으로 열악한 이집트에서 1차, 2차 접종과 추가 접종까지 진행해 이집트에 거주하는 대부분의 재외국민이 백신 접종을 할 수 있었다"고 전해 국내 언론들로부터 찬사를 받았다. 참고로 조찬호 전 회장의 카이로 거주는 2024년 말 현재 27년째로, 2020년 제14회 세계한인의 날에 국민포장을 받기도 했다.

1980년 12월 창립된 이집트 한인회의 산 역사는 이집트 교민 제1호인 조경행 텍스캠이집트(Texchem Egypt) 회장(80세)이다. 1974년, 카이로대학교 경영대학원으로 유학해 학위 과정을 마친 뒤 이집트 시장의 잠재력에 끌려 사업가의 길로 들어섰다. 그리고 2024년 말 현재 50년째 이집트에 머물며 자신의 사업체를 중견기업으로 키웠고, 한인사회를 위해서도 많은 역할을 했다.

특히 한인회장을 맡았던 1995년 당시 카이로 한국학교의 자체 건물 마련을 위해 분주하게 움직였던 역할이 돋보였다. 학교 건립위원회를 구성해 가장 먼저 건립기금을 쾌척했는가 하면 기금마련과 부지확보를 주도하며, 대사관과 교민들의 적극적인 참여를 이끌어냈다. 그 결과

20만 달러를 학교 건립기금으로 모금했고, 이를 바탕으로 대한민국 정부에 지원금을 신청해 2000년, 뉴카이로 도심에 독립 교사를 마련할 수 있었다.

조 회장은 지금도 매년 카이로 한국학교에 일정 금액의 장학기금을 쾌척하고 있다. 그리고 2010년부터는 아랍·중동 지역에서 최초로 한국어과를 개설한 아인샴스대학교(Ain Shams University) 한국어과 학생들에게 매년 장학금을 지급해 오고 있어 양국 간 우호적 교류의 튼실한 다리라는 평가를 받는다.

조 회장은 또 2005년 10월, 이집트 거주 한인 경제인들을 결집해 세계한인무역협회(World OKTA) 이집트지회를 결성했으며, 2010년부터 2017년까지는 세계한인무역협회 중동·아프리카 상임 집행위원 및 부회장을 맡아 이집트뿐만 아니라 중동·아프리카 지역 한인 경제인들의 네트워크 구축에도 많은 기여를 했다. 이 같은 공적을 인정받아 2017년 대한민국 정부로부터 국민훈장 '모란장'을 수훈했다.

한국-이집트 발전협회(KEDA)

앞의 제2장에서도 잠깐 언급했듯, KEDA는 강웅식 회장과 알시시 대통령의 개인사적 인연에서 비롯됐다. 1991년 두 사람은 군 장교 신분으로 영국에서 함께 연수를 한 바 있고, 2014년 알시시 대통령이 취임한 직후 강 회장 가족을 이집트로 초청해 오랜만에 해후했다. 이후

2015년 4월 30일, 강 회장은 뜻을 함께하는 사람들과 KEDA 설립을 위한 창립총회를 개최했다. 그리고 2016년 8월, 산업통상자원부로부터 사단법인 인가를 받았다.

한-이집트 간 우호 친선활동과 경제협력 활동, 자선활동 등을 목적으로 설립된 KEDA는 중소기업체 대표들과 대학교수 등 200여 명의 회원이 참여 중이다. 이희범 전 산자부 장관이 명예회장을 맡고 있고, 카이로에도 '이집트-한국 발전협회'가 조직돼 공조를 이루는 중이다.

2015년 4월, 창립총회를 마친 직후 KEDA는 '한-이집트 수교 20주년' 기념행사부터 챙겼다. 그해 5월 30일 정수현 현대건설 사장 등 11개 업체 20명이 카이로를 방문해 알아흐람(Al Ahram) 미디어그룹과 공동 포럼을 개최하는 등 여러 활동을 하고 돌아왔다. 당시 방문에서 강웅식 회장은 알시시 대통령을 면담하고, 카이로 국영방송 'CAIRO 360'에 출연하는 등 바쁜 일정을 소화했다.

이후 10월에는 세계군인체육대회(경북 문경)에 참석한 이집트 선수단을 격려하고 응원하는 역할을 맡았다. 이 체육대회는 박근혜 대통령이 참석해 개회 선언을 했을 정도로 규모 있게 치러졌다. 124개국 7,045명의 선수가 참가한 가운데 이집트에서는 매그디(Magdy) 육군 소장을 단장으로 150명의 선수단이 참가해 종합 순위 11위를 차지했다. 당시 이집트 선수단은 KEDA 회원들이 경기장을 찾아와 자신들을 응원하고 의약품과 기념품을 전달하는 등, 선수들을 격려한 덕분에 좋은 성적을 낼 수 있었다며 감사를 표했다.

2016년에도 KEDA 회원들은 바쁘게 움직였다. 특히 3월 2일, 알시

KEDA 회원들이 행사를 마치고 단체 기념 촬영을 하고 있다.

시 대통령이 한국을 공식 방문하는 일정이 있어 강웅식 회장은 더욱 분주했다. 박근혜 대통령과 알시시 대통령의 정상회담이 성사되기까지는 강 회장의 역할도 컸다. 2014년 6월 26일, 알시시 대통령의 초청으로 이집트를 방문한 강 회장은 두 차례에 걸쳐 알시시 대통령과 만났고, 귀국 길에는 알시시 대통령이 직접 서명한 2쪽 분량의 면담 및 만찬 결과문서(MOM)를 들고 와 김관진 안보실장에게 전한 바 있다.

이어 같은 해 10월에는 이집트 로타리클럽 회원들이 한국을 방문해 친교를 나눴고, 2017년 2월에는 산업통상자원부의 후원으로 카이로를 다시 방문해 ▲카이로상공회의소(CCC 포럼) ▲이집트경제인연합회(EBA) ▲알렉산드리아 경제인연합회(ABA) 등과 비즈니스 포럼을 개최하며 여러 MOU를 체결했고, 알아사르(Al Assar) 이집트 군생산부(MOMP, Ministry of Military Production) 장관과도 만나 상호 MOU를 체결하는 등 바쁜 일정을 소화했다.

또 한 달 뒤인 3월에는 이집트 군생산부가 조직한 JV(Joint Venture, 합작 투자) 추진단이 한국을 방문해 배터리, 애자, 의료기기 분야의 4개 기업과 MOU를 체결하는 데도 KEDA가 한몫했고, 이집트 방문단을 용산전자상가로 안내하고, 인사동 투어 등의 한국문화 탐방을 돕는 일도 KEDA가 맡아주었다.

이 밖에도 KEDA는 지난 10여 년 동안 ▲이집트 베니수에프주 오폐수 처리시설 계약 추진(2019. 3) ▲'한국경제발전 교훈'을 주제로 한 이희범 전 산자부 장관의 카이로 BUC 대학 특강 추진(2019. 5) ▲BUC 대학과 인천대 및 서울과학종합대학원대학교 MOU 체결 추진(2021) ▲이집트형 KAIST 및 이집트 산업관리공단 설립 계획 제공 및 지원(2021. 8) ▲이집트 MOMP 산하 기업과 한국기업 간 친환경 CNG 사업 MOU 체결 (2021. 12) ▲한국 FA-50(경공격기) JV를 위한 KAI-AOI 간 협정서 체결 (2022. 11) ▲이집트 기업 엘스웨디(El sewedy) 그룹과 한국 GI 엔지니어링 간 철도 신호체계 사업 MOA 체결 추진(2023. 5) ▲이집트 아라비아 프라스틱사와 한국기업 간의 JV 계약 및 상호방문 추진(2023. 4) ▲이집트 철도현대화 ODA 사업 컨설팅(2023.4~5) 등 실로 많은 역할을 했다.

그 과정에서는 2018년부터 2022년까지 3회에 걸쳐 서울대 치과대학 의료진과 함께 이집트의 구순구개열(일명 언청이) 및 농아, 안면 기형 환자 등 52명에게 인술을 베푸는 의료봉사를 다녀오기도 했고, 이집트 콥트교회에 2만 달러 상당의 장애인 의약품 전달, 소하그주(Sohag) 빈농 가정에 친환경 양계장 자립 지원금 4만 달러 전달 등 양국 간 우호 교류를 위한 민간 외교관으로서의 사명을 다했다. 또 2023년 8월에는 전북 새만금 잼버리 대회에 참석한 이집트 단원들을 챙기는 열의를 보여 이집트 언론들의 집중적인 조명을 받기도 했다.

> 2024년 노벨경제학상 공동 수상자인 제임스 로빈슨(James Robinson) 미국 시카고대 교수가 박정희 대통령을 높이 평가했습니다. 한국 경제가 비약적으로 성장한 건 박 대통령 덕분이었다고 강조했지요. 한국의 경제 성장을 롤모델로 하는 알시시 대통령의 이집트도 분명 경제적으로 크게 성공할 것이라 믿습니다. 박 대통령과 알시시 대통령은 비슷한 점이 많은 지도자입니다.
>
> 강웅식 회장, 2024. 12, 인터뷰 중

문화 협력 교류

2021년, 주이집트 대한민국대사관이 현지인 1,000명을 대상으로 한국에 대한 인식도를 주제로 설문조사를 한 적이 있다. 설문조사 결과 92%가 한국을 긍정적, 또는 매우 긍정적으로 생각하고 있었으며, 자신들이 생각하는 한국인의 가장 대표적인 특징은 창의적(Creative), 규율을 잘 지킴(Well- disciplined), 정돈됨(Orderly), 적극적(Active)이라고 답변했다.

또 응답자들은 '한국' 하면 가장 먼저 ▲경제발전(37%) ▲K-Pop 및 엔터테인먼트(21%) ▲첨단기술(18%) ▲한식(8%) 순으로 떠올리고 있었

이집트 국민들에게 한국에 대한 좋은 인식을 심어주는 데는 주이집트 한국문화원의 역할이 크다.
사진은 이집트 젊은이들이 참석한 가운데 개최한 주이집트 한국문화원의 행사 모습.

으며, 응답자들은 BTS와 같은 한국의 대중 음악가들을 가장 잘 알고 있었다.(49%), 그다음은 한국 드라마 속 인물(22%), 정치인(16%), 운동선수(9%) 순이었고, 응답자의 99%는 한국 제품의 품질이 좋다고 평가했다. 또 전체 응답자의 50%는 한국문화 중 관심을 갖는 분야가 영화라고 답변했고, 다음으로는 한식(46%), K-Pop(44%), TV 프로그램(41%), K-Beauty(39%) 순이었다.

이렇듯 이집트 국민들이 한국에 대해 좋은 느낌을 갖고, 특히 문화에 대한 관심이 높은 이유는 카이로에 개설된 이집트 한국문화원(원장 오성호)의 공이 크다. 2014년 10월, 아랍권 최초의 한국문화원으로 개원한 이 문화시설은 지상 2층 1,390㎡ 규모로, 다목적홀과 도서관, 세종학당, 한류체험관, 한식교실, 멀티미디어실 등으로 꾸며져 있다.

이 공간들이 바로 MENA 지역의 한류 전파 본산지로 기능하는 셈이다. 세종학당을 통해서는 한국어 교육과 한국문화 전파가 동시에 이루어진다. K-Pop과 한국 드라마 등, 한국문화에 대한 인기가 높아지면서 한국어 교육 수요도 함께 증가한 이집트에는 현재 지난 2005년 개설된 아인샴스대학교 한국어학과와 2016년 개설된 아스완대학교 한국어학과가 있다. 그리고 국방언어학교 등에서 한국어 강좌를 운영 중인데, 이들 모두에게 큰 영향을 주는 곳이 한국문화원 내에 있는 세종학당이다.

또 다목적홀인 아람홀을 통해서는 매주 수요일 '코리아플릭스'(KOREAFLIX)란 이름으로 한국 영화가 상영되고, 한식 체험, 한국 작가 초청 세미나, 번역 교실, 전통 음악연주, 태권도 체험, 사물놀이 체험, 한국 드라마 상영 등 다양한 프로그램들이 알차게 운영된다. 일례로 한국문화원이 2024년 연말 카이로 트라이엄프 플라자 호텔 람세스 홀에서 개최한 '2024 K-Literature, 한국 문학을 읽다' 행사에는 노벨문학상 수상 작가인 한강 소설가를 소개하는 시간으로 꾸며져 한국어를 공부하는 이집트 학생들로부터 좋은 반응을 얻었다.

한국문화원은 또 주이집트 대한민국대사관과 함께 ▲K-Pop 아카데미 ▲국악 아카데미 ▲김치의 날 행사(Meet the Korean Kimchi) ▲한국영화 상영의 밤 ▲한국문화주간 행사 등을 매년 정기적으로 열면서, 이집트 내 지역 간 문화 격차 해소를 위해 지방 거점 도시를 방문해 한류 행사를 개최하는 '찾아가는 한국문화원' 프로그램도 적극 추진 중에 있다.